目　录

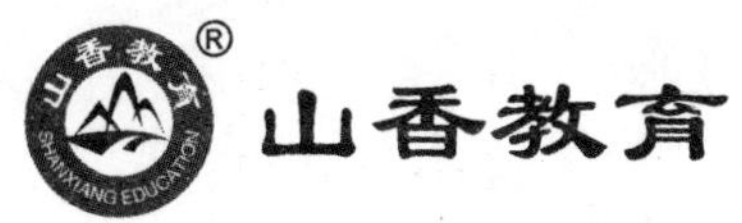

湖南省教师招聘考试
历年真题解析及预测试卷

参考答案及解析

教育基础知识

山香教师招聘考试命题研究中心　主编

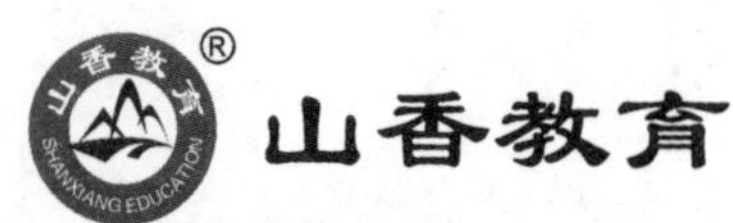

湖南省教师招聘考试
历年真题解析及预测试卷
教育基础知识

山香教师招聘考试命题研究中心　主编

图书在版编目(CIP)数据

湖南省教师招聘考试历年真题解析及预测试卷. 教育基础知识 / 山香教师招聘考试命题研究中心主编. --北京:首都师范大学出版社, 2022.11

ISBN 978-7-5656-7307-8

Ⅰ. ①湖… Ⅱ. ①山… Ⅲ. ①教育学-教师-聘用-资格考试-习题集 Ⅳ. ①G451.1-44

中国版本图书馆 CIP 数据核字(2022)第 232779 号

湖南省教师招聘考试历年真题解析及预测试卷
JIAOYU JICHU ZHISHI
教育基础知识
山香教师招聘考试命题研究中心　主　编

策划编辑　张文强
责任编辑　罗　菁　曹亮亮　　　　封面设计　山香教育
首都师范大学出版社出版发行
地　　址　北京市海淀区西三环北路 105 号
邮　　编　100048
咨询电话　010-68418523(总编室)　　010-68982468(发行部)
网　　址　http://cnupn.cnu.edu.cn
印　　刷　河南黎阳印务有限公司
经　　销　全国新华书店
版　　次　2022 年 11 月第 1 版
印　　次　2023 年 1 月第 1 次印刷
开　　本　787mm×1092mm　1/16
印　　张　14.5
字　　数　325 千
定　　价　42.00 元

前　　言

近年来，教师招聘考试越来越“火热”，使得考生在参加教师招聘考试时面临着两大困境：一方面，随着广大考生对教师招聘考试的不断探索，笔试成绩的差距在不断缩小；另一方面，教师招聘考试的试题难度和灵活性也在不断提高。

考生如何在严峻的教师招聘考试中脱颖而出呢？除了要具备扎实的专业知识外，短时间内系统、针对性地复习和训练也是必备的。为了让更多的考生有针对性地备考，使复习有方向、有条理，作为国内研究开发教师招聘考试辅导教材的专业机构，山香教育专门为有志于教育事业、需要通过教师招聘考试实现人生理想的广大考生朋友推出了本套试卷。

本套试卷具有以下特点：

第一，真题精。真题试卷部分精选了近四年湖南省各地最具有代表性的真题，知识点涵盖全面且题型丰富多样化，透视了课程标准和考试大纲的要点，预示了教师招聘考试的命题趋势。

第二，内容精。预测试卷部分是在充分研究各地考情和历年真题的基础上修订的。它注重对思想和方法的考查，注重对能力的考查，同时兼顾试题的基础性、综合性和现实性，重视试题间的层次性，合理调控综合程度。

第三，解析妙。本套试卷的解析由山香教育的实力派老师进行了数轮优化，并结合考生的理解误区和题目迷惑点，特设“易错提示”“方法技巧”两个栏目。“易错提示”为易错易混点辨析，“方法技巧”为做题方法指导和知识点解读，通过这两个栏目大大提升了该书的实用性，达到为考生答疑解惑、指点迷津的目的。

本套试卷难免存在一些不足之处，衷心希望各位读者朋友批评指正，同时希望这套试卷能为考生顺利通过教师招聘考试提供帮助。

山香教育研发部

目　录

参考答案及解析单独成册

真题试卷

2022年湖南省长沙市开福区教师招聘考试综合知识(上午场)真题试卷(一)

(本套试卷包括综合知识和专业知识两部分,仅收录综合知识部分的真题)

本套试卷共30小题,包括单项选择题(20小题)、多项选择题(10小题)。

一、单项选择题(在下列每题四个选项中只有一个是最符合题意的,将其选出并把它的标号写在括号内。错选、多选或未选均不得分。本大题共20小题,每小题0.5分,共10分)

1. 教师所进行的教学活动本质上是(　　)(常考)

A. 实践活动　　B. 认识活动

C. 课堂活动　　D. 交往活动

2. 我国最早的师范教育出自南洋公学,创办南洋公学的人是(　　)

A. 盛宣怀　　B. 张之洞

C. 蔡元培　　D. 严复

3. 学校管理的最主要(核心)内容是(　　)

A. 安全工作管理　　B. 教学工作管理

C. 纪律工作管理　　D. 教师工作管理

4. 关注教育主体,解释教育现象,运用"深描"的写作手法,以讲故事的方式呈现研究结果。这一教育研究方式被称为(　　)

A. 调查研究　　B. 行动研究

C. 实验研究　　D. 叙事研究

5. 教学过程中的内容从简单到复杂,重复出现时,宜采用(　　)(常考)

A. 直线式　　B. 螺旋式

C. 反向式　　D. 平面式

6. 有的人好动,有的人冲动,有的人活泼,有的人沉稳。这体现的是(　　)

A. 性格　　B. 能力　　C. 气质　　D. 品德

7. 某教师了解一名学生的优点后,还弄清楚了其缺点,面对这种情况,教师积极组织活动,让学生发扬优点、改正缺点。该教师做到了(　　)

A. 循序渐进　　B. 长善救失

C. 启发诱导　　D. 量力而行

8. 陶行知说的"捧着一颗心来,不带半根草去"指的是教师的(　　)

A. 专业能力　　B. 教学水平

C. 意志坚定　　D. 职业道德

9. 教学反思的出发点和归宿是(　　)

A. 课堂教学　　B. 学会学习

C. 学会教学　　D. 解决和分析问题的能力

10. 教师进行因材施教的依据是个体身心发展的(　　)

A. 顺序性　　B. 互补性

C. 不平衡性　　D. 个别差异性

11. "鱼我所欲也,熊掌亦我所欲也;二者不可得兼,舍鱼而取熊掌者也。生,亦我所欲也,义,亦我所欲也;二者不可得兼,舍生而取义者也。"体现的是动机斗争的(　　)

A. 双趋冲突　　B. 双避冲突

C. 趋避冲突　　D. 多重趋避冲突

12. 课堂环境较好,能够潜移默化地影响学生,让学生在这种环境下轻松愉快地学习属于(　　)

A. 范例教学　　B. 暗示教学

C. 抛锚式教学　　D. 发现教学

13. 教师教导学生时"润物细无声",这体现的德育方法是(　　)(常考)

A. 陶冶法　　B. 榜样法

C. 说服法　　D. 锻炼法

14. 小明平时特别爱数学校的台阶有多少,自己上楼梯时一定要数清楚有多少台阶,否则心里就会感到不舒服。这种情况最有可能是(　　)

A. 焦虑症　　B. 习得性无助

C. 多动症　　D. 强迫症

15. 学生在背古诗时,背10遍就可以熟记,为了让记忆效果最佳,他应该背(　　)

A. 10遍　　B. 20遍　　C. 15遍　　D. 30遍

16. 将新学习的知识纳入已有的知识结构中,属于(　　)

A. 同化性迁移　　B. 顺应性迁移

C. 重组性迁移　　D. 一般迁移

17. 教师在课堂教学中利用变式的目的是(　　)

A. 吸引学生的注意力　　B. 吸引学生兴趣

C. 调动学生积极性　　D. 理解本质特征与非本质特征

18. 教师职业角色最大的特点是职业角色的(　　)

A. 多样化　　B. 复杂化

C. 创新化　　D. 专业化

19. 在新课改过程中,倡导教学要注重情境的创设,学生之间的互动,从而提升教学效果,帮助学生学习。这属于(　　)的观点。

A. 行为主义　　B. 人本主义

C. 多元智力理论　　D. 建构主义

20. 在班级管理中,班级成员在服从班集体正确的决定和承担责任的前提下,参与班级全程管理的一种管理方式是(　　)

A. 目标管理　　B. 民主管理

C. 平行管理　　D. 常规管理

二、多项选择题(下列每小题列出的选项中至少有两项是符合题意的,请将其代码填在括号内。错选、多选或少选均不得分。本大题共 10 小题,每小题 1 分,共 10 分)

1. 从小学至高中都设置了综合实践活动作为必修课,那么以下属于综合实践活动的是(　　)

A. 信息技术教育　　B. 研究性学习

C. 社区服务与社会实践　　D. 劳动与技术教育

2. 卡特尔将人的智力分为流体智力和晶体智力,以下关于流体智力说法正确的有(　　)

A. 流体智力是接受环境、教育等影响的结果

B. 记忆的广度属于流体智力

C. 流体智力发展到一定程度后,会随着年龄的增长而降低

D. 流体智力受文化教育影响较小

3. 学科中心课程理论的代表人物有(　　)(易错)

A. 夸美纽斯　　B. 赫尔巴特

C. 杜威　　D. 斯宾塞

4. 新手型教师和专家型教师的区别体现在(　　)

A. 课前计划差异　　B. 课堂教学差异

C. 专家注重细节　　D. 课后评价差异

5. 班主任工作的主要内容包括(　　)

A. 了解和研究学生　　B. 注重各学科成绩

C. 组织和培养班集体　　D. 协调校内外教育力量

6. 下列有关操作技能的说法正确的有(　　)

A. 操作技能首先需要通过语言在头脑中反映

B. 操作活动的对象具有观念性

C. 操作技能不能省略和合并

D. 操作活动倾向于开展,有明显的外显动作

7. 加涅的学习水平分类中,复杂程度比辨别学习高的包括(　　)

A. 连锁学习　　B. 言语联想学习

C. 概念学习　　D. 规则学习

8. 思维的基本形式包括(　　)

A. 概念　　B. 判断

C. 推理　　D. 归纳

9. 影响人身心发展的因素有(　　)

A. 遗传　　B. 环境

C. 个体主观能动性　　D. 学校教育

10. 影响课堂管理的因素有(　　)

A. 教学时间　　B. 班级的大小

C. 对教师的期望　　D. 学生的责任心

2022年湖南省教师招聘考试教育基础知识真题试卷(精编)(二)

(本套试卷收录了长沙市长沙县、长沙市岳麓区、长沙市雨花区、长沙市望城区、湘潭市岳塘区、湘潭市市直、株洲市天元区等地区的真题)

本套试卷共100小题,包括单项选择题(65小题)、多项选择题(10小题)、判断题(15小题)、简答题(8小题)、论述题(2小题)。

一、单项选择题(在下列每题四个选项中只有一个是最符合题意的,将其选出并把它的标号写在括号内。错选、多选或未选均不得分。本大题共65小题,每小题0.5分,共32.5分)

1. 我国有一部法律规定:“对违反学校管理制度的学生,学校应当予以批评教育,不得开除。”这部法律是(　　)(湘潭岳塘)(常考)

A.《宪法》　　B.《教育法》

C.《义务教育法》　　D.《未成年人保护法》

2. 2022年6月8日,习近平在宜宾学院考察调研时强调:“幸福生活是靠________创造的,大家要保持平实之心,客观看待个人条件和社会需求,从实际出发选择职业和工作岗位,热爱劳动,脚踏实地,在实践中一步步成长起来。”(　　)(湘潭岳塘)

A. 经济　　B. 科技　　C. 知识　　D. 劳动

3. 学习珠算对学习心算有帮助。这属于(　　)(长沙雨花)

A. 顺向迁移　　B. 逆向迁移　　C. 正迁移　　D. 负迁移

4. 注意的品质有注意的范围、注意的稳定性、注意的分配和注意的(　　)(长沙雨花)

A. 分散　　B. 转移　　C. 分配　　D. 范围

5. 根据《中华人民共和国教育法》规定,教育对外交流与合作应该坚持的原则不包括(　　)(长沙雨花)

A. 独立自主　　B. 资源共享

C. 平等互利　　D. 相互尊重

6. 根据《中华人民共和国教育法》规定,国家对受教育者应该进行(　　)的教育,进行理想、道德、纪律、法治、国防和民族团结的教育。(长沙雨花)

A. 爱国主义、集体主义、个人主义

B. 爱国主义、集体主义、中国特色社会主义

C. 爱国主义、中国特色社会主义、个人主义

D. 爱国主义、中国特色社会主义、利他主义

7. 以下提出儿童中心论的教育家是(　　)(长沙雨花)(常考)

A. 杜威　　B. 昆体良　　C. 赫尔巴特　　D. 布鲁纳

8. 教师职业道德是关于教育领域是非善恶的道德,它的一切理论都是围绕教师职业展开的,这体现了教师职业道德(　　)的特点。(长沙雨花)

A. 适用的针对性　　B. 功能的多样性

C. 内容的全面性　　D. 内容的基础性

9. 人的发展的(　　)指的是人的发展变化既体现出量的积累,也体现出质的飞跃。(长沙长沙)

A. 不平衡性　　B. 整体性

C. 个别差异性　　D. 阶段性

10. 制定课程目标时,需从健康、家庭、消费等方面考察现实生活对教育的影响,以便为课程目标提供具体的标准。这主要体现了制约课程目标的(　　)因素。(长沙长沙)

A. 学生　　B. 社会　　C. 理论　　D. 知识

11. 教师应该在(　　)讲明课外作业的要求、完成时限,对比较难的作业做必要的提示。(长沙长沙)

A. 上课前　　B. 下课后　　C. 下课前　　D. 放学前

12. 对学生进行美育应该通过(　　),让学生感受美、鉴赏美、创造美,受到美的熏陶。这是审美教育区别于其他教育的主要标志。(长沙长沙)

A. 师生交流　　B. 家庭教育

C. 审美活动　　D. 理论分析

13. 如果某班级的同学互不了解,缺乏凝聚力和活动能力,需要班主任亲自指导和监督才能开展活动,则该班级正处于(　　)阶段。(长沙长沙)(易错)

A. 组建　　B. 核心初步形成

C. 集体自主活动　　D. 完全成熟

14. 教师劳动具有(　　),即一个学生的成长变化是多种因素共同作用的结果,很难指明学生的变化是由哪种因素引起的,这种性质使得教师劳动很难获得明确的评价。(长沙长沙)

A. 滞后性　　B. 模糊性　　C. 自明性　　D. 无偿性

15. 不同的学生喜欢或擅长的科目不同,这体现了人的发展的(　　)(长沙长沙)

A. 不平衡性　　B. 个别差异性

C. 阶段性　　D. 整体性

16. 教育能够通过培养各个层次、各种类型的劳动者和专门人才,强有力地推动生产发展,提高劳动生产率,进而产生巨大的经济效益。这主要体现了教育的(　　)功能。(长沙长沙)

A. 生态　　B. 政治　　C. 文化　　D. 经济

17. 在教学过程中,教师不仅要让学生有感性认识,更要让他们将感知到的材料与书本知识联系起来,从而上升到理性认识。因此,(　　)是教学过程的中心环节。(长沙长沙)(常考)

A. 理解教材　　B. 感知教材

C. 检查知识、技能和技巧　　D. 巩固和复习知识

18. 某教师在课堂上给学生论证了勾股定理,这属于讲授法中的(　　)(长沙长沙)

A. 讲读　　B. 讲述　　C. 讲解　　D. 讲演

19. 综合实践活动能让学生在活动中不断地形成自身良好的思想意识、情感等,不断地发展动手能力和创造性,这主要体现了综合实践活动的(　　)(长沙长沙)

A. 开放性　　B. 综合性　　C. 实践性　　D. 生成性

20. 发现是教育儿童的主要手段,这是(　　)的观点。他认为学习包含着获得、转化、评价三个几乎同时发生的过程。(长沙长沙)

A. 桑代克　　B. 斯金纳　　C. 布鲁纳　　D. 罗杰斯

21. 工作效率高,学习的理解能力和接受能力很快但不求甚解,喜欢与同学争辩等等,属于(　　)学生的观察指标。(长沙长沙)

A. 胆汁质　　B. 多血质　　C. 黏液质　　D. 抑郁质

22. 为了创设和谐的课堂心理氛围,教师应该(　　)(长沙长沙)

A. 对学生多表现出接受、尊重和关爱

B. 鼓励学生随时在课堂上发言

C. 引导学生在班级中建立小团体

D. 尽量不强调课堂纪律的重要性

23. 根据《教师法》规定,教师考核应当充分听取(　　)的意见。(长沙长沙)

①教师本人　②其他教师　③学生　④家长

A. ①②③　　B. ①③④　　C. ①②④　　D. ②③④

24. 在斯莱文的 QAIT 有效教学模式中,I 指的是(　　)(长沙长沙)(易混)

A. 时间　　B. 教学质量

C. 教学适当性　　D. 教学诱因

25. (　　)会影响学习动机和目标结构的形成,例如,某学生认为上学读书没有太大价值,他就很难有强烈的学习动机。(长沙长沙)

A. 志向水平与价值观　　B. 成熟与年龄的特点

C. 焦虑程度　　D. 好奇心的强弱

26. 如果学生将个人的成功归因于自己能力强,学习较为努力,则这名学生最有可能产生哪种反应(　　)(长沙长沙)

A. 会产生愧疚、绝望感　　B. 会产生侥幸心理

C. 会产生骄傲、自豪感　　D. 没有心理活动或反应

27. 学生甲频频扰乱课堂纪律,张老师要求他次日留在家中,不能参加学校的春游活动。张老师的做法属于(　　)(长沙长沙)

A. 正强化　　B. 正惩罚　　C. 负强化　　D. 负惩罚

28. 下列选项中,最能体现知识的迁移的是(　　)(长沙长沙)

A. 学生 A 的笔记写得很漂亮,说话也很有条理

B. 学生 B 三天掌握 100 个单词

C. 学生 C 之前学了三年小提琴,在学二胡时轻松入门

D. 学生 D 会跳拉丁舞,也会作画

29. (　　)指的是在集体舆论和集体压力的作用下形成的群体行为规范。(长沙长沙)(易错)

A. 教师促成的纪律　　B. 集体促成的纪律

C. 自我促成的纪律　　D. 任务促成的纪律

30. 电工在寻找电路断点时,需要对电路进行逐步测试,才能最终确定断点位置。这种问题解决的策略属于(　　)(长沙长沙)

A. 爬山法　　B. 手段—目的分析法

C. 逆推法　　D. 类比法

31. 小王想要设计一款榫卯结构的玩具,便去观看其他人制作榫卯结构物品的视频,分析他们的经验数据。在创造活动的心理过程中,小王观看视频和分析经验数据的行为处于(　　)(长沙长沙)

A. 准备阶段　　B. 酝酿阶段

C. 明朗阶段　　D. 验证阶段

32. 根据我国《教师法》规定,下列关于教师待遇的说法不正确的是(　　)(长沙长沙)(易错)

A. 中小学教师能够享受教龄津贴

B. 教师平均工资水平应当不低于或高于国家公务员的平均工资水平

C. 乡级人民政府应当为农村中小学教师解决住房提供方便

D. 医疗机构应当定期为当地中小学教师提供免费体检服务

33. 根据《中小学教育惩戒规则(试行)》规定,实施教育惩戒应当(　　)(长沙长沙)

①符合教育规律,注重育人效果

②遵循法治原则,做到客观公正

③接受舆论监督,对外公布惩戒结果

④选择适当措施,与学生过错程度相适应

A. ①②③　　B. ①③④　　C. ②③④　　D. ①②④

34. “双减”是指减轻(　　)和校外培训负担。(长沙长沙)(常考)

A. 高阶段学生升学压力和负担

B. 义务教育阶段学生作业负担

C. 高等教育阶段学生就业负担

D. 学前教育阶段家长学费负担

35. “双减”有关文件指出，提升学校课后服务水平，满足学生多样化需求。需要保证课后服务时间。学校为此可以统筹安排教师实行(　　)(长沙长沙)

A. 轮班轮休制　　B. 值班制

C. 弹性上下班制　　D. 居家工作制

36. 中小学教师资格实行(　　)一周期的定期注册，定期注册不合格或逾期不注册的人员，不得从事教育教学工作。(长沙长沙)

A. 三年　　B. 五年　　C. 七年　　D. 十年

37. “五项管理”对保证中小学生的睡眠时间提出了要求，即小学生每天必要的睡眠时间不少于________小时，初中生不少于________小时。(　　)(长沙长沙)

A. 12　10　　B. 12　9　　C. 10　9　　D. 9　7

38. 教育虽然是一种极为复杂灵动的与社会发展并进的育人活动，但有其相对稳定的质的特点。下列有关教育的质的特点的说法，不正确的是(　　)(长沙岳麓)

A. 教育是一种自觉的、有目的的活动

B. 教育能激励与教导受教育者自觉学习、自我教育

C. 教育能够让教育者引导受教育者学习、传承、践行人类经验

D. 一切教育本质上是让受教育者自发地、凭借自己的意愿获得自由的身心发展

39. 在普通中小学教育的各个组成部分中，(　　)集中体现了我国教育的价值取向和社会政治性质，在学生的全面发展中起着定向和动力的作用。(长沙岳麓)

A. 美育　　B. 智育　　C. 体育　　D. 德育

40. 在编制学期教学进度计划时，教师应该做的准备工作主要有(　　)(长沙岳麓)

①确定本学期学科教学的目的和任务

②了解本学期教学时数

③编订每周教学进程

④编写制作假期作业

A. ①②③　　B. ②③④

C. ①③④　　D. ①②④

41. 为了写好学生的操行评定，班主任应该(　　)(长沙岳麓)

①在日常工作中积累每个学生的材料

②征求其他教师和团队干部的意见

③让学生做自我鉴定，以供参考

④组织家长给其他学生撰写评语

A. ①②③　　B. ②③④　　C. ①②④　　D. ①③④

42. 在社会主义社会中，教育能为全体人民服务，反映人民的意愿和需要，让人民满意，这体现了(　　)对教育的影响。(长沙岳麓)

A. 生产力　　B. 社会经济政治制度

C. 文化　　D. 地域环境

43. 衡量学生道德修养水平的客观指标或重要标志是(　　)(长沙岳麓)

A. 道德认识　　B. 道德情感

C. 道德意志　　D. 道德行为

44. 教师最基本的权利是(　　)(长沙岳麓)

A. 民主管理权　　B. 教育教学权

C. 管理学生权　　D. 进修培训权

45. 教师在展示课件时，用红色字体标注教学重点内容，引起学生关注。这体现知觉的(　　)(长沙岳麓)

A. 理解性　　B. 恒常性　　C. 整体性　　D. 选择性

46. “感时花溅泪，恨别鸟惊心”体现的人的情绪状态是(　　)(长沙岳麓)

A. 应激　　B. 激情　　C. 心境　　D. 焦虑

47. 宁宁平时成绩很好，可是到了比较重要的考试时，总是十分紧张，考试时不能集中精力，因此在关键考试中总是考砸。宁宁的心理问题属于(　　)(长沙岳麓)

A. 强迫症　　B. 焦虑症　　C. 恐怖症　　D. 人格障碍

48. 我国目前的教育法律责任不包括(　　)(长沙岳麓)

A. 行政责任　　B. 民事责任

C. 经济责任　　D. 刑事责任

49. “一题多解、一物多用”等所表现的是(　　)的形式。(长沙岳麓)

A. 发散思维　　B. 分析思维

C. 集中思维　　D. 直觉思维

50. 小明很想提高学习成绩，但又不愿吃苦，不想努力。这种动机冲突是(　　)(长沙岳麓)

A. 双趋冲突　　B. 交叉冲突

C. 双避冲突　　D. 趋避冲突

51. 人们对于自己感兴趣的事物记忆起来容易，对不喜欢的事物记忆起来十分吃力。这表明了情绪具有(　　)(长沙岳麓)

A. 适应功能　　B. 动机功能

C. 组织功能　　D. 信号功能

52. 学生在老师的鼓励表扬中不断获得自信,从而表现得更好。这其中老师满足了学生的(　　)(长沙岳麓)

A. 自我实现的需要　　B. 安全需要

C. 生理需要　　D. 尊重需要

53. 把教学过程分为明了、联想、系统、方法四个阶段的教育家是(　　)(长沙岳麓)(常考)

A. 夸美纽斯　　B. 杜威　　C. 凯洛夫　　D. 赫尔巴特

54. 教师和学生在人格上是(　　)(长沙岳麓)(常考)

A. 主导和主体的关系　　B. 互相促进的关系

C. 授受关系　　D. 平等的关系

55. 下列属于《中小学教师职业道德规范》中为人师表要求的是(　　)(长沙岳麓)

A. 诲人不倦　　B. 廉洁奉公

C. 平等公正　　D. 勤劳敬业

56. 义务教育最本质的特征是(　　)(长沙岳麓)(易混)

A. 免费性　　B. 国家强制性

C. 普及性　　D. 公益性

57. 小明近期学习成绩有下降趋势,班主任为了提升他的学习成绩,把小明的座位调到成绩较好的同学旁边。这属于影响个体身心发展的(　　)因素。(长沙岳麓)

A. 遗传　　B. 环境

C. 个体主观能动性　　D. 学校教育

58. 国家对各级各类学校培养人才的总要求是(　　)(长沙岳麓)

A. 课程目标　　B. 教学目标

C. 教育目的　　D. 培养目标

59. 遗传素质是人身心发展的(　　)(长沙岳麓)(易错)

A. 物质前提　　B. 决定因素

C. 主导因素　　D. 内部动力

60. 在古代社会,教育与生产劳动的关系是(　　)(长沙岳麓)

A. 相结合　　B. 相分离　　C. 相融合　　D. 相统一

61. 学校教育在人的身心发展中起(　　)作用。(长沙岳麓)(常考)

A. 决定　　B. 辅助　　C. 主体　　D. 主导

62. 教学有法,但教无定法,这体现的是教师劳动的(　　)特点。(长沙岳麓)

A. 复杂性　　B. 创造性　　C. 示范性　　D. 长期性

63. 教学评价的功能不包括(　　)(长沙岳麓)

A. 导向功能　　B. 反馈功能

C. 奖惩功能　　D. 诊断功能

64. 教学过程的中心环节是(　　)(长沙岳麓)

A. 激发学生的学习动机　　B. 领会知识

C. 巩固知识　　D. 运用知识

65. 学校进行德育最基本和最重要的途径是(　　)(长沙岳麓)

A. 社会实践活动　　B. 学科教学

C. 课外校外活动　　D. 团队活动

二、多项选择题(下列每小题列出的选项中至少有两项是符合题意的,请将其代码填在括号内。错选、多选或少选均不得分。本大题共 10 小题,每小题 1 分,共 10 分)

1. 教师考核的内容包括(　　)(湘潭岳塘)

A. 政治思想　　B. 业务水平

C. 工作态度　　D. 工作成绩

2. 教育心理学常用的研究方法有(　　)(湘潭岳塘)

A. 观察法　　B. 谈话法

C. 问卷法　　D. 个案研究法

3. 下位学习也叫做类属学习,是指将概括程度或包容范围较低的新概念或命题,归属到认知结构中原有的概括程度或包容范围较高的适当概念或命题之下,从而获得新概念或新命题的意义。其包括(　　)(长沙雨花)

A. 并列结合学习　　B. 派生类属学习

C. 相关类属学习　　D. 重组学习

4. 以下关于程序性知识的说法正确的是(　　)(长沙雨花)

A. 它是关于"怎么做"的知识

B. 它是静态的知识

C. 它也被称为操作性知识或过程性知识

D. 它也被称为辨别性知识

5. 教师既有权利也有相应的义务,教师应当履行的义务包括(　　)(长沙雨花)(常考)

A. 进行教育教学活动,开展教育教学改革和实验

B. 贯彻国家的教育方针,完成教育教学工作任务

C. 关心、爱护全体学生,尊重学生人格

D. 不断提高思想政治觉悟和教育教学业务水平

6.《中国教育现代化 2035》提出了推进教育现代化的八大基本理念,包括(　　)(长沙雨花)

A. 更加注重因材施教　　B. 更加注重全面发展

C. 更加注重以智为先　　D. 更加注重面向人人

7. 关于德育的有关说法,下列选项正确的有(　　)(长沙雨花)

A. 不是每个社会都有德育

B. 德育存在于社会的每一个角落

C. 家庭中也存在着德育

D. 德育不仅仅局限于课堂之中

8. 班级授课制的缺点有(　　)(长沙雨花)

A. 不能体现学生的主体性　　B. 不能体现教师的主导性

C. 不利于系统知识的学习　　D. 不利于满足学生个性化的学习需求

9. 以下关于隐性课程的说法正确的有(　　)(长沙雨花)

A. 隐性课程具有弥散性、自发性、普遍性和持久性

B. 隐性课程是通过教学课题来实现的

C. 隐性课程可以促进学校教育良好的课程环境形成

D. 隐性课程存在于家庭、社会、学校教育中

10. 以下符合《中小学教师职业道德规范》中的爱岗敬业表述的有(　　)(长沙雨花)

A. 忠诚于人民教育事业,志存高远

B. 勤恳敬业,甘为人梯,乐于奉献

C. 对工作高度负责,认真备课上课

D. 自觉遵守教育法律法规

三、判断题(判断下列各题的正误,并在题后括号内打"√"或"×"。本大题共15小题,每小题0.5分,共7.5分)

1. 教育法规是制定教育政策的依据。(长沙岳麓)　(　　)
2. "走自己的路,让别人说去吧",体现了意志的坚韧性。(长沙岳麓)　(　　)
3. 《中华人民共和国教育法》中规定的学校的国有财产属于学校所有。(长沙岳麓)　(　　)
4. 在考试时,小李遇到难题就跳过先做简单的题目,这运用了元认知管理当中的计划策略。(长沙岳麓)　(　　)
5. 学生可以将在语文中学习到的阅读技巧、写作技巧等用于英语学习中。这种迁移属于具体迁移。(长沙岳麓)　(　　)
6. 课程设置是课程计划的核心或中心问题。(长沙岳麓)(常考)　(　　)
7. 关爱学生是师德的核心和灵魂。(长沙岳麓)　(　　)
8. 教育公平的关键是机会公平。(长沙岳麓)　(　　)
9. 马克思主义关于人的全面发展学说是我国确立教育目的的理论依据。(长沙岳麓)　(　　)
10. "注入式"是一种具体的教学方法。(长沙岳麓)　(　　)
11. 参加教师资格考试有作弊行为的,考试成绩作废,且终生不得参加教师资格考试。(长沙雨花)　(　　)
12. 教育行政法规的效力低于宪法和教育法律。(湘潭岳塘)(常考)　(　　)
13. 研究表明,在悲伤的情绪下,人们在时间估计方面会出现高估现象。(湘潭岳塘)　(　　)
14. 班主任工作量按当地教师标准课时工作量的两倍计入教师基本工作量。各地要合理安排班主任的课时工作量,确保班主任做好班级管理工作。(湘潭岳塘)　(　　)
15. 职业荣誉感是最基本、最高尚的道德情感。(湘潭岳塘)　(　　)

四、简答题(本大题共8小题,每小题5分,共40分)

1. 简述影响学习迁移的主要因素。(湘潭市直)

2. 简述学校教学工作的基本环节。(湘潭市直)

3. 简述哪些情形造成学生伤害事故,学校已履行了相应职责,行为并无不当,无法律责任?(长沙望城)

4. 简述教师应如何根据记忆规律有效组织学生进行复习？（长沙望城）

5.《中华人民共和国家庭教育促进法》是我国首次就家庭教育进行专门立法，该法的实施认为学校教育应该如何助力家校社共同教育？（长沙望城）

6. 简述影响教学方法选择的依据有哪些？（长沙望城）

7. 简述劳动教育的实施途径有哪些？（长沙望城）

8. 简述影响问题解决的因素。（长沙望城）

五、论述题(本大题共 2 小题，每小题 5 分，共 10 分)

1. 试述影响自我效能感的因素。（株洲天元）

2. 教学中如何贯彻启发性原则？（湘潭市直）

2021年湖南省湘潭市市直教师招聘考试教育综合知识真题试卷(三)

(本套试卷包括专业知识和教育综合知识两部分,仅收录教育综合知识部分的真题)

本套试卷共35小题,包括单项选择题(20小题)、判断题(10小题)、简答题(2小题)、论述题(2小题)、案例分析题(1小题)。

一、单项选择题(在下列每题四个选项中只有一个是最符合题意的,将其选出并把它的标号写在括号内。错选、多选或未选均不得分。本大题共20小题,每小题2.3分,共46分)

1. 我国古代封建社会的主流文化是以儒学为核心的"伦理型"文化,这种文化反映在人才培养上,则强调教育"在明明德,在亲民,在止于至善"。这主要体现了文化对教育哪一方面的影响(　　)

A. 教育水平　　B. 教育目的

C. 教育内容　　D. 教育方法

2. 小唐看到教室后面的垃圾箱装满了,会不假思索地去倒掉。小唐的这种道德属于(　　)

A. 伦理的道德情感　　B. 形象的道德情感

C. 直觉的道德情感　　D. 理性的道德情感

3. "古之王者,建国君民,教学为先"体现的有关教育目的的理论是(　　)(常考)

A. 宗教本位论　　B. 教育无目的论

C. 个人本位论　　D. 社会本位论

4. 某教师认为教育在于发展学生的潜能,使学生自主而有能力地行动,所以,他在教学设计时,会留给学生足够的活动时间和思考。该教师的课程设计观点符合(　　)的要求。

A. 过程模式　　B. 目标模式

C. 环境模式　　D. 结果模式

5. 学生在教师的指导下,通过观察显微镜里的细胞结构来获取知识,这一教学方法属于(　　)(易混)

A. 演示法　　B. 实验法　　C. 参观法　　D. 实践法

6. 小何在转入新班级之后,非常喜欢新班级的学习氛围,在学习和纪律方面都能很好地与新班级的同学保持一致。这体现了班级群体的哪种功能(　　)

A. 认同功能　　B. 支持功能　　C. 归属功能　　D. 塑造功能

7. 小娴在课堂上突然被点名要求背诵前不久学的古诗,小娴刚准备背诵,却发现很熟悉的诗句一个字也背不下来。这种现象属于(　　)

A. 动机说　　B. 提取失败说

C. 干扰说　　D. 同化说

8. 小英在预习新课时会把自己不懂的问题记录下来,再带着问题有针对性地听课。小英的这种注意方式属于(　　)

A. 无意注意　　B. 有意注意

C. 无意后注意　　D. 有意后注意

9. 小兰在选择本学期的体育项目时,想选容易合格的跑步,又担心跑步会伤膝盖;想选自己感兴趣的网球,又担心期末考试不及格。小兰面临的这种冲突属于(　　)

A. 双趋冲突　　B. 双避冲突

C. 趋避冲突　　D. 多重趋避冲突

10. 小甜在骑自行车回家的路上,突然看到路上有障碍物,于是急忙转向并紧握刹车,结果因为太过紧张而摔倒了。此时小甜的情绪状态属于(　　)

A. 应激　　B. 热情　　C. 激情　　D. 心境

11. 根据埃里克森的人格发展阶段理论,青春期(12~18岁)学生人格发展的主要任务是获得(　　)

A. 自我同一性　　B. 主动感　　C. 自主感　　D. 勤奋感

12. 小元学会了如何计算圆柱的体积。根据加涅对学习的分类,这属于(　　)的学习。

A. 言语信息　　B. 认知策略

C. 动作技能　　D. 智慧技能

13. 某学生上课捣乱,教师不理睬他,继续正常上课,于是该学生的捣乱行为逐渐减少。这体现了哪种理论原理(　　)

A. 正强化　　B. 正惩罚　　C. 负强化　　D. 消退

14. 根据奥苏伯尔对成就动机的分类,小东为了在物理竞赛中获得好名次以赢得在同学们中的威望而努力学习的动机属于(　　)

A. 认知内驱力　　B. 自我提高内驱力

C. 附属内驱力　　D. 自尊内驱力

15. 当学生对某些知识或技能产生强烈的学习动机时,这种学习动机能够唤醒学生进行学习的情绪状态,使学生产生焦虑、渴求等心理体验,并最终促使采取一定的学习行为。这体现了学习动机的(　　)

A. 激活功能　　B. 指向功能

C. 维持功能　　D. 调整功能

16. 某校以周老师所带班级的考试成绩不佳、升学率低为由，扣发周老师全年奖金，该校做法（　　）

A. 合法，学校享有对教师实施奖励或处分的权利

B. 合法，学校享有按章程进行自主管理的权利

C. 不合法，学校侵犯了教师的报酬待遇权

D. 不合法，学校侵犯了教师的进修培训权

17. 某教师未经学生同意向校外培训机构提供学生的个人信息，并以此获得报酬，且在班上大肆宣传该培训机构。该教师的做法（　　）

A. 正确，是教师行使民主管理权的表现

B. 正确，教师应该对学生的课外辅导负责

C. 错误，该教师侵犯了学生的财产权

D. 错误，该教师侵犯了学生的隐私权

18. 某校校长私自挪用原用于维修实验器材的公款，导致在一次实验课中实验器材发生爆炸，造成两名学生死亡、多人受伤的严重后果。对于该校长的行为，应当依法（　　）

A. 给予其行政处分　　B. 追究其刑事责任

C. 给予其行政拘留　　D. 责令其检讨道歉

19. 某校建立了学生、教师、家长、管理者、社区和教育专家共同参与、交互作用的评价制度，以多渠道的反馈信息促进学生的发展。这体现了新课程改革背景下评价观的哪一方面（　　）

A. 评价主体多元化　　B. 评价标准分层化

C. 评价内容综合化　　D. 评价方式多样化

20. 在语文课文的选择上，我国将一些与现在学生时代相距甚远的抗战题材或者鲁迅的一些文章进行了删减，增加了更多更具有时代精神的内容。这体现了新课程改革的哪一具体目标（　　）

A. 实现课程功能的转变

B. 改善学生的学习方式

C. 密切课程内容与生活和时代的联系

D. 建立与素质教育理念相一致的评价与考试制度

二、判断题（判断下列各题的正误，正确的选 A，错误的选 B。本大题共 10 小题，每小题 1.2 分，共 12 分）

21. 克鲁普斯卡娅的《国民教育与民主主义教育》是最早以马克思主义为基础探讨教育学问题的著作。（　　）

A. 正确　　B. 错误

22. 道德认识是个体自觉地调节道德行为，克服困难，以实现道德目标的心理过程。（　　）

A. 正确　　B. 错误

23. 教育目的一经确立，就成为人们行动的指南，不仅为受教育者指明了发展方向，预定了发展结果，也为教育工作者指明了工作方向和奋斗目标。（　　）

A. 正确　　B. 错误

24. 课程内容的横向组织形式是指按照知识的逻辑序列，从已知到未知、从具体到抽象等先后顺序组织安排课程内容。（常考）（　　）

A. 正确　　B. 错误

25. 感觉是一切知识和经验的基础，是人正常心理活动的必要条件。（　　）

A. 正确　　B. 错误

26. 个体自我意识的发展经历了从生理自我到社会自我，再到心理自我的过程。（　　）

A. 正确　　B. 错误

27. 高级神经活动类型为活泼型的学生，其气质类型为黏液质。（　　）

A. 正确　　B. 错误

28. 有意义学习是指当前的学习与已有知识建立起实质性的、有意义的联系。（　　）

A. 正确　　B. 错误

29. 根据耶克斯—多德森定律，学生解决困难和复杂的任务时，其动机水平宜控制在较高水平。（　　）

A. 正确　　B. 错误

30. 根据我国《教师法》的规定，教师对学校侵犯其合法权益，或者对学校作出的处理不服的，可以向教育行政部门提起申诉，教育行政部门应在接到申诉的三十日内，作出处理。（　　）

A. 正确　　B. 错误

三、简答题（本大题共 2 小题，每小题 6 分，共 12 分）

31. 简述建构主义学习理论的学习观。

32. 简述新课程改革背景下的教学观。(常考)

四、论述题(本大题共 2 小题,第 33 小题 7 分,第 34 小题 8 分,共 15 分)

33. 试述教师应如何在教学过程中贯彻理论联系实际原则。

34. 课堂纪律是指为保障或促进学生的学习而设置的行为标准及施加的控制。试述教师可以通过哪些方式来维持课堂纪律。

五、案例分析题(本大题共 15 分)

35. 曹老师是某校新入职的教师,她每节课都尽心讲授,希望能将自己的知识传授给学生,但结果却不太理想。有一天,她无意间听到学生在抱怨她讲的东西太难了,无法理解,跟不上进度。曹老师听到后却觉得是学生太笨了,学习也不够努力;而且认为自己认真准备的授课却得不到回报,因此感到很失望。之后,曹老师在该班教学时便不再像以前那么用心,而是想着既然没有用,那就随便讲讲。

根据上述案例,回答相关问题。

(1)评析案例中师生关系不和谐的原因。(7 分)

(2)谈谈曹老师应如何改进教学方法。(8 分)

2021年湖南省郴州市永兴县教师招聘考试教育理论知识真题试卷(四)

(本套试卷包括学科专业知识和教育理论知识两部分,仅收录教育理论知识部分的真题)

本套试卷共40小题,包括单项选择题(15小题)、多项选择题(10小题)、判断题(15小题)。

一、单项选择题(在下列每题四个选项中只有一个是最符合题意的,将其选出并把它的标号写在括号内。错选、多选或未选均不得分。本大题共15小题,每小题1分,共15分)

1. 教育部印发《关于进一步加强中小学生睡眠管理工作的通知》,明确规定小学生每天睡眠时间应达到(　　)小时。

A. 7　　B. 8　　C. 9　　D. 10

2. (　　)主要是指定型的实体化教育,是学生在有组织的教育机构中所接受的教育,包括古代的学校教育和社会教育机构。

A. 形式化教育　　B. 非形式化教育

C. 正规教育　　D. 非正规教育

3. 隋唐时期我国形成"六学二馆"为主的中央官学,其中"六学"不包括(　　)(常考)

A. 国子学　　B. 太学　　C. 四门学　　D. 玄学

4. 《学记》是我国第一部教育专著,其中的"当其可之谓时"启示我们教学要(　　)

A. 遵循一定的顺序进行

B. 掌握学习的最佳时机,适时而学

C. 互相观摩,学习他人的长处

D. 在不好的欲望还没有发作出来的时候就防止

5. 夸美纽斯主张(　　),提出"把一切事物教给一切人"。(常考)

A. 实用主义教育思想　　B. "泛智"教育思想

C. 科学主义教育思想　　D. 绅士教育思想

6. (　　)是以问题解决为中心,注重学生独立活动,着眼于创造性思维能力和意志力培养的教学模式。

A. 传递—接受式教学模式　　B. 自学—辅导式教学模式

C. 引导—发现式教学模式　　D. 情境—陶冶式教学模式

7. 不同颜色会给人不同的感觉,如红色代表热情,白色被认为是纯洁、善良的代表,这是(　　)

A. 感觉后像　　B. 感觉适应

C. 感觉对比　　D. 联觉

8. 建构主义学习理论认为"情境""协作""________""意义建构"是学习环境中的四大要素。(　　)

A. 模拟　　B. 会话　　C. 主动建构　　D. 情景

9. 学生普遍认为外表邋遢的教师教学能力一定不强。这是受到(　　)的影响。

A. 投射效应　　B. 首因效应

C. 近因效应　　D. 晕轮效应

10. 小明虽然小学毕业了,但他仍然记得一年级第一次春游时的激动心情。这种记忆属于(　　)

A. 形象记忆　　B. 情绪记忆　　C. 动作记忆　　D. 逻辑记忆

11. 弗洛伊德提出的遗忘理论是(　　)

A. 干扰说　　B. 压抑说

C. 同化说　　D. 痕迹消退说

12. 下列选项中不能提高个人自我效能感的是(　　)

A. 失败经验　　B. 言语劝说

C. 成功经验　　D. 替代经验

13. 认为"心理学研究内容主要是意识体验,人对事物的认识具有整体性,心理、意识不等于感觉元素的机械总和"的派别是(　　)

A. 行为主义　　B. 格式塔心理学

C. 机能主义　　D. 人本主义

14. 人脑把抽象出来的事物间共同的、本质的特征综合起来的过程叫(　　)

A. 抽象　　B. 概括

C. 分析　　D. 综合

15. 对于认知风格偏向于(　　)的学生,教师应当有意识地对其进行训练,如当他们在课堂上回答完问题之后,教师紧接着再多问几个为什么,促使其进一步思考。

A. 内倾型　　B. 沉思型　　C. 冲动型　　D. 视觉型

二、多项选择题(下列每小题列出的选项中至少有两项是符合题意的,请将其代码填在括号内。错选、多选或少选均不得分。本大题共10小题,每小题1.6分,共16分)

16. 课程内容的三种主要表现形式有(　　)(常考)

A. 课程计划　　B. 教师用书

C. 教材　　D. 课程标准

17. 自然教育理论是通过教育培养自然人，主张教育要顺应儿童的天性发展，以下哪些教育家提出过相关教育思想(　　)

A. 卢梭　　B. 裴斯泰洛齐

C. 福禄贝尔　　D. 杜威

18. 针对课堂教学的时空局限以及给学生发展带来的负面效应，人们设计与实施了一系列辅助的班课教学组织形式，主要包括(　　)

A. 课外教学　　B. 现场教学

C. 复式教学　　D. 全纳教学

19. 学生群体对个体的活动是产生促进作用还是阻碍作用，取决于(　　)

A. 活动的难易　　B. 竞赛动机的激发

C. 被他人评价的意识　　D. 注意的干扰

20. 在班级工作中，后进生的转化一直是班主任及其他教育者的工作难点。关于后进生的转化，班主任应做到(　　)

A. 具有足够的信心、耐心、热心、细心　　B. 应以"批评为主，教育为辅"

C. 要善于发现后进生的长处　　D. 充分发挥班级先进力量的作用

21. 下列教师课堂行为中体现教师正确运用无意注意规律的是(　　)

A. 甲注意教学内容的组织和教学形式的多样化

B. 乙发现学生走神时立即点名批评

C. 丙对教学重点在语音语调上加以强调

D. 丁在讲课前公布学生成绩

22. 常见的启发策略包括(　　)

A. 手段—目标分析法　　B. 逆向工作法

C. 爬山法　　D. 类比思维法

23. 讲授教学的原则和技术包括(　　)

A. 结构原则和程序原则　　B. 逐渐分化原则

C. 支架式教学　　D. 先行组织者策略

24. 影响学习迁移的主要因素包括(　　)

A. 学习材料和目标的相似性　　B. 学习者原有经验和概括水平

C. 学习的心理准备状态　　D. 学习效率水平的高低

25. 胆汁质类型的人的特点包括(　　)

A. 思维敏锐，想象力丰富　　B. 精力旺盛，争强好斗

C. 直率热情，朴实真诚　　D. 自制力强，内刚外柔

三、判断题(判断下列各题的正误，并在题后括号内打"√"或"×"。本大题共 15 小题，每小题 0.6 分，共 9 分)

26. 教育是人类所特有的一种有意识的社会活动。(常考)　(　　)

27. 遗传素质的差异性对人的发展起决定性作用。　(　　)

28. 从层次结构上来看，我国当前的学校教育包括学前教育、初等教育和高等教育三个层次。　(　　)

29. 过程评价主要是通过描述实际过程来确定或预测课程计划本身或实施过程中存在的问题，从而为决策者提供如何修正课程计划的有效信息。　(　　)

30. 班主任在课余时间和学生聊天，以了解学生的办法是实验法。　(　　)

31. 品德评价法包括奖励、惩罚、评比和操行评定。　(　　)

32. 一个能够自觉地发展自己专业水平的教师，才能不断适应教育实践给自己提出的新要求。(　　)

33. 研究发现，对于连续的动作技能，分散练习的效果优于集中练习。　(　　)

34. 做笔记策略是使用较为普遍的精加工策略。　(　　)

35. 共同因素是学习迁移产生的唯一条件。　(　　)

36. 程序性知识是关于"怎样做"的知识，主要以产生式和产生式系统进行表征。　(　　)

37. 附属内驱力是一种间接的学习需要，属于内部动机。　(　　)

38. 规则学习是概念学习的基础。　(　　)

39. 小学低年级的学生以有意想象为主。　(　　)

40. 根据埃里克森的人格发展阶段理论，处于 6 ~ 11 岁这一阶段的发展任务是培养勤奋感。　(　　)

2021 年湖南省长沙市教师招聘考试教育综合知识真题试卷(精编)(五)

(本套试卷收录了 2021 年长沙市雨花区、开福区、长沙县等地区的真题)

本套试卷共 100 小题,包括单项选择题(75 小题)、多项选择题(15 小题)、判断题(10 小题)。

一、单项选择题(在下列每题四个选项中只有一个是最符合题意的,将其选出并把它的标号写在括号内。错选、多选或未选均不得分。本大题共 75 小题,每小题 0.8 分,共 60 分)

1. 将人类的教育行为混同于无意识模仿,导致了教育的生物学化的教育起源理论是(　　)(雨花)(易混)

A. 生物起源说理论　　B. 心理起源说理论
C. 劳动起源说理论　　D. 神话起源说理论

2. 以文、行、忠、信为主要教育内容的是(　　)(雨花)

A. 孟子　　B. 朱熹　　C. 孔子　　D. 荀子

3. 周老师经常在课后深入到学生当中去,通过特定的问题和学生进行沟通和交流,指出一些实际存在的问题,制定出相应的教学预案,这说明周老师哪一能力较好(　　)(雨花)

A. 教学归因　　B. 教学迁移
C. 教学反思　　D. 教学操作

4. 对学前、小学、初中和高中学生进行思想品德教育,应注重教育内容的相互衔接,体现出螺旋式的上升,这一做法体现了(　　)(雨花)

A. 知行统一原则
B. 正面教育与纪律约束相结合的原则
C. 集体教育与个别教育相结合的原则
D. 教育影响的一致性和连贯性原则

5. 小曹常有打人的冲动,于是借锻炼、拳击和摔跤来满足,这是一种(　　)(雨花)

A. 建设性防御机制　　B. 替代性防御机制
C. 攻击性防御机制　　D. 逃避性防御机制

6. 在创造想象的过程中,新形象的产生往往带有突然性,这种突然出现的新形象状态为(　　)(雨花)

A. 抽象　　B. 直觉　　C. 灵感　　D. 幻想

7. 小郑平时几乎从不花时间来复习老师的课堂内容,以至于学习不理想,后来他给自己制定了一份学习计划,并控制了计划的执行,进行自我监督,这属于哪一种策略(　　)(雨花)(常考)

A. 组织策略　　B. 元认知策略　　C. 资源管理策略　　D. 精加工策略

8. 在做课堂练习时,若老师下来巡视,有些学生会在老师经过身边时挡住题目,导致做题效率低,甚至做不出来,这种现象属于(　　)(雨花)

A. 社会抑制　　B. 社会惰化　　C. 去个性化　　D. 群体极化

9. 某中学教师李某在上课时间带领学生为娱乐明星应援,并录制视频在网络传播,造成不良影响。这违反了《新时代中小学教师职业行为十项准则》规定中的(　　)(雨花)

A. 关心爱护学生　　B. 规范从教行为
C. 加强安全防范　　D. 传播优秀文化

10. 根据心智技能的实践模式,把主体在头脑中建立起来的活动程序计划,以外显的操作方式付诸实践阶段,这是(　　)(开福)

A. 原型启发　　B. 原型定向　　C. 原型操作　　D. 原型内化

11. 中国古代教育家(　　)说:“得天下英才而教育之,三乐也。”(开福)

A. 孔子　　B. 孟子　　C. 老子　　D. 庄子

12. 八年级学生李明担任副班长,对学习和班级工作积极热情,从不拖延,但脾气急躁容易冲动,常常跟同学吵架甚至打架,李明的气质类型属于(　　)(开福)

A. 多血质　　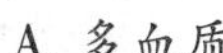B. 黏液质　　C. 抑郁质　　D. 胆汁质

13. 教师通过让学生观看图片、图表、模型等,让学生感知事物,获得感性认识,从而促进知识掌握。这种直观教学的类型是(　　)(开福)

A. 实物直观　　B. 想象直观　　C. 模像直观　　D. 言语直观

14. 教师对学生指导、引导的目的是促进学生的(　　)(开福)

A. 自主发展　　B. 自愿发展　　C. 自由发展　　D. 自动发展

15. 一般来说,儿童是依靠形式、颜色、声音和感觉来进行思维的——乌申斯基,这就要求我们在教学中要遵循(　　)原则。(开福)

A. 因材施教　　B. 直观性　　C. 循序渐进　　D. 巩固性

16. 一个人同时面临两种有意义的活动目标,但由于条件限制只能二选一的冲突是(　　)(开福)

A. 双趋冲突　　B. 双避冲突
C. 趋避冲突　　D. 多重趋避冲突

17. 青少年迷恋明星偶像,认为形象美好的人同样拥有其他一系列美好品质,反之亦然。这种效应叫(　　)(开福)(易错)

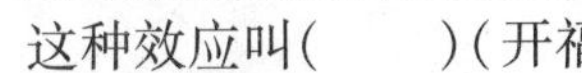

A. 刻板效应　　B. 首因效应　　C. 近因效应　　D. 晕轮效应

18. 学生学习了“三角形”的概念，现在要学习直角三角形，这是一种(　　)(开福)

A. 派生类属学习　　B. 相关类属学习

C. 并列综合学习　　D. 上位学习

19. 有人说教师工作是无底洞，没有明显的时间和空间界限，这反映教师劳动具有(　　)(开福)(常考)

A. 复杂性和创造性　　B. 主体性和示范性

C. 长期性和间接性　　D. 连续性和广延性

20. 教育过程中最基本、最重要的人际关系是(　　)(开福)

A. 师生关系　　B. 同学关系

C. 亲子关系　　D. 教师和家长的关系

21. “时教必有正业，退息必有居学”说明教学活动和(　　)的关系。(开福)

A. 实践活动　　B. 社团活动　　C. 课外活动　　D. 兴趣小组

22. 学生能够一边听课，一边做笔记，这是注意的(　　)(开福)(常考)

A. 转移　　B. 分配　　C. 稳定性　　D. 广度

23. (　　)是一种表现为心境低落状态，常伴有心情焦虑、躯体不适、睡眠障碍的神经症，过度的抑郁反应，通常伴随严重的焦虑感。(开福)

A. 抑郁症　　B. 焦虑症　　C. 强迫症　　D. 恐怖症

24. (　　)试图根据心理学来阐述教学过程，提出了“明了、联想、系统、方法”的四阶段论。(开福)

A. 福禄贝尔　　B. 赫尔巴特　　C. 裴斯泰洛齐　　D. 斯宾塞

25. 维果斯基的最近发展区是指(　　)(开福)

A. 最新获得的能力

B. 超出目前水平的能力

C. 儿童现有发展水平和可能发展水平之间的差异

D. 需要在下一发展阶段掌握的能力

26. (　　)是整个教学工作的中心环节，是提高教学质量的关键。(开福)

A. 预习　　B. 备课　　C. 上课　　D. 课后的辅导工作

27. “灵魂的工程师”说明教师扮演着(　　)角色。(开福)

A. 家长代理人　　B. 心理调节者

C. 学生的楷模　　D. 知识传授者

28. 学生在学习了鲸、蝙蝠的概念后有利于哺乳动物概念的学习，这属于(　　)(开福)(常考)

A. 水平迁移　　B. 一般迁移　　C. 正迁移　　D. 负迁移

29. 下列关于教育的说法不正确的是(　　)(长沙)

A. 教育是以促进国家发展为首要任务的活动

B. 教育是有目的地培养人的社会活动

C. 教育是教育者引导受教育者传承经验的互动活动

D. 教育是激励与教导受教育者自觉学习和自我教育的活动

30. (　　)是人的发展的决定因素。(长沙)

A. 环境　　B. 学校教育　　C. 遗传因素　　D. 个体活动

31. 五四运动和“一二・九”运动都是发端于学校，扩展到社会，进而形成全国性的政治运动，这体现了教育的(　　)功能。(长沙)

A. 文化　　B. 经济　　C. 生态　　D. 政治

32. 下列属于社会本位论观点的是(　　)(长沙)

A. 个人的一切发展都有赖于社会　　B. 个人价值高于社会价值

C. 教育目的根据个人发展的需要制定　　D. 教育的基本职能在于发展个人的潜在本能

33. 活动课程的特点不包括(　　)(长沙)

A. 重视儿童的兴趣、需要、能力和阅历　　B. 强调解决问题的动态活动的过程

C. 主张预先确定目标的观念　　D. 注重引导儿童从做中学

34. 在教科书的编写上，对理论性较强、学生不易理解和掌握的内容，尤其对低年级的儿童来说，采用(　　)来组编较适合。(长沙)(易错)

A. 螺旋式　　B. 重复式　　C. 直线式　　D. 折线式

35. 所谓(　　)，对学生来说，主要是指能够运用自己已有的知识、智能、灵感、态度和意志去探索、发现、建构他尚未知晓的新的知识或方法的能力。(长沙)

A. 基础知识　　B. 创造才能　　C. 技巧　　D. 价值观

36. (　　)是教学过程的中心环节。(长沙)

A. 理解教材　　B. 运用知识

C. 引起学习动机　　D. 检查知识、技能和技巧

37. 当代倡导的“发现法”或“探究学习”，均传承、弘扬与发展了(　　)的思想。(长沙)

A. 循序渐进原则　　B. 科学性与思想性统一原则

C. 直观性原则　　D. 启发性原则

38. 讲理、沟通、报告、讨论、参观等均属于(　　)(长沙)

A. 情境陶冶法　　B. 明理教育法

C. 实践锻炼法　　D. 榜样示范法

39. 班级上课使一个班的学生，长期在一起学习、交往、生活，形成了互爱、互尊、互助、民主平等、和谐亲密的人际关系，过着既丰富多彩又制度化的班组生活。这说明班级上课(　　)(长沙)

A. 能促进学生的社会化　　B. 能科学合理地组织教学

C. 能形成严格的教学制度　　D. 能充分发挥教师的主导作用

40. (　　)是衡量教师主导作用发挥得好坏的根本标志。(长沙)

A. 学生的主动性、反思性、创造性及学习效果

B. 学生的学习质量、成效和心理发展的方向和水平

C. 教师的威信、亲和力及教学的方式方法

D. 教师与学生之间的人际关系

41. (　　)的目的不注重于成绩的评定,而是使教师与学生都能及时获得反馈信息,更好地改进教与学,以促进教师和学生的发展、提高。(长沙)

A. 总结性评价　　B. 诊断性评价

C. 形成性评价　　D. 绝对性评价

42. 教师给学生的操行评语应该(　　)(长沙)

①罗列现象、抽象、一般化　②实事求是、抓主要问题

③充分肯定学生的进步　④文字简明、贴切

A. ①②③　B. ①②④　C. ①③④　D. ②③④

43. 教师做好教育工作的前提是(　　)(长沙)(常考)

A. 热爱教育事业　　B. 严于律己,为人师表

C. 生活常识丰富　　D. 热爱集体,团结协作

44. 我国中小学教师专业标准的基本理念不包括(　　)(长沙)

A. 学生为本　B. 能力为重　C. 终身学习　D. 守法为先

45. 皮亚杰认为,认知(或智力)的本质,就是(　　),即儿童的认知是在已有图式的基础上通过同化、顺应和平衡机制,不断从低级向高级发展。(长沙)

A. 替代　B. 适应　C. 运动　D. 守恒

46. 根据埃里克森的人格发展阶段理论,"儿童发展出面对不同任务时的胜任感,尤其在学习上;否则,儿童会认为自己没有能力,不可能成功"是对(　　)冲突阶段特征的描述。(长沙)(易混)

A. 自主感对羞怯感　　B. 主动感对内疚感

C. 勤奋感对自卑感　　D. 同一性对角色混乱

47. 学习不是本能活动,而是后天习得的活动,是由(　　)引起的。(长沙)

A. 经验或实践　B. 情感和意识　C. 兴趣　D. 需求

48. 罗杰斯在心理治疗中提出了当事人中心疗法,他认为,作为一名优秀的治疗者,有三个基本条件,其中不包括(　　)(长沙)

A. 真诚一致　　B. 无条件积极关注

C. 满足需要　　D. 同理心

49. SQ3R 中的"S"指的是(　　)(长沙)

A. 陈述　B. 浏览　C. 复习　D. 提问

50. 儿童初学写字时,头部过低,身体歪斜,握笔太紧,用力过大,这时处于动作技能学习的(　　)(长沙)

A. 熟练阶段　B. 联系定向阶段　C. 分解阶段　D. 自动化阶段

51. 规范学习区别于一般的知识和技能的学习本质特征在于其(　　)(长沙)

A. 情感性　B. 延迟性　C. 约束性　D. 反复性

52. "感情不易变化,学习会感到疲意"是哪种气质类型的观察指数(　　)(长沙)

A. 多血质　B. 黏液质　C. 胆汁质　D. 抑郁质

53. 建设高质量的体系,要把(　　)作为检验学校一切工作的根本标准。(长沙)

A. 教师队伍建设　B. 立德树人成效　C. 整合教育资源　D. 教育制度改革

54. 某校违反国家规定招生,下列说法不正确的是(　　)(长沙)

A. 由教育部门责令退还所有费用,但不得退回所招学生

B. 对学校进行警告,可以处违法所得五倍罚款

C. 情节严重的,责令取消相关招生资格一年以上及三年以下

D. 对直接负责的主管人员和其他直接负责人员,依法给予处分

55. 学校和其他教育机构应逐步实行(　　)(长沙)

A. 教师选任制　B. 教师考任制　C. 教师委任制　D. 教师聘任制

56. 教师的平均工资水平应(　　)当地国家公务员的平均工资水平,并逐步提高。(长沙)(常考)

A. 低于　B. 等于　C. 低于或等于　D. 不低于或高于

57. 有的人观察能力强,有的人记忆力好;有的人好动,有的人喜静;有的人善理性思维,有的人善形象思维;有的人年轻有为,有的人大器晚成。这说明人的发展具有(　　)(长沙)

A. 阶段性　B. 顺序性　C. 个别差异性　D. 不平衡性

58. "秀才不出门,能知天下事"说明文化知识具有什么价值(　　)(长沙)

A. 促进人的实践的发展　　B. 促进人的认识的发展

C. 促进人的能力的发展　　D. 促进人的精神的发展

59. 下列关于"以人为本"教育观的内涵的表述,不正确的是(　　)(长沙)

A. 教育的根本主旨是促进人的全面发展　　B. 人是主体

C. 人的发展与社会发展是互相独立的　　D. 人是目的

60. (　　)集中体现了我国教育的价值取向和社会政治性质,在学生的全面发展中起着定向和动力的作用。(长沙)

A. 德育　B. 智育　C. 美育　D. 体育

61. (　　)教学时,要求教师不仅要系统全面地描述事实,而且要通过深入分析、推理、论证来归纳、概括科学的概念或结论。(长沙)(易混)

A. 讲述　B. 讲解　C. 讲演　D. 讲读

62. 根据科尔伯格的道德发展阶段理论,判断“好孩子”阶段“好”的行为的标准是(　　)(长沙)

A. 对成人或规则采取服从的态度,以免受到惩罚

B. 认为每个人都有自己的意图和需要

C. 为自己塑造一个社会赞同的形象,能够得到别人的赞许

D. 开始从维护社会秩序的角度来思考什么行为是正确的

63. 对儿童的攻击行为可以采取不加理睬的方法,使它们得不到强化而逐渐减少,这属于一种(　　)(长沙)

A. 暂时隔离法　B. 示范法　C. 角色扮演法　D. 消退法

64. 孩子的许多无理取闹的行为实际上是学习的结果,比如通过哭闹来取得自己心仪的玩具,在这个过程中,家长的让步起着(　　)作用。(长沙)

A. 泛化　B. 消退　C. 分化　D. 强化

65. 关于知识与智能的关系,不正确的是(　　)(长沙)

A. 智能的发展依赖于知识掌握情况

B. 知识的掌握情况又取决于智能的发展水平

C. 教学中不能只抓知识教学或只重智能发展

D. 一个人知识的多少标志着其智能水平高低

66. 归因训练第一阶段是(　　)(长沙)

A. 创设情境　B. 让学生对自己的成败进行归因

C. 了解学生的归因倾向　D. 引导学生进行积极归因

67. 精加工策略的要旨是(　　)(长沙)

A. 对信息重复识记　B. 把信息组合成整体

C. 将信息重新分解　D. 建立信息之间的联系

68. 下列关于上位学习和下位学习描述不正确的是(　　)(长沙)

A. 上位学习遵循从具体到一般的归纳概括过程,属于发现学习

B. 上位学习对学生获得基本概念和一般原理与规则具有重要意义

C. 下位学习对新学知识效率低,对旧知识效率高

D. 下位学习遵循从一般到特殊的过程,属于接受学习

69. 根据桑代克的迁移理论,两种学习之间要产生迁移,关键在于发现它们之间的(　　)(长沙)

A. 结构性　B. 抽象性和差异性

C. 次序性　D. 一致性和相似性

70. (　　)是课堂纪律管理的最终目的。(长沙)

A. 教师促成的纪律　B. 自我促成的纪律

C. 集体促成的纪律　D. 任务促成的纪律

71. 创造性活动的(　　)的主要任务是在积累知识的过程中检查和清理问题,确定创造的方向和目标,从主观和客观条件上做好必要准备。(长沙)

A. 明朗阶段　B. 验证阶段　C. 准备阶段　D. 酝酿阶段

72. 根据《中华人民共和国教师法》,以下选项不属于教师权利的是(　　)(长沙)(常考)

A. 自我发展的权利　B. 参与管理的权利

C. 批评学生　D. 独立工作

73. 国家建立以(　　)为主,其他多种渠道筹措教育经费为辅的体制。(长沙)

A. 财政拨款　B. 办企创收

C. 社会捐赠　D. 学费杂费

74. 学校下列做法违反《中华人民共和国义务教育法》相关规定的是(　　)(长沙)

A. 对违反学校管理制度的学生予以批评教育

B. 对学生进行安全教育,加强管理

C. 向学生推销教育教学相关商品、商务

D. 接收残疾适龄儿童随班就读

75. 十三届全国人民代表大会常务委员会第二十二次会议对《未成年人保护法》进行了修订,将在2021年6月1日正式施行。修订后的《未成年人保护法》增加了(　　)两章。(长沙)

A. “学校保护”“社会保护”　B. “网络保护”“政府保护”

C. “社会保护”“法律责任”　D. “家庭保护”“司法保护”

二、多项选择题(下列每小题列出的选项中至少有两项是符合题意的,请将其代码填在括号内。错选、多选或少选均不得分。本大题共15小题,每小题2分,共30分)

76. 下列关于教育本质属性的理解,正确的是(　　)(雨花)

A. 教育的直接目的是人的培养

B. 所有能影响人的身心发展的活动都是教育

C. 人的先天本能,如膝跳反射、新生儿的吮吸母乳,不属于教育现象

D. 孩子偶然把手撞到床板受伤,由此获得了相关知识,属于教育现象

77. 贯彻启发性教学原则的要求有(　　)(雨花)(常考)

A. 发扬教育民主

B. 在确保质量的前提下提高教学效率

C. 加强学习的目的性教育,调动学生学习的主动性

D. 让学生动手,培养学生独立解决问题的能力

78. 根据卡文顿的自我价值理论,正确的是(　　)(雨花)

A. 该理论能够很好地解释潜意识行为与很多娱乐消遣行为

B. 小华特别渴望成功,同时又特别害怕失败,他可能属于高趋高避型

C.“高趋低避型”学生又称为“成功定向者”

D.“低趋低避型”学生又称为“逃避失败者”

79. 经测验得知,湘湘的气质类型为多血质,在平时生活中的表现为( )(雨花)

A. 思维敏捷但是不求甚解 B. 内柔外刚,交往适度

C. 易感情用事,刚愎自用 D. 容易接受新事物

80. 习近平总书记对新时代师德师风建设,提出四个“相统一”。以下属于四个“相统一”的是( )(雨花)

A. 坚持教书与育人相统一 B. 坚持潜心问道和关注社会相统一

C. 坚持学术自由和学术规范相统一 D. 坚持显性教育与隐性教育相统一

81. 下列有关平行管理,叙述正确的是( )(开福)

A. 由马卡连柯提出

B. 由维果斯基提出

C. 平行管理指班主任既通过对集体的管理去间接影响个人,又通过对个人的直接管理去影响集体,从而把对集体和个人的管理结合起来的管理方式

D. 平行管理指通过制定和执行规章制度去管理班级的经常性活动

82. 下列( )阐述的是教学中要求遵循启发性教学原则。(开福)

A.“学不躐等”

B.“不愤不启,不悱不发”

C.“道而弗牵,强而弗抑,开而弗达”

D.“一个坏的教师奉送真理,一个好的教师则教人发现真理”

83. 下列关于课堂气氛描述正确的是( )(开福)

A. 消极的课堂气氛通常以学生的紧张,拘谨,心不在焉,反应迟钝为基本特征

B. 课堂气氛与教师对学生的期望有关

C. 良好的课堂气氛是课堂教学得以顺利进行的重要保障条件

D. 积极的课堂气氛是恬静与活跃、热烈与深沉、宽松与严谨的有机统一

84. 新课程标准提倡的三维课程目标是( )(开福)(常考)

A. 知识与技能 B. 过程与方法

C. 情感态度与价值观 D. 心理健康

85. 组织策略指的是整合所学新知识之间、新旧知识之间的内在联系,形成新的知识结构,包括( )等。(开福)

A. 列提纲 B. 利用图形、图表

C. PQ4R 法 D. 语义联想法

86. 影响人发展的主要因素有( )(开福)(常考)

A. 遗传 B. 环境 C. 教育 D. 主观能动性

87. 下列有关美育的表述,正确的有( )(开福)

A. 蔡元培提出了“以美育代宗教”

B. 美育即艺术教育

C. 美育最高层次的任务是培养学生创造美的才能

D. 美育是培养学生正确的审美观,发展其鉴赏美、创造美的能力,培养他们的高尚情操和文明素质的教育

88. 品德的形成要经历( )阶段。(开福)(常考)

A. 学习 B. 依从 C. 认同 D. 内化

89. 学生在教师指导下进行( ),属于实习作业法。(开福)

A. 数学课的实地测量 B. 语文课的课外阅读

C. 地理课的地形测绘 D. 生物课的植物栽培和动物饲养

90. 一般认为,品德的构成要素主要包括( )(开福)

A. 道德认知 B. 道德情感

C. 道德意志 D. 道德行为

三、判断题(判断下列各题的正误,并在题后括号内打“√”或“×”。本大题共 10 小题,每小题 1 分,共 10 分)

91. 昆体良对班级授课进行的一些阐述是班级授课制思想的萌芽。(雨花)( )

92. 通过对本课的学习,形成正确的知识产权意识,属于知识与技能目标。(雨花)( )

93. 学生的发展是班级管理的核心。(雨花)( )

94. 在态度形成的过程中,认同的实质是对榜样的模仿,其出发点是试图与其一致。(雨花)( )

95. 知识的表述类型中,表象是一种连续、抽象的表征,而命题是一种断裂的、模拟的类型。(雨花)( )

96. 课堂上学生回答老师的提问是一种有意回忆。(雨花)( )

97. 皮亚杰提出,在儿童思维发展的所有特征中最重要的是可逆性。(雨花)( )

98. 小郭从师范学校毕业后为适应新工作岗位要求而加班学习,这属于有意义的接受学习。(雨花)( )

99. 不断提高思想政治觉悟和教育教学业务水平属于教师法定权利。(雨花)( )

100. 教师劳动的连续性是由教师劳动对象的相对稳定性决定的。(雨花)( )

2021年湖南省株洲市天元区教师招聘考试教育理论基础真题试卷(六)

本套试卷共51小题,目前已收录50小题,包括单项选择题(24小题)、多项选择题(10小题)、填空题(10小题)、简答题(3小题)、论述题(2小题)、案例分析题(1小题)。

一、单项选择题(在下列每题四个选项中只有一个是最符合题意的,将其选出并把它的标号写在括号内。错选、多选或未选均不得分。本大题共24小题,其中,1~9题,每小题0.7分;10~24题,每小题1.2分,共24.3分)

1. 夸美纽斯曾说,实际上人不受教育就不能成为一个人;康德也认为,人是唯一必须受教育的造物。这说明教育是(　　)

A. 传递社会经验的活动　　B. 使人得以生存的活动

C. 培养人的社会实践活动　　D. 保存人类文明的活动

2. 素质教育是指一种以提高受教育者诸方面素质为目标的教育模式,其时代特征是(　　)(常考)

A. 面向全体学生　　B. 促进学生全面发展

C. 促进学生个性发展　　D. 培养学生的创新精神和实践能力

3. 我国古代思想家、教育家王守仁指出,学习不可躐等,须从本原上用力,渐渐盈科而进。他主要强调的是(　　)

A. 教育应循序渐进　　B. 学习需要独立思考

C. 知行合一才能真正掌握知识　　D. 教育不应该抹杀儿童的天性

4. 教育范畴是历史性与阶级性的统一,而不是如一些资产阶级教育学者所说的是永恒不变的范畴。生产力与生产关系的形态以及二者之间的关系改变了,教育形态也必须发生改革。这是哪一学说的主要观点(　　)

A. 生物起源说　　B. 劳动起源说

C. 心理起源说　　D. 自然起源说

5. 我国古代的"六艺"、古希腊的"七艺"等都可以看作是最早的(　　),这种课程的主导价值在于通过传承人类文明,使学生掌握人类积累下来的文化遗产,让学生获得间接经验。

A. 活动课程　　B. 学科课程　　C. 选修课程　　D. 综合课程

6. 为弘扬和培养学生强烈的民族责任感,引导学生健康成长,某中学组织学生观看爱国主义教育影片。该校采用的这种德育方法是(　　)

A. 品德评价法　　B. 调查研究法

C. 情感陶冶法　　D. 个人修养法

7. 新课程改革的主要任务是:更新观念、转变方式、重建制度。在新课程所要完成的三大主要任务中,(　　)是核心任务。

A. 教师课堂教学方式的改革　　B. 转变学生的学习方式

C. 改变学生在学校里的生存条件　　D. 重新建立教育评价制度

8. (　　)是新课程倡导的现代学习方式的首要特征,与传统学习方式相对,二者在学生的具体学习活动中表现为"我要学"和"要我学"。(易错)

A. 独立性　　B. 独特性　　C. 体验性　　D. 主动性

9. 新课程的培养目标在各科课程标准中是分层次地体现的,目标的构成及其相互关系可按三个层次分列,其中情感态度与价值观属于(　　)

A. 最高目标　　B. 优先目标　　C. 基础目标　　D. 核心目标

10. 罗杰斯认为在教学活动中要把学生放在居中的位置上,把学生的"自我实现"看成教学的根本要求,这属于(　　)

A. 非指导性教学模式　　B. 发展性教学模式

C. 最优化教学模式　　D. 结构主义课程模式

11. 活动方式具有高度的适应性,在执行方面能达到高度的完善和自动化的阶段是(　　)

A. 操作定向　　B. 操作模仿　　C. 操作熟练　　D. 操作整合

12. 根据动作过程中外部情境是否变化,可将动作技能分为(　　)

A. 操作器具的动作技能和徒手技能　　B. 连续的动作技能和不连续的动作技能

C. 开放性技能和封闭性技能　　D. 连续动作技能和开放性技能

13. (　　)指对他人的情绪、说话、手势动作的敏感程度以及对此做出有效反应的能力,表现为个人能觉察体验他人的情绪情感并做出适应的反应。

A. 人际沟通智能　　B. 自我认识智能

C. 身体运动智能　　D. 自我观察智能

14. (　　)是指空间上接近、时间上连续、形式上相同、颜色上一致事物,易于构成一个整体为人们所清晰地感知。(常考)

A. 差异律　　B. 活动律　　C. 强度律　　D. 组合律

15. 托尔曼认为学习的结果不是S与R的直接联结,不是连串的刺激与反应那么简单的、机械的反应动作,而是建立一个完整的(　　)

A. 知识网络　　B. 结构框架　　C. 逻辑规则　　D. 认知地图

16. 贾同学明知到河滩玩耍会出现危险,却还是抱着"我哪会这么倒霉"的侥幸心态去戏水,这属于哪一种心理现象的影响(　　)

A. 自我防御机制　　B. 理想化偏见

C. 预防接种　　D. 技能反应

17. 小微把考试的失败归咎于考试前一天失眠，所以考试发挥失利。根据卡文顿的自我价值观理论，小微属于哪一类的学生(　　)

A. 高趋低避型　　B. 低趋高避型

C. 高趋高避型　　D. 低趋低避型

18. 某教师在给学生评分时，认为某个学生好，会不自觉地给他的分数高一些，认为某个学生差，会不自觉地给他的分数低一些，这是(　　)的作用。

A. 原型启发　　B. 功能固着　　C. 思维定势　　D. 酝酿效应

19. 习近平总书记提到做人的工作有三个层面，不包括(　　)

A. "四个为了"做好"为谁培养人"　　B. "四个坚持不懈"做好"如何培养人"

C. "四个正确认识"做好"培养什么样的人"　　D. "四个目的"做好"培养多少人"

20. 由学校自行策划、自行组织、自行实施、自行考核的教师培训模式是(　　)

A. 自主培训　　B. 校外培训　　C. 专家培训　　D. 校本培训

21. 习近平总书记指出，(　　)是提高人民健康水平的重要途径，是满足人民群众对美好生活向往、促进人的全面发展的重要手段，是促进经济社会发展的重要动力，是展示国家文化软实力的重要平台。

A. 体育　　B. 美育　　C. 德育　　D. 智育

22. (　　)是教师资格定期注册、业绩考核、职称评聘、评优奖励的首要要求。

A. 学历证书　　B. 师德表现　　C. 外语等级　　D. 学术水平

23. (　　)要依法落实教师待遇，为学校招聘教师提供支持。

A. 人力资源社会保障部门　　B. 财政部门

C. 民政部门　　D. 教育部门

24. 教育政策不同于教育规律，它是主观意志的体现，因而具有明确的(　　)

A. 稳定性　　B. 指向性　　C. 广泛性　　D. 强制性

二、多项选择题(在下列每题列出的选项中至少有两项是符合题意的，将其选出并把它的标号写在括号内。多选、错选或未选均不得分。本大题共 10 小题，每小题 1.5 分，共 15 分)

25. 下列关于校园文化的说法正确的有(　　)

A. 校园文化以学生为主体，以校园为主要空间

B. 校园文化是社会整体文化的一部分

C. 校园文化不包括学校教师共同拥有的教育价值观

D. 校园文化建设可以极大提升学校的文化品位

26. 师生关系和谐健康，学生才会乐于接受教育，中学师生心理关系应建立在(　　)的基础之上。

A. 平等　　B. 自由　　C. 民主　　D. 专制

27. 主张五育并举，这是蔡元培教育思想的一个显著特点，下列属于他提出的五育的内容的有(　　)(常考)

A. 美感教育　　B. 公民道德教育　　C. 艺术教育　　D. 世界观教育

28. 布鲁纳认为，对一门学科的学习包括三个差不多同时发生的过程，下列属于这三个过程的有(　　)

A. 新知识的获得　　B. 知识的转换　　C. 顿悟　　D. 评价

29. 上位学习，也称总括学习，是指在认知结构中原有的几个观念的基础上学习一个包容性程度更高的命题，即原有的观念是从属观念，而新学习的观念是总括性观念，下列属于上位学习的有(　　)

A. 先学习"油"，再学习"汽油""柴油""菜子油""玉米油""花生油"等

B. 儿童在知道"桌子""椅子""凳子"等概念之后，再学习"家具"这个概念

C. 在学习正方体、长方体的体积计算公式后，再学习一般柱体的体积计算公式

D. 三角形的学习和四边形的学习

30. 多元智能理论倡导弹性的多因素组合的智能观，认为影响每一个人的智力发展有三种因素，即(　　)(易错)

A. 先天资质　　B. 社会环境

C. 个人成长经历　　D. 个人生存的历史文化背景

31. 习近平总书记指出，要坚持不懈培育和弘扬社会主义核心价值观，引导广大师生做社会主义核心价值观的坚定信仰者，积极传播者，模范践行者。培育和弘扬社会主义核心价值观，广大师生应该(　　)

A. 深刻理解社会主义核心价值观的素质内涵

B. 在学习和生活中自觉践行社会主义核心价值观

C. 主动推动社会主义核心价值观走向世界

D. 以社会主义核心价值观为文化创新的精神根基

32. 在大中小学(　　)地开设思政课非常必要，是培养一代又一代社会主义建设者和接班人的重要保障。

A. 稳中求变　　B. 直线上升　　C. 循序渐进　　D. 螺旋上升

33.《中华人民共和国教育法》规定，学校及其他教育机构的校长或者主要行政负责人的必要条件包括(　　)

A. 具有中华人民共和国国籍　　B. 具有出国留学经历

C. 具备国家规定任职条件　　D. 在中国境内定居

34. 教师心理健康的标准有(　　)(易错)

A. 人际关系和谐　　B. 认同教师角色

C. 具有教育的独创性　　D. 脱离周围现实环境

三、填空题(在下列每小题的空格中填上正确答案。错填、不填均不得分。本大题共 10 小题,每小题 1 分,共 10 分)

35. ________是赫尔巴特的重要著作,被公认为第一部具有科学形态的教育学著作。

36. 汉语的词汇和英语的单词,都属于________的知识学习类型。

37. 新课程改革下的新的课程观认为,课程是教师、学生、教材、________四个因素动态交互作用的"生态系统"。

38. 人们在面临新问题、新事物、新现象时,能迅速理解并做出判断的思维活动,这种思维活动一般称之为________。

39. 勤奋对自卑是埃里克森的心理社会发展理论中的第________个阶段。

40. 对无意义音节、地名、人名、历史年代等的识记属于________。

41. 省、市、________三级教研机构应配齐所有学科专职教研员。

42. ________是学校提高教育质量的第一责任人,应经常深入课堂听课,参与教研,指导教学,努力提高教育教学领导力。

43. 义务教育质量评价实施工作注重结果评价与________相结合。

44. 到________年,基本形成富有时代特征,彰显中国特色,体现世界水平的教育评价体系。

四、简答题(本大题共 3 小题,每小题 5 分,共 15 分)

45. 就深化教育教学改革、全面提高义务教育质量,中共中央、国务院提出了哪些意见?

46. 义务教育质量评价包括县域、学校、学生三个层面,请你简述学生发展质量评价的主要内容。

47. 项目式学习活动通常包括哪几个基本环节?

五、论述题(本大题共 2 小题,每小题 10 分,共 20 分)

48. 各级党委和政府可以下达升学指标或以中高考升级率考核下一级党委和政府、教育部门、学校和教师,请你对此观点作出判断和分析。

49. 认知建构主义对指导学习过程,促进教学改革具有重要意义,表现在哪里?

六、案例分析题(本大题共 15 分)

50. 吴老师班上有一位男生,学习成绩中下,上课不认真听讲,总是做小动作,有时候还会发出一些奇怪的声音,扰乱课堂秩序,作业总是很随意,自己想写了就写,不想写了谁也劝不动。更严重的问题是该生和同学关系很不理想,经常打架,欺负同学,因此他也一直被班里的同学孤立,没有什么朋友,家长对这一情况也是无可奈何。

问题:根据上述案例,谈谈教师应如何做好该生的转化工作。

2020年湖南省郴州市桂东县教师招聘考试教育基础知识真题试卷(七)

(总分100分　时间120分钟)

本套试卷共46小题,包括填空题(5小题)、单项选择题(10小题)、多项选择题(15小题)、判断题(10小题)、简答题(4小题)、案例分析题(2小题)。

一、填空题(在下列每小题的空格中填上正确答案,填错、不填均不得分。本大题共5小题,每空1分,共20分)

1. 依法执教是________在教师工作中的具体体现,也是对教师的基本要求。

2.《国家中长期教育改革和发展规划纲要(2010~2020年)》中规定,义务教育是国家依法统一实施、所有________必须接受的教育,具有________、________和________,是教育工作的重中之重。

3. 教师职业道德修养的基本原则有坚持知和行的统一、坚持________和________的统一、坚持自律和他律相结合、坚持________和________相结合、坚持________和________相结合。(常考)

4. 教师职业道德评价的主要方法是________、________、________。

5. 教育的本质属性是________,________、________、________、________和________是全面发展教育的组成部分。

二、单项选择题(在下列每题四个选项中只有一个是符合题意的,将其选出并把它的标号写在括号内,本大题共10小题,每小题1分,共10分)

6. 人的心理活动内容的源泉是(　　)

A. 认知　B. 需要　C. 客观现实　D. 个性

7. 心理现象就其产生的方式来说是(　　)

A. 精神活动　B. 反射活动　C. 意识活动　D. 本能活动

8. 学生在小学时期以直观动作思维为主,而中学时期抽象思维发展较快。这体现了学生心理发展的(　　)

A. 顺序性　B. 阶段性　C. 不平衡性　D. 个别差异性

9. 老师对学生说:"今天课堂作业全对的同学可以不做家庭作业了。"老师的做法属于(　　)(常考)

A. 正强化　B. 负强化　C. 正弱化　D. 负弱化

10. 小明看到有人摔倒会绕开走,看到教室杂乱会暂时离开。这种行为属于(　　)(易混)

A. 消退　B. 回避条件作用　C. 逃避条件作用　D. 强化

11. 要求学生分辨勇敢和鲁莽,谦让和退缩是刺激的(　　)

A. 获得　B. 消退　C. 泛化　D. 分化

12. 下面哪个理论为改变差生提供了依据(　　)

A. 加涅的学习条件论　B. 孔子的差异心理思想

C. 韦纳的归因理论　D. 桑代克的试误说

13. 下列不属于影响课堂管理因素的是(　　)

A. 教师的领导风格　B. 班级的规模

C. 班级性质　D. 教师对学生的期望

14. 课堂中的从众现象的发生一般认为是(　　)的结果。

A. 群体凝聚力　B. 群体规范

C. 课堂气氛　D. 课堂中的人际交往与人际关系

15. 一位教师非常注重反思,经常会想"同事们怎么看自己?""领导觉得自己干得怎么样?"这名教师目前属于(　　)(常考)

A. 关注学生阶段　B. 关注生存阶段

C. 关注情境阶段　D. 虚拟关注阶段

三、多项选择题(在下列每题五个选项中至少有两个选项是符合题意的,将其选出并把它的标号写在括号内,错选、多选、漏选均不得分。本大题共15小题,每小题2分,共30分)

16. 陶行知的"生活即教育"和杜威的"教育即生活",二者的共同点有(　　)

A. 承认教育和生活之间存在密切联系　B. 承认教育对改造生活的重要作用

C. 认为生活含有重要的教育意义　D. 认为学校是社会生活的一种方式

E. 认为教育即经验的改造

17. 教育活动的基本规律包括(　　)(易混)

A. 教育与生产力之间的矛盾和关系

B. 教育与社会发展之间的矛盾和关系

C. 教育现象内部各要素之间的矛盾和关系

D. 教育与人的身心发展之间的矛盾和关系

E. 教育与生产关系之间的矛盾和关系

18. 从层次结构上来分,学校教育的类型有(　　)

A. 泛读教育　B. 高等教育　C. 学前教育　D. 中等教育

E. 初等教育

19. 教师培养学生主体性的措施主要有(　　)

A. 建立民主而和谐的师生关系,重视学生自学能力的培养

B. 重视培养学生主体参与课堂,让学生体验成功

C. 尊重学生的个性差异

D. 教育目标要反映社会发展

E. 尊重学生的身心发展规律

20. 班级管理的主要内容有(　　)

A. 班级组织建设　　B. 班级教学管理

C. 班级制度管理　　D. 班级活动管理

E. 班级目标管理

21. 下列活动中属于群众性活动的有(　　)

A. 演讲比赛　　B. 书法兴趣小组　　C. 参观科技馆　　D. 公益活动

E. 调查访问

22. 根据方法论的不同,教育研究可分为(　　)(易混)

A. 基础研究　　B. 定性研究　　C. 定量研究　　D. 应用研究

E. 开发研究

23. 影响课程变革的因素有(　　)

A. 经济因素　　B. 政治因素　　C. 学生发展　　D. 文化因素

E. 科技革新

24. 新课程理念下教师角色的定位是(　　)

A. 领导者　　B. 定向者　　C. 促进者　　D. 引路人

E. 管理者

25. 中小学综合实践活动属于(　　)

A. 经验性课程　　B. 综合性课程

C. 三级管理的课程　　D. 学科性课程

E. 实践性课程

26. 教学反馈在课堂教学中的作用表现为(　　)

A. 激励作用　　B. 调控作用　　C. 媒介作用　　D. 预测作用

E. 强制作用

27. 德育过程的构成要素有(　　)

A. 德育方法　　B. 德育环境　　C. 教育者　　D. 受教育者

E. 德育内容

28. 教师进行教学工作的基本程序是(　　)(常考)

A. 备课　　B. 上课

C. 课外辅导　　D. 课外作业的布置与批改

E. 学生成绩的评定

29. 科学课上,教师让学生分小组观察自己养的蚕宝宝,了解蚕的生活习性,并在全班交流学习成果,教师运用的教学方法是(　　)

A. 参观法　　B. 演示法　　C. 讨论法　　D. 讲授法

E. 陶冶法

30. 下列关于讲授法的说法,正确的有(　　)(易错)

A. 可分为讲述、讲解、讲演、讲读四种方式

B. 讲授内容要有科学性、系统性、思想性

C. 注意启发

D. 讲究语言艺术

E. 是注入式的教学方法

四、判断题(判断下列各题的正误,并在题后的括号内打"√"或"×"。本大题共10小题,每小题1分,共10分)

31. 核心课程是以人类基本活动为主题而编制的课程系统。(　　)

32. 课程目标是教学目标的载体和具体化。(　　)

33. 中国近代第一所实施班级授课制的官办新式学堂是京师同文馆。(常考)(　　)

34. 诊断性评价主要针对学习上存在问题障碍的学生,正常的学生不需要诊断性评价。(　　)

35. 量力性原则又称可接受性原则,是为了防止发生教学难度低于或高于学生实际程度的状况而提出的。(　　)

36. 德育方法是德育工作的出发点,制约着德育工作的基本过程。(　　)

37. 不同教育阶段,其思想品德教育内容的重点是不变的。(　　)

38. 评价一个班集体的好坏,主要是看班里的学习风气如何。(　　)

39. 为了促进学生的发展,教育者要用探究学习取代接受学习。(　　)

40. "染于苍则苍,染于黄则黄"说明学生具有向师性。(　　)

五、简答题(本大题共4小题,每小题5分,共20分)

41. 教学过程作为一种特殊的认识过程,其特殊性主要表现在哪些方面?

42. 简述班集体的形成与培养过程。(常考)

43. 简述课堂提问的基本要求。

44. 第30个教师节前夕,习近平总书记考察北京师范大学时,在勉励广大师生的讲话中提倡做“四有好老师”。简述“四有好老师”是指哪“四有”。

六、案例分析题(本大题共2小题,每小题5分,共10分)

45. 在一次关于实施素质教育的讨论会上,教师们积极发言。

王老师说:“素质教育就是多开展文体活动,多上文体课。”

李老师说:“素质教育就是不要考试,特别是不要百分制的考试。”

请运用素质教育的知识,分析老师们的发言。

46. 有些老师在课堂上经常会这样说:“同学们喜欢哪段就学哪段,大家自由发挥,选择同一学习内容的同学坐在一起。”于是同学们你争我抢地换座位,自由学习的气氛洋溢在整个教室。

对于材料中的现象,你怎么看?请运用教学的有关知识谈谈你的看法。

2020年湖南省株洲市天元区教师招聘考试
教育理论基础真题试卷(八)

本套试卷共51小题,目前已收录50小题,包括单项选择题(25小题)、多项选择题(10小题)、填空题(10小题)、简答题(2小题)、判断对错并说明理由题(1小题)、论述题(1小题)、案例分析题(1小题)。

一、单项选择题(在下列每题四个选项中只有一个是最符合题意的,将其选出并把它的标号写在括号内。错选、多选或未选均不得分。本大题共25小题,每小题1分,共25分)

1. 在下列学校教育体系中,(　　)首次提出了义务教育的思想观念,并把义务教育和强迫教育视为同义概念。

A. 壬寅学制　　B. 癸卯学制

C. 壬子癸丑学制　　D. 壬戌学制

2. 个体身心发展的(　　)要求教育应结合学生的实际,扬长避短,"长善救失"。(常考)

A. 顺序性　　B. 阶段性　　C. 不平衡性　　D. 互补性

3. 某数学教师在教授《角的度量》一课时,首先向学生出示三幅坡度不同的滑梯图片,问学生想玩哪个滑梯,原因是什么,并从学生的回答中引出度量角的度数这一教学主题。该课堂导入方法属于(　　)

A. 直接导入　　B. 温故导入

C. 情境导入　　D. 故事导入

4. 教师初次实际接触教学工作,其关注的主要内容是班级管理、教学内容以及指导者的评价。根据教师专业发展的关注阶段理论,这时教师处于(　　)

A. 教学情境关注阶段　　B. 早期生存关注阶段

C. 关注学生阶段　　D. 任教前关注阶段

5. 英语老师设计了一份"课堂发言记录表",在每节英语课中,学生通过回答问题、表演课文内容等都可获得积分,每周进行得分统计,达到10分以上的学生可获得一张奖状,作为期中、期末口语考核成绩的一部分。这种评价方式属于(　　)

A. 诊断性评价　　B. 形成性评价

C. 总结性评价　　D. 非正式评价

6. 学生具有"向师性"的特点,教师的言行、为人处世的态度会潜移默化地影响学生。这反映出教师的何种职业角色(　　)

A. 示范者　　B. 传道者　　C. 学习者　　D. 心理医生

7. 在"全民禁毒宣传月"系列活动中,学生认识了国家禁毒委员会的禁毒标志,知道它是由"禁"字变形而成的和平鸽图案,象征着中国国家禁毒委员会为保护人类健康和幸福,维护国际社会的安宁而战。这种学习属于(　　)

A. 概念学习　　B. 命题学习　　C. 符号学习　　D. 混合学习

8. 化学老师在讲解各种化学反应时,利用绘制表格图形的方法告诉学生科学合理地运用箭头连线等方式建立知识结构,这是运用了以下哪种学习策略(　　)(常考)

A. 组织策略　　B. 精细加工策略

C. 计划策略　　D. 时间管理策略

9. 在教授完浮力概念后,刘老师让学生鉴别各种存在浮力的情境,不仅漂浮在水面上的物体会受到水的浮力作用,浸入水中或者沉在水底的物体也会受到水的浮力作用,这是运用了(　　)

A. 正例与反例配合法　　B. 比较法

C. 实验法　　D. 变式法

10. 运用在语文学习中掌握的阅读规律、写作技巧,可以有效地促进英语阅读能力和写作能力的提高。这种迁移属于(　　)(常考)

A. 垂直迁移　　B. 特殊迁移　　C. 一般迁移　　D. 逆向迁移

11. 有的学生看到书本上呈现的大大小小的长方形,它们的四条边有长有短,就认为长方形是四条边不相等的四边形,这种知识概括属于(　　)

A. 理性概括　　B. 感性概括　　C. 具体概括　　D. 方位概括

12. 教师要求学生能够解释文字资料,能转译文字资料为另一种资料形式。根据布卢姆的目标分类,这属于认知领域中哪一层次的教学目标(　　)

A. 领会层次　　B. 识记层次　　C. 应用层次　　D. 综合层次

13. 小明长期沉迷于刺激性网络游戏,在游戏过程中精神高度紧张,而回到生活中,他对周围事物淡漠甚至麻木,这是(　　)的表现。

A. 外抑制　　B. 分化抑制　　C. 消退抑制　　D. 超限抑制

14. (　　)认为,学生早年还不能使用语言这个工具来组织自己的心理活动,心理活动的形式是直接的、不随意的、低级的、自然的。学生只有掌握语言这个工具,心理活动才能转化为间接的、随意的、高级的、社会历史的。

A. 埃里克森　　B. 弗洛伊德

C. 维果斯基　　D. 桑代克

15. 在教育实践中,五育不是孤立实施的,而是相辅相成的。其中,(　　)是各育实施的物质前提,是

人类一切活动的基础。(易混)

A. 德育　　B. 智育　　C. 体育　　D. 劳动技术教育

16. 教是为了不教,不仅要让学生学会,更要让学生会学,不仅要给学生知识,更要给学生打开知识大门的钥匙。材料强调实施素质教育应当(　　)

A. 面向全体学生,着眼于学生的终身可持续发展

B. 促进学生生动活泼、主动地发展

C. 注重学生创新精神和实践能力的培养

D. 逐步建立我国基础教育的新课程

17. 合作学习是新课程理念所倡导的一种学习方式,下列相关表述错误的是(　　)

A. 小组合作学习必须按照座位就近的原则进行分组

B. 学生合作学习暂告一段落时,教师应引导学生总结知识,梳理思路

C. 学生在合作学习中遇到障碍时,教师要及时点拨

D. 并不是每堂课都适合采用小组合作学习的形式

18. 从小学到高中设置综合实践活动课程,并作为必修课程,其中不包括(　　)

A. 研究性学习　　B. 演讲竞赛

C. 社区服务　　D. 信息技术教育

19. 教师要遵循教育规律,积极参与教学科研,在工作中勇于探索创新,与学生平等相处。这属于开展素质教育的哪方面的途径(　　)

A. 调动学生的主动性和积极性　　B. 坚持传统的教育观念

C. 提高教师的师德修养　　D. 将教学内容与生活实际紧密联系

习近平总书记在党的十九大报告中对教育工作作出了全面部署,根据报告内容完成 20 至 22 题。

20. 建设教育强国是中华民族伟大复兴的基础工程,必须把教育事业放在(　　)

A. 核心位置　　B. 基础位置　　C. 优先位置　　D. 边缘位置

21. 要全面贯彻党的教育方针,落实立德树人根本任务,发展素质教育,推进(　　)

A. 教育公平　　B. 教育特色发展　　C. 教育现代化　　D. 义务教育

22. 下列属于我国教育事业发展的新任务、新要求的是(　　)

(1)推进"两学一做"学习教育常态化制度化

(2)完善职业教育和培训体系

(3)加快一流大学和一流学科建设

(4)支持和规范社会力量兴办教育

A. (1)(2)(4)　　B. (1)(3)(4)

C. (1)(2)(3)　　D. (2)(3)(4)

23. 习近平总书记在全国教育大会上指出,在实践中,我们就教育改革发展提出了一系列新理念新思想新观点。下列不属于"三新"的是(　　)

A. 坚持党对教育事业的全面领导

B. 坚持社会主义办学方向

C. 坚持把服务经济作为教育的重要使命

D. 坚持深化教育改革创新

24. 坚持以(　　)为中心发展教育,是办好我国教育事业的价值追求。

A. 政府　　B. 人民　　C. 党　　D. 宪法

25. 习总书记强调,我国高等教育发展方向要同我国发展的(　　)和未来方向紧密联系在一起。

A. 现实目标　　B. 特定对象　　C. 理想状态　　D. 独特文化

二、多项选择题(在下列每题列出的选项中至少有两项是符合题意的,将其选出并把它的标号写在括号内。多选、错选或未选均不得分。本大题共 10 小题,每小题 1.5 分,共 15 分)

26. 教育作为一种社会活动,其过程要遵循一定的规律,下列相关表述正确的有(　　)(易错)

A. 教育受一定社会的经济、政治、科技、文化的制约

B. 在教育过程中,要充分发挥教师的主导作用

C. 教育是通过培养人来对社会的发展起作用的

D. 社会发展所需要的人才只能遵循经济政治的规律来培养

27. 对以下教学活动所体现出来的教学原则描述正确的有(　　)

A. 地理老师借助八大行星的模型,帮助学生了解八大行星各自的大小、形状和位置等,体现了直观性原则

B. 历史老师组织学生单元复习、梳理重点知识、建立科学的知识结构体现了循序渐进原则

C. 数学老师在讲解线面平行的判定定理前,先让学生预习课本五分钟后,然后让学生从周围的实物中举出一些线面平行的例子,体现了量力性原则

D. 语文老师在讲到民族英雄戚继光时从历史事实出发,高度赞扬他的爱国主义精神,使学生受到感染,体现了科学性与思想性相统一的原则

28. 教师应依据记忆规律合理安排和组织教学,以下做法正确的是(　　)

A. 控制每堂课的信息投入量,使学生处于良好的情绪和注意状态

B. 向学生提出具体的识记任务

C. 使学生理解所学内容,并将其系统化

D. 合理安排教学

29. 下列属于心智技能的有(　　)

A. 计算机老师不看键盘,迅速地打字　　B. 自习课上学生各自默读课文

C. 张军列方程解应用题　　D. 小赵在体育馆练习攀岩

30. 多元智能理论是新课程标准改革的理论基础之一，关于其观点正确的有(　　)

A. 多元智能中的各种智力不是以整合的方式存在，而是相对独立的

B. 每个学生都有一种或数种优势智能，只要教育得法，每个学生都能成为某方面的人才

C. 不同的教学内容需要运用相同的教学技术，以促进学生的全面发展

D. 纸笔测验是评估学生解决实际问题的能力的最佳方式

31. 新课程倡导的学生观强调，在教育教学实践中，教师不仅要重视知识与技能的传授，更要重视(　　)的传授，把学生培养成全面发展的人。

A. 能力与意志　　B. 过程与方法

C. 生理与心理健康　　D. 情感态度与价值观

32. 习总书记强调，要在坚定理想信念上下功夫，教育引导学生树立共产主义远大理想和中国特色社会主义共同理想，增强学生的中国特色社会主义(　　)

A. 道路自信　　B. 理论自信　　C. 制度自信　　D. 文化自信

33. 习总书记强调，要加强师德师风建设，坚持四个统一，引导广大教师(　　)

A. 以德立身　　B. 以德进才

C. 以德立学　　D. 以德施教

34. 习总书记提出的好教师标准之一是要有仁爱之心。下列属于仁爱之心的表现的有(　　)

A. 相信学生　　B. 理解学生　　C. 关怀学生　　D. 欣赏学生

35. 坚持扎根中国大地办教育是我国教育事业的(　　)

A. 发展道路　　B. 基本特色

C. 战略部署　　D. 神圣责任

三、填空题(在下列每小题的空格中填上正确答案。错填、不填均不得分。本大题共 10 小题，每个空格 1 分，共 10 分)

36. 昆体良所著的________是世界上第一部研究教学教法的著作。

37. ________、课程标准、教材(教科书)是课程内容的文本表现形式，是我国中小学课程的重要组成部分。

38. 品德的形成一般会经历依从、认同与内化三个阶段。依从包括从众和________。

39. 动机的________功能是指动机使机体的活动针对一定的目标或对象。

40. ________是关于"是什么"的知识，是对事实、定义、规则和原理等的描述。

41. "希望自己有稳定的社会地位、要求个人的能力和成就得到社会的承认，受到别人的尊重、信赖和高度评价"，这种需要属于马斯洛需要层次中的________需要。

42. 从教师与学生的关系看，新课程要求教师应该是学生学习的________。

43. 广大教师要做学生锤炼品格的引路人，学习知识的引路人，创新思维的引路人，________的引路人。

44. 习总书记在党的十九大报告中提出要培养德智体美全面发展的社会主义建设者和________。

45. 新时代加强师德师风建设，要坚持学术自由和________相统一。

四、简答题(本大题共 2 小题，每小题 5 分，共 10 分)

46. 在德育工作中，贯彻知行统一原则的基本要求有哪些？

47. 请你简述影响问题解决的因素。

五、判断对错并说明理由(本大题共10分)

48. 有人认为:"评价体系犹如'指挥棒',教育评价应明确评价的内容和方向,学校要考评的是升学率,而并非学生综合素质、学业负担、社会满意度"。请你对这一观点作出判断和分析。

六、论述题(本大题共10分)

49. 提问是教师通过提出精心设计的问题,实现一定的教学目标的一种教学行为。在课堂上教师应如何有效地提问?

七、案例分析题(本大题共15分)

50. 在某中学有一位李老师。一天,李老师在讲到某一题的解法时,班上一位同学提出了另外一种更加便捷的解法。李老师听后觉得脸上很没面子,便大声呵斥道:"到底你是老师,还是我是老师?我说按这种方法就按这种方法。"在以后的课上,同学们便只顾埋头抄解题步骤,生搬硬套,从没有自己的思考。同时,该学校的袁老师上课时却非常乐意听取学生的意见,鼓励学生有自己的独特解题技巧,乐意让同学们自己寻找更简洁的解题方式。

问题:根据上述案例分析两位老师的教学观,并谈谈如何构建良好的师生关系。

2019 年湖南省长沙市岳麓区教师招聘考试综合知识真题试卷(九)

(满分 100 分　时间 60 分钟)

本套试卷共 20 小题,包括单项选择题(10 小题)、填空题(8 小题)、简答题(1 小题)、材料分析题(1 小题)。

一、单项选择题(在下列每题四个选项中只有一个是最符合题意的,将其选出并把它的标号写在括号内。错选、多选或未选均不得分。本大题共 10 小题,每小题 4 分,共 40 分)

1. 2019 年 6 月,“陶行知共享教育卫星一号”随长征十一号海射运载火箭成功进入太空预定轨道。与其他技术卫星不同,这枚卫星的主要用户为全国(　　),将为未来科学之星接触航天前沿科技,搭建起天地之间的一座“鹊桥”。

A. 青少年　　B. 教育工作者

C. 科研工作者　　D. 新闻媒体工作者

2. 中共中央办公厅、国务院办公厅印发的《加快推进教育现代化实施方案(2018 ~ 2022 年)》指出,加快推进教育现代化要以(　　)为根本任务。

A. 促进公平和提高质量

B. 培养社会主义建设者和接班人

C. 全面加强党对教育工作的领导

D. 全面构建现代化教育制度体系

3. 网络教育与传统教育虽然都是实现教育的方式,但它们存在很多区别,下列有关说法错误的是(　　)(易混)

A. 传统教育是等级制教育,网络教育是开放式教育

B. 传统教育依据自身兴趣,网络教育依据外在筛选

C. 传统教育存在着时空限制,网络教育是跨时空教育

D. 传统教育是“年龄段教育”,网络教育是“跨年龄段教育”

4. 学了一篇课文后,学生能说出课文中“花儿像火一样红”是比喻句,这表明学生习得的是________。如果学生在没有读过的课文中能找出其中的比喻句,就表明学生习得的是________。(　　)(易混)

A. 陈述性知识　动作技能　　B. 智慧技能　陈述性知识

C. 陈述性知识　智慧技能　　D. 动作技能　陈述性知识

5. 看学生日记时,何老师了解到学生钱斌最近患上了甲沟炎,但却一直找不到合适的治疗方法,为此钱斌很是烦恼。于是何老师主动找到了钱斌,把自己所了解到的治疗方法告诉了他,并给他找来了一瓶治疗药水。那天的日记中,钱斌写道:“一篇普通的日记引起了老师对我的关心,是出乎我的意料的,但我学习成绩不好,我真的过意不去……”从那以后,钱斌在课上认真听讲,学习成绩一次比一次好。案例中钱斌的进步,证明了(　　)对学生德育的重要作用。

A. 榜样示范　　B. 陶冶教育

C. 品德评价　　D. 家庭教育

6. 记忆遗忘的理论解释中,(　　)认为遗忘是因为我们不想记,而将一些记忆信息排除在意识之外,因为它们太可怕、太痛苦或有损自我形象,这一说法最早由弗洛伊德提出。

A. 经验干扰说　　B. 提取失败说

C. 动机压抑说　　D. 知识同化说

7. 肖华在课堂上总是很活跃,能随时跟上老师的教学思路,积极回答老师提出的问题,与同学相处融洽,平时经常组织班级的重大活动,富有同情心。由此可见,肖华最可能属于(　　)类型的学生。(常考)

A. 多血质　　B. 黏液质　　C. 胆汁质　　D. 抑郁质

8. 每次考试前,张老师都会告诉学生:“把不会做的题先放一放,等到做完其他题目后,再去看不会的题,往往就会有解决的思路。”这种办法所体现的效应被称为(　　)

A. 马太效应　　B. 晕轮效应

C. 罗森塔尔效应　　D. 酝酿效应

9. 下列情形中,学校不应当依法承担相应责任的是(　　)

A. 12 岁的李某在学校荡秋千时,绳子突然断裂,造成李某左腿骨折

B. 13 岁的赵某在早操时因插队被同学撞倒在地,造成左臂骨折

C. 11 岁的王某语文课上偷偷看小说,老师发现后,罚他到操场跑 50 圈

D. 14 岁的杨某最近总是郁郁寡欢,老师知道原因后及时给予了开导,但杨某还是在家服毒寻了短见,经抢救无效死亡

10. 下列老师的做法不符合《新时代中小学教师职业行为十项准则》要求的是(　　)

A. 在某次安全论坛讲座上,秦老师重点表扬了班上的一名“安全标兵”

B. 学生小王偷偷在李老师的包里放了一封告白信,李老师发现后私下找小王进行了交流和疏导

C. 任老师在课堂教学中总是有所保留,将部分知识留到课后有偿补习班进行讲解

D. 为了争取唯一的保送名额,洋洋的妈妈私下给班主任张老师送礼,但被张老师拒绝

二、填空题(在下列每小题的空格中填上正确答案。错填、不填均不得分。本大题共 8 小题,每个空格 2 分,共 20 分)

11. 2019 年 4 月 1 日,教育部发布________,要求各地教育部门提高政治站位,增强法治意识,进一步

加强适龄儿童、少年接受义务教育工作。

12. 2019 年 2 月，由教育部印发的《2019 年教育信息化和网络安全工作要点》提出，教育部将全面规范________的管理和使用，开展专项调研，摸清底数，并与网信部门开展联合行动，治理这一乱象。

13. 我国古代伟大的思想家和教育家________提出教育对象上“有教无类”的观点。

14. 态度的结构由态度的认知成分、态度的________成分、态度的行为成分三部分构成。

15. 学生和老师在人格上是________的关系。

16. 认知策略是加工信息的一些方法和技术，有助于有效地从记忆中提取信息，________策略和________策略就属于认知策略。

17. 学生可以从群体差异和________差异两个方面来影响学与教的过程。

18. 在我国，凡年满________周岁的儿童，其父母或者其他法定监护人应当送其入学接受并完成义务教育，条件不具备的地区的儿童，可以推迟________年。

三、简答题（本大题共 20 分）

19. 学生的心理健康问题一直都深受社会的关注，学生的心理健康状况直接影响着他们的成长，学生出现心理健康问题可能会产生哪些病症，并提出对应的解决措施。

四、材料分析题（本大题共 20 分）

20.【材料】A 省 B 市××学校的一位学生家长说，今年 3 月份，孩子的班主任贺某为了整顿班级纪律，让班干部记录上课不专心的学生，贺某按照记录上的名字，逐一让学生自扇嘴巴。“贺某要求学生扇嘴巴时，必须要让她在教室任意一个位置都能听到声音。”

该校多位学生家长表示，贺某让学生扇嘴巴的事情也在自己孩子身上发生过。另一名学生家长介绍，贺某让她家孩子当着全班同学的面，扇了十个嘴巴。“刚开始的时候孩子不告诉我，后来有家长在班级群里说了这个事，我问孩子好几次才告诉我”。贺某还给班上 12 个比较调皮的孩子取了外号，叫“十二颗老鼠屎”。这位家长表示，学生家长到学校开家长会时曾提出贺某要求学生自扇嘴巴一事，会上贺某承认自己管理学生的方式不对，但并没有对上述事情作出任何道歉和处理。

问题：请结合教育学相关知识，对材料中的教师贺某进行班级管理时的行为进行评析，并谈谈合理的班级管理方法应具备哪些特征。

2019 年湖南省湘潭市韶山市教师招聘考试教育综合知识真题试卷(十)

(满分 100 分　时间 100 分钟)

本套试卷共 38 小题,包括单项选择题(30 小题)、多项选择题(5 小题)、论述题(2 小题)、材料分析题(1 小题)。

一、单项选择题(在下列每题四个选项中只有一个是符合题意的,将其选出并把它的标号写在括号内,本大题共 30 小题,每小题 1.5 分,共 45 分)

1. 教学活动要适合学生的发展水平,防止发生教学难度低于或高于学生的实际程度的状况,这贯彻了(　　)(常考)

A. 系统性原则　　B. 量力性原则
C. 巩固性原则　　D. 直观性原则

2. "人心不同,各如其面"说明了人格的哪种特征(　　)

A. 稳定性　　B. 独特性　　C. 综合性　　D. 功能性

3. 反映古希腊教育家亚里士多德的教育思想的著作是(　　)

A.《民主主义与教育》　　B.《政治学》
C.《理想国》　　D.《大教学论》

4. 马卡连柯提出的"要尽量多地要求一个人,也要尽可能地尊重一个人"体现的德育原则是(　　)(常考)

A. 从学生实际出发原则
B. 知行统一原则
C. 尊重信任学生与严格要求学生相结合原则
D. 集体教育和个别教育相结合原则

5. 埃里克森的心理社会发展理论强调处于青春期的学生的人格危机是(　　)

A. 获得主动感,克服内疚感　　B. 获得亲密感,避免孤独感
C. 获得勤奋感,克服自卑感　　D. 形成角色同一性,防止角色混乱

6. 学校教育从社会活动中分化出来始于(　　)

A. 原始社会　　B. 奴隶社会
C. 封建社会　　D. 资本主义社会

7. 下列人物中,最强调尊师的是(　　)

A. 墨子　　B. 孔子　　C. 荀子　　D. 老子

8. 教学评价不包括(　　)

A. 对教师教学质量的评价　　B. 对学生学业成绩的评价
C. 对课程的评价　　D. 对教学管理的评价

9. "劳心者治人,劳力者治于人"的中国传统儒家思想把(　　)相脱离。

A. 教育与生活　　B. 教育与政治
C. 教育与经济　　D. 教育与生产劳动

10. 学龄期的年龄阶段是(　　)

A. 一岁至三岁　　B. 三岁至六七岁
C. 六七岁至十一二岁　　D. 十一二岁至十四五岁

11. 贾德的"水下打靶"实验,是(　　)的经典实验。

A. 共同要素说　　B. 概括化理论
C. 关系理论　　D. 形式训练说

12. 掌握学习理论认为,学生能否成功掌握教学内容并不取决于他们在能力上的差异,而是在于他们(　　)

A. 学习积极性　　B. 学习自觉性
C. 智力水平　　D. 要花多少时间

13. "良言一句三冬暖,恶语伤人六月寒"这句话指出在交往时(　　)

A. 称呼得体　　B. 运用言语艺术
C. 讲话要注意场合　　D. 说话注意礼貌

14. 父亲对小孩说:"你只要考出好成绩就不会挨骂。"这属于操作性条件反射规律中的(　　)(常考)

A. 惩罚　　B. 消退
C. 正强化　　D. 负强化

15. 教师在教育教学中应当平等对待学生,关注学生的(　　),因材施教,促进学生的充分发展。

A. 个体差异　　B. 个性差异
C. 身高差异　　D. 性别差异

16. 教育史上最早出现的教学组织形式是(　　)

A. 个别教学　　B. 小组教学
C. 班级授课制　　D. 复式教学

17. 学习策略可分为三个方面,除了认知策略、元认知策略外,还有(　　)

A. 调节策略　　B. 资源管理策略
C. 监控策略　　D. 计划策略

18. 班杜拉认为在学生的品德教育中具有重要作用的是(　　)

A. 效能期待　　B. 直接强化

C. 观察学习　　D. 归因方式

19. 班级的生活委员在拿到属于班上同学的信件后,放在班主任的书桌上,班主任座位旁边的王老师看到信件后便私自拆看。王老师侵犯了学生的(　　)

A. 受教育权　　B. 隐私权

C. 人格尊严权　　D. 名誉权

20. 下列哪一种观点是美国实用主义教育家杜威的主张(　　)(常考)

A. 教师中心　　B. 儿童中心

C. 课堂中心　　D. 文体中心

21. 1939 年,首位以马克思主义理论为指导,主编教育学专著的是(　　)

A. 凯洛夫　　B. 赞科夫

C. 布鲁纳　　D. 维果斯基

22. 马斯洛的需要层次理论属于(　　)

A. 行为主义的观点　　B. 人本主义的观点

C. 认知主义的观点　　D. 建构主义的观点

23. 态度与品德的形成过程中经历的第二个阶段是(　　)

A. 依从　　B. 接受　　C. 认同　　D. 内化

24. "不积跬步,无以至千里"借鉴到教育上,体现了教学应该遵循(　　)(易错)

A. 循序渐进原则　　B. 巩固性原则

C. 启发性原则　　D. 因材施教原则

25. 根据《学生伤害事故处理办法》的规定,下列说法错误的是(　　)

A. 学生伤害事故中的"学生"仅包括未成年学生

B. 学生伤害事故中的"学校"不仅包括幼儿园等学前教育、小学和初中等义务教育机构,还包括高中、大学等非义务教育机构

C. 在界定学生伤害事故的范围时,并不以学校存在主观过错为要件

D. 学生伤害事故不以发生在校园内和正常上课时间的伤害事故为限

26. 根据《中华人民共和国教师法》的规定,教师的权利不包括(　　)

A. 遵守宪法、法律和职业道德　　B. 进行教育教学活动

C. 指导学生的学习和发展　　D. 按时获取工资报酬

27.《国家中长期教育改革和发展规划纲要(2010～2020 年)》提出,把(　　)作为教育工作的根本要求。

A. 改革创新　　B. 育人为本

C. 全面贯彻党的教育方针　　D. 创新教育培养体制

28. 在整个教育法律体系中,(　　)处于"母法"和"根本大法"的地位。(常考)

A.《中华人民共和国宪法》　　B.《中华人民共和国教育法》

C.《中华人民共和国教师法》　　D.《中华人民共和国未成年人保护法》

29.《中华人民共和国教育法》规定,国家建立以(　　)为主、其他多种渠道筹措教育经费为辅的体制。

A. 财政拨款　　B. 社会捐资

C. 学杂费　　D. 学校利用智力资源创收

30. 根据《中华人民共和国未成年人保护法》规定,父母或者其他监护人不得歧视女性未成年人或者(　　)未成年人。

A. 自控能力差的　　B. 自理能力差的

C. 有残疾的　　D. 严重偏科的

二、多项选择题(在下列每题列出的选项中至少有两项是符合题意的,请将其选出并把它的标号写在括号内。本大题共 5 小题,每小题 2 分,共10 分)

31. 根据《学生伤害事故处理办法》,下列选项中学校应当根据过错承担相应责任的是(　　)

A. 学校管理者明知运动设施有安全隐患而没有及时更换,导致学生在运动时受伤

B. 学校教师变相体罚学生导致学生受伤

C. 学校组织学生参加教育教学活动或者校外活动,未对学生进行相应的安全教育,并未在可预见的范围内采取必要的安全措施

D. 学生在校期间突发疾病或者受到伤害,学校发现,但未根据实际情况及时采取相应措施,导致不良后果加重

32. 范例教学理论强调的三大原则有(　　)

A. 根本性原则　　B. 基本性原则

C. 基础性原则　　D. 范例性原则

33. 从层次结构上来看,我国现行学校教育包括(　　)

A. 幼儿教育　　B. 初等教育

C. 中等教育　　D. 高等教育

34. 关于学生的特点,下列说法正确的有(　　)

A. 学生是教育的对象　　B. 学生是自我教育和发展的主体

C. 学生是发展中的人　　D. 学生是课堂教学的主导者

35.《儿童权利公约》的核心精神遵循的基本原则是(　　)

A. 无歧视原则　　B. 尊重儿童尊严原则

C. 尊重儿童观点与意见原则　　D. 儿童利益最佳原则

三、论述题(本大题共 2 小题,每小题 15 分,共 30 分)

36. 你认为一名合格的人民教师应具备哪些基本素养?

37. 义务教育质量事关亿万少年儿童健康成长,事关国家发展,事关民族未来。为深入贯彻党的十九大精神和全国教育大会部署,加快推进教育现代化,建设教育强国,办好人民满意的教育,就深化教育教学改革、全面提高义务教育质量,国家近日出台了《中共中央 国务院关于深化教育教学改革全面提高义务教育质量的意见》。假如你是一名人民教师,请就“如何全面提高义务教育质量”提出自己的看法或建议。

四、材料分析题(本大题共 15 分)

38. 阅读材料,按要求作答。

一位初二的男同学,其父母老来得子,从小就对他非常宠爱、百依百顺。这导致他发现问题不自己积极解决,反倒对老师提很多不合理的要求,因而学习习惯很差,上课不听讲,不做作业,行为习惯也非常糟糕。他在课堂上偷吃东西、唱歌、将干燥剂撒在别人的水杯里;课后也经常恶作剧,故意天黑尾随同学回家,躲在暗处突然跳出来吓人;将偷来的烟藏在同学的书包里,陷害同学;更过分的是,他在课堂上悄悄露出自己的隐私部位,还故意让周围的同学看见。该同学在做了上述事情后并不会不好意思,虽然认错态度良好,但是转头依旧我行我素。他很想和同学们玩,但当同学们友好待他时,他又忍不住捉弄他们,所以,时间一长,同学们都对他敬而远之了。

(1)请结合相关知识,分析该同学有上述行为的原因。(7 分)

(2)如果你是他的班主任,你将采取怎样的措施教育他?(8 分)

2019年湖南省娄底市冷水江市教师招聘考试教育理论基础知识真题试卷（十一）

（满分100分　时间100分钟）

本套试卷共46小题，包括单项选择题（15小题）、判断题（10小题）、填空题（15小题）、简答题（4小题）、案例分析题（2小题）。

一、单项选择题（在下列每题四个选项中只有一个是符合题意的，将其选出并把它的标号写在题后的括号内。本大题共15小题，每小题2分，共30分）

1. 发现式教学法作为一种教学方法，无论是教学过程，还是教学目标，关注的都是学生的“学”。发现式教学法存在的最大缺陷是（　　）

A. 不利于集中学生的注意力　　B. 导致学生缺少实践经验

C. 不利于发展学生的智力　　D. 教学过程费时较多

2. 根据学习的定义，下列选项中属于学习的是（　　）（常考）

A. 狗熊练习投篮动作　　B. 吃杨梅时唾液分泌增加

C. 入芝兰之室，久而不闻其香　　D. 服用兴奋剂后比赛取得好成绩

3. 学生采用绘制网络关系图或编制提纲的方式进行学习的策略属于（　　）（常考）

A. 复述策略　　B. 精加工策略

C. 组织策略　　D. 元认知策略

4. 学生认识到只要上课认真听讲，就会获得他所希望的好成绩，那他就很可能认真听课。根据班杜拉的心理学理论，学生这样的心理称为（　　）

A. 结果期待　　B. 效能期待

C. 自我强化　　D. 替代强化

5. 历史课中对历史事件、历史人物的学习，地理课中对地形地貌和地理位置的学习是（　　）

A. 符号学习　　B. 命题学习

C. 概念学习　　D. 上位学习

6. 某学生对数学很感兴趣，因而对该学科学习的注意力保持时间较长，这种注意力为（　　）

A. 无意注意　　B. 有意注意

C. 无意后注意　　D. 有意后注意

7. 教师在课堂上用几种不同的方法来解决同一个问题，这种思维方式是（　　）

A. 创造思维　　B. 聚合思维

C. 发散思维　　D. 直觉思维

8. 领会知识包含感知教材和（　　）（常考）

A. 熟悉教材　　B. 分析教材

C. 概括教材　　D. 理解教材

9. 某学生既想参加演讲比赛锻炼自己，又害怕讲不好被人讥笑，这时他面临的心理冲突是（　　）

A. 双趋冲突　　B. 双避冲突

C. 趋避冲突　　D. 多重趋避冲突

10. 新课程改革中提出的课程“三维目标”是（　　）

A. 知识、智力、能力

B. 基本知识、基本技能、基础学力

C. 知识与技能、过程与方法、情感态度与价值观

D. 知识、智力、情感

11. 在新课程改革中，教师的教学行为发生变化。下列选项中说法正确的是（　　）

A. 在对待自我上，新课程强调反思

B. 在对待师生关系上，新课程强调权威、批评

C. 在对待教学关系上，新课程强调教导、答疑

D. 在对待与其他教育者的关系上，新课程强调独立自主精神

12. 对于培养学生智力技能最具有现实意义的途径是（　　）

A. 独立开设思维训练课

B. 培养一般的观察力、记忆力和思维力等能力

C. 结合教材知识教学，训练学生掌握智力活动规则和课题解答程序

D. 在教学中侧重学生的思维过程而不侧重思维的结果

13. “君子耻其言而过其行”“讷于言而敏于行”，孔子的这些话体现的德育原则是（　　）

A. 理论和生活相结合原则

B. 长善救失原则

C. 因材施教原则

D. 教育影响的一致性和连贯性原则

14. 在课堂教学中，教师应把语速控制在（　　）

A. 每分钟100字以下　　B. 每分钟100～150字

C. 每分钟150～200字　　D. 每分钟200字以上

15. 下列板书属于(　　)板书。

十六年前的回忆

被捕前 局势严峻 坚持工作

被捕时 不慌不忙 保持严肃

法庭上 平静慈祥 安定沉着

被害后 无比悲痛 铭记日子

A. 提纲式　　B. 词语式

C. 表格式　　D. 结构式

二、判断题(判断下列各题的正误,并在题后括号内打"√"或"×"。本大题共 10 小题,每小题 1 分,共 10 分)

16. 埃里克森认为培养勤奋感的主要时期是童年期。(　　)

17. 研究课题来源于问题,所以教育实践中的所有问题都可以作为研究课题。(　　)

18. 研究型课程注重培养学生的探究态度与能力。(　　)

19. "接受学习"的创始人是奥苏贝尔,"发现学习"的创始人是布鲁纳。(　　)

20. 个性心理特征中有核心意义的是性格。(　　)

21. 新课程改革进一步强化了教育评价的甄别与选拔功能。(　　)

22. 形成技能、技巧是巩固知识的中心环节。(易错)(　　)

23. 影响青少年智力发展的因素有很多,如环境、教育、遗传、性别等。(　　)

24. "多学近乎智,无知即无能"说明知识的掌握与智力的发展是同步的。(　　)

25. 智育的任务是教学生学习文化知识。(易错)(　　)

三、填空题(在下列每小题的空格中填上正确答案,填错、不填均不得分。本大题共 15 小题,每空 1 分,共 20 分)

26. 新课程倡导的学习方式是自主学习、合作学习、________。(常考)

27. 备好课是上好课的前提,备课要做好三方面的准备:________、________、________。

28. 问题解决的过程分为四个阶段,即________、明确问题、提出假设和检验假设。(常考)

29. 品德心理结构的成分包括道德认知、________、道德意志和道德行为。

30. 个体发展是指身体的发展和________的发展。

31. 班级在长期的活动和交往中形成的共同心理倾向和精神风貌叫________。

32. 奥苏贝尔认为,学校情境中的成就行为主要由三个方面的内驱力组成:认知内驱力、________内驱力和附属内驱力。(常考)

33. 我国师生关系是以________为根本目标的。

34. 从信息加工论的观点看,考试过程相当于对信息的________。

35. 智力的核心是________。

36. 班杜拉认为强化可以分为________、________、________。(常考)

37. 首先提出"让一切男女青年都接受教育"的普及教育思想的是捷克教育家________,他所著的________标志着教育学开始成为一门独立的学科。

38. 在教育过程中,教师对突发性事件做出迅速、恰当的处理被称为"教育机智"。这反映了教师劳动的________特点。

39. 学生王芳多愁善感,孤僻多疑,这种气质类型属于________。

40. 程序性知识也叫________,是个体难以清楚陈述,只能借助于某种作业形式间接推测其存在的知识。

四、简答题(本大题共 4 小题,每小题 5 分,共 20 分)

41. 教学技能在教学中的作用是什么?

42. 建构主义学习理论的基本观点有哪些?

43. 当前课程评价发展的基本特点是什么?(常考)

44. 课堂提问的基本要求有哪些?

五、案例分析题(本大题共2小题,45题5分,46题15分,共20分)

45. 阅读材料,按要求作答。

在某班,王同学受父母离异影响,由一个自觉学习的好孩子变成了上课容易走神、不按时完成作业的"问题学生";李同学因受到班主任的公开辱骂而厌恶上课,经常逃学玩游戏。王、李两位同学的学习成绩都下降了。

(1)根据马斯洛的需要层次理论,王、李两位同学的学习成绩下降分别是由哪些需要没有得到满足造成的?(2分)

(2)运用马斯洛的需要层次理论,就如何满足王、李两位同学的需要提出两条合理的建议。(3分)

46. 阅读材料,按要求作答。

森林里有一所"动物学校",开设了跑步、跳跃、爬行、游泳、飞行五门课程,并规定学生要全部掌握。第一批学生有鸭子、兔子、松鼠、鹰和泥鳅。

鸭子游泳一向突出,飞行勉强及格,由于跑得慢,他不得不每天放学后留在学校练习跑步,但期末考试成绩仍然没有及格,他的游泳由于长期不练习,期末只获得中等成绩。

兔子是班里跑得最快的,但由于游泳作业太多,他不得不整天泡在水里,泡得精神都快要崩溃了。

松鼠原本是较出色的,但对于飞行感到非常沮丧,因为老师只许他从地面起飞,不许他从树顶起飞。由于他非常喜欢跳跃,花了很多时间发明了一种跳跃游戏,结果期末考试,爬行刚好及格,跑步甚至不及格。

鹰受到老师的严格管理,在爬行考试中,他第一个到达树顶,但他用的是自己的方式而不是老师所教的那种方式,因此并没有得到老师的表扬。

学期结束时,普普通通的泥鳅,由于游泳马马虎虎,跑步、跳跃、爬行成绩一般般,同时也能飞一点点,因此他的总成绩是班里最高的。毕业典礼那天他作为全体学生的唯一代表在大会上发言。

许多鼠类动物子弟没有到"动物学校"学习,因为学校拒绝增开挖掘课。为子女着想,鼠类动物联合创办了另外一所学校……

请运用新课改的理念指出"动物学校"存在的主要问题和违背的教育教学规律,并提出解决办法。(15分)

预测试卷

湖南省教师招聘考试教育基础知识预测试卷(十二)

(满分 100 分 时间 120 分钟)

本套试卷共 53 小题,包括单项选择题(30 小题)、多项选择题(10 小题)、判断题(10 小题)、简答题(2 小题)、案例分析题(1 小题)。

一、单项选择题(下列每小题四个选项中只有一个是最符合题意的,请将其代码填在括号内。错选、多选或未选均不得分。本大题共 30 小题,每小题 1 分,共 30 分)

1. 中国封建时期的教育是女子无才便是德,但是在现代社会,强调的是男女平等。这体现了教育的(　　)

A. 永恒性　　B. 阶级性　　C. 历史性　　D. 相对独立性

2. 心理学是研究(　　)的科学。

A. 生命现象和揭示生命规律　　B. 心理现象及其发生发展规律

C. 教育现象和揭示教育过程　　D. 社会现象及其发展变化规律

3. 教师教育学生必须了解学生的年龄特征,这要求教师的知识结构应包括(　　)

A. 系统的政治理论修养　　B. 精深的学科专业知识

C. 必备的教育科学知识　　D. 广博的科学文化知识

4. 高考前小王既紧张又激动,凌晨三点半才平复心情进入睡眠。第二天早上考试,小王担心自己会因为精神不振而影响考试,但在考场上小王精神抖擞,出色地答完了试卷。这体现了心理学中的(　　)

A. 相继负诱导　　B. 相继正诱导

C. 同时正诱导　　D. 同时负诱导

5. 我国学制沿革史上,以美国学制为蓝本,初次确立了"六三三"学习分段的学制是(　　)

A. 壬寅学制　　B. 壬戌学制

C. 壬子癸丑学制　　D. 癸卯学制

6. 探究式教学的基本程序是(　　)

A. 发现问题—提出问题—解决问题

B. 问题—假设—推理—验证—总结提高

C. 创设情境—提出假设—推理验证—总结提高

D. 确定问题—创设情境—自主学习—协作学习—效果评价

7. 教师在进行教学前,通常需要考虑三个问题:①教学目标是什么?②选择什么样的教学策略和教学方法?③选择什么测评手段?这体现出教师承担着哪种角色(　　)

A. 反思者　　B. 管理者　　C. 终身学习者　　D. 设计者

8. 要素主义课程理论认为(　　)是向学生提供经验的最佳方法。

A. 学科课程　　B. 活动课程　　C. 结构课程　　D. 永恒课程

9. 对于认知风格属于场依存型的学生,适合的教学方法是(　　)

A. 为其提供无结构的材料,让他自己探索

B. 多鼓励学生自学

C. 给学生充分的时间,让其总结出结构性的知识

D. 教师要给学生提供一些明确的指导和讲授

10. 根据布鲁纳的结构教学观,教师应该(　　)

A. 使教学活动符合认知加工过程

B. 及时给予学生反馈

C. 选择最佳的知识结构进行教学

D. 积极鼓励学生的学习热情

11. 以少数学生为对象,在较短的时间内(5~20 分钟),尝试做小型的课堂教学,并把教学过程录制下来,课后进行分析。这种形式我们称之为(　　)

A. 慕课　　B. 翻转课堂　　C. 微格教学　　D. 新教育

12. 班主任组织学生参观博物馆、纪念塔,以此对学生进行思想教育。这属于德育方法中的(　　)

A. 说服教育法　　B. 品德评价法

C. 榜样示范法　　D. 陶冶教育法

13. 下列情形中最容易产生习得性无助感的是(　　)

A. 总将成功归因于内部因素

B. 总将成功归因于自控因素

C. 总将失败归因于内部、稳定、不自控的因素

D. 总将失败归因于外部、不稳定、自控的因素

14. 能在头脑中把形式和内容分开,使思维超出所感知的具体事物或形象,进行抽象的逻辑思维和命题运算的阶段,称为(　　)

A. 感知运动阶段　　B. 前运算阶段

C. 具体运算阶段　　D. 形式运算阶段

15. 课程制定主要考虑的三方面因素是(　　)

A. 社会发展、学科知识和受教育者　　B. 经济发展、学科知识和教学方法

C. 教学手段、教育者和受教育者　　D. 社会发展、学科知识和教育者

16. 班主任通过学生的成绩单了解学生的学习情况,这种研究方法属于(　　)

A. 观察法　　B. 调查法

C. 书面材料分析法　　D. 平面剖析法

17. 狗听到主人叫它的名字就会跑过去，这是(　　)

A. 无条件反射　　B. 本能的行为

C. 第一信号系统的条件反射　　D. 第二信号系统的条件反射

18. 尽管小石同学觉得数学非常没有意思，但是为了能当上数学课代表，他也愿意克服困难，认真学习。根据兴趣的目的性，这种兴趣属于(　　)

A. 间接兴趣　　B. 直接兴趣

C. 暂时的兴趣　　D. 稳定的兴趣

19. 按照英国心理学家斯皮尔曼的二因素理论，一个人的智力的高低主要取决于(　　)

A. P 因素　　B. S 因素　　C. M 因素　　D. G 因素

20. 人逢喜事精神爽，学习成绩一般的小明，因为期中考试进步较大，被老师在班级中进行通报表扬。在接下来很长一段时间里，小明的心情很舒畅，这种现象叫作(　　)

A. 心境　　B. 激情　　C. 应激　　D. 适应

21. “愤”“悱”二字源自孔子的“不愤不启，不悱不发”，根据朱熹的解释，“口欲言而未能之貌”是指(　　)

A. 愤　　B. 悱　　C. 启　　D. 发

22. 强调教育学的心理学和伦理学基础，奠定了科学教育学基础的教育家是(　　)

A. 夸美纽斯　　B. 第斯多惠　　C. 赫尔巴特　　D. 福禄贝尔

23. 当学生读到“孤帆远影碧空尽，唯见长江天际流”时，张老师感叹道：“这是一种何等的境界呢？有哪位同学能用自己的语言描述一下呢？”由此可见，张老师提问的方式属于(　　)

A. 回忆提问　　B. 理解提问

C. 运用提问　　D. 分析提问

24. 在思想品德教育过程中，如果只看到学生差的地方，认为无可救药，那就违背了(　　)的原则。

A. 统一要求与从实际出发相结合

B. 严格要求学生与尊重信任学生相结合

C. 正面教育与纪律约束相结合

D. 发扬积极因素与克服消极因素相结合

25. 为了迎接中考，初三班主任胡老师取消了本班的音乐、美术等课程，要求同学周末集体到学校补课，并对大家说：“学那些都没有用，分数才是最重要的。”胡老师的做法(　　)

A. 体现了教书育人的职业道德规范　　B. 体现了爱岗敬业的职业道德规范

C. 违背了关爱学生的职业道德规范　　D. 违背了教书育人的职业道德规范

26. “杯弓蛇影”在心理学中属于(　　)

A. 刺激泛化　　B. 刺激分化

C. 刺激强化　　D. 刺激消退

27. 李老师每次上新课前，都会预设问题激发兴趣，并让学生提前进行预习，这符合桑代克学习定律中的(　　)

A. 练习律　　B. 泛化律　　C. 准备律　　D. 效果律

28. 老师在教室时小刚就遵守纪律，老师一离开他就违反纪律，这表明小刚的品德发展处于(　　)

A. 醒悟阶段　　B. 依从阶段　　C. 认同阶段　　D. 内化阶段

29. 切割玻璃的声音会使人产生冷的感觉，这是(　　)

A. 感觉　　B. 直觉　　C. 联觉　　D. 想象

30. 教育法律关系产生、变更和消灭的依据是(　　)

A. 法律条文　　B. 法律规范　　C. 法律责任　　D. 法律事实

二、多项选择题(下列每小题列出的选项中至少有两项是符合题意的，请将其代码填在括号内。错选、多选或少选均不得分。本大题共 10 小题，每小题 2 分，共 20 分)

1. 下列课程资源中，属于隐性课程资源的有(　　)

A. 学校的校风　　B. 教师的教学风格

C. 计算机网络　　D. 良好的师生关系

2. 新课程改革的发展趋势是(　　)

A. 科学性与人文性融合　　B. 个性化与多样化交织

C. 分层推进，加快过渡　　D. 从“双基”到“四基”

3. 班级管理的模式有(　　)

A. 常规管理、平行管理　　B. 民主管理、目标管理

C. 制度管理、交叉管理　　D. 教师管理、目标管理

4. 师德的核心内容是(　　)

A. 爱岗敬业　　B. 终身学习　　C. 为人师表　　D. 教书育人

5. 下列课外活动中，属于群众性活动的是(　　)

A. 演讲比赛　　B. 书法兴趣小组

C. 公益活动　　D. 参观科技馆

6. 巴甫洛夫划分高级神经活动类型是根据神经活动过程的基本特性进行的，这些基本特性包括(　　)

A. 强度　　B. 稳定性　　C. 灵活性　　D. 平衡性

7. 马斯洛认为，人具有七种基本需要，其中被称为“成长需要”的有(　　)

A. 审美需求　　B. 自我实现的需求

C. 归属与爱的需求　　D. 求知与理解的需求

8. 下列关于认知风格的表述不正确的是(　　)

A. 场依存型的人比场独立型的人更多地利用来自身体内部的线索

B. 认知风格主要影响学生的学习方式

C. 冲动型与沉思型的标准是反应时间

D. 发散型认知风格优于辐合型认知风格

9. 知觉的基本属性包括选择性、整体性、理解性、恒常性。下列选项中，体现了知觉的理解性的有(　　)

A. 内行看门道，外行看热闹

B. 一千个读者心中有一千个哈姆雷特

C. 人群中一眼就能找到熟悉的人

D. 教师在教学生辨别"澡""噪""躁"时，把这几个字的偏旁用彩色笔标出来

10. 心理发展的不平衡性体现在(　　)

A. 个体不同系统在发展速度上的不同进程

B. 个体不同系统在发展的起止时间上的不同进程

C. 个体不同系统在到达成熟时期上的不同进程

D. 同一机能特性在发展的不同时期有不同的发展速率

三、判断题(判断下列各题的正误，并在题后括号内打"√"或"×"。本大题共10小题，每小题1分，共10分)

1. 理想的师生关系就是教师和学生之间建立亲密无间、"零距离"的关系。(　　)
2. 外铄论强调环境对个体的影响，一般不重视教育的价值。(　　)
3. 素质教育是以学生掌握基础知识和基本技能、发展智力和能力为根本目的的教育。(　　)
4. 复式教学在一定条件下对普及教育有积极意义，是班级教学的一种特殊组织形式。(　　)
5. 德育是青少年、儿童健康成长的条件和保证。(　　)
6. 学生对学习时间进行安排，并列出学习日程安排表的学习策略属于精细加工策略。(　　)
7. 自我意识的发展会遵循一定的规律，一般而言，人的自我意识会依次经历生理自我、心理自我，再到社会自我。(　　)
8. 上位学习和下位学习都属于水平迁移。(　　)
9. 贾德在1908年所做的"水下击靶"实验，是经验类化说的经典实验。(　　)
10. 按照安德森对智慧技能的分类，智慧技能的学习阶段可分为认知阶段、联结阶段和自动化阶段。(　　)

四、简答题(本大题共2小题，每小题10分，共20分)

1. 简述教育再生产劳动力的具体体现。

2. 程序教学是斯金纳的操作性条件作用和强化理论在教学活动上的应用。简述斯金纳的程序教学思想。

五、案例分析题(本大题共20分)

案例一　某些老师似乎很享受延迟下课。尽管下课铃早早响起来，但是老师还是舍不得下课，希望把所有知识都传授给学生。这时候，有的学生开始转笔，有的学生开始发呆出神，还有的学生一脸痛苦，想上厕所。

案例二　"十一"假期对于大多数人来说是度假时间，但是对于学生来说假期过得并不轻松，几十张试卷和作业，让学生大呼"伤不起"。某中学的学生昭昭诉苦道："语文三张试卷、英语六张试卷、物理一个习题本……晚上还要加班加点写作业，更别说玩了。"

(1)请结合教育学和心理学的知识对案例一中的现象加以分析。(6分)

(2)对于案例二中学生因作业过多而无法好好放假的现象，你有什么看法？(5分)

(3)教师在布置作业的时候应该注意哪些问题？(9分)

湖南省教师招聘考试教育基础知识预测试卷(十三)

(满分 100 分 时间 120 分钟)

本套试卷共 64 小题,包括单项选择题(40 小题)、多项选择题(10 小题)、判断题(10 小题)、简答题(3 小题)、论述题(1 小题)。

一、单项选择题(下列每小题四个选项中只有一个是最符合题意的,请将其代码填在括号内。错选、多选或未选均不得分。本大题共 40 小题,每小题 1 分,共 40 分)

1.《学记》云:"建国君民,教学为先。""化民成俗,其必由学。"这里蕴含的教育功能是(　　)

A. 政治功能　　B. 经济功能

C. 文化功能　　D. 人口功能

2. 小学的某教师以小美先天条件不足、后天智力不够、升学无望为由,拒绝让其参加小升初考试。该教师的行为主要侵犯了学生的(　　)

A. 受教育权　　B. 隐私权

C. 人格尊严权　　D. 人身自由权

3. 教育现象被认识和研究,便成为了(　　)

A. 教育事实　　B. 教育问题

C. 教育规律　　D. 教育案例

4. 保护未成年人应当坚持的原则为(　　)

A. 公平原则　　B. 过错原则

C. 教育性原则　　D. 最有利于未成年人的原则

5. 认知学派认为下列哪项是导致抑郁症的原因(　　)

A. 多次不愉快经历　　B. 缺乏强化鼓励

C. 失去爱、失去地位　　D. 自我贬低思维或不当归因

6. 知识不是固定不变的,而是从原有知识经验中生长出来的。这是(　　)的观点。

A. 人本主义　　B. 建构主义

C. 行为主义　　D. 认知主义

7. 当一个不守纪律的学生表现出良好的守纪行为时,老师便撤销对他的批评,老师的这一做法属于(　　)

A. 正强化　　B. 负强化　　C. 消退　　D. 惩罚

8. 学生心理发展具有四个基本特征,其中(　　)是指在心理发展过程中,当某些代表新特征的量累积到一定程度时,就会取代旧特征而处于优势的主导地位。

A. 定向性　　B. 差异性

C. 平衡性　　D. 阶段性

9. 班长小博是班里许多同学的偶像,同学们都十分认同小博认真负责的态度和良好的品德,许多同学还会主动去模仿小博的良好行为,试图与小博在态度和行为上保持一致,这体现了其他同学的态度与品德的形成处于(　　)阶段。

A. 依从　　B. 认同　　C. 内化　　D. 信奉

10. 下列关于操作整合阶段特点的描述,不正确的是(　　)

A. 动作可以表现出一定的灵活性、稳定性和精确性,但当外界条件发生变化时,动作的这些特点都有所降低

B. 各个动作成分趋于分化、精确,整体动作趋于协调、连贯,各动作成分间的相互干扰减少,多余动作也有所减少

C. 听觉控制不起作用,逐渐让位于视觉控制

D. 疲劳感、紧张感降低,心理能量不必要的消耗减少,但没有完全消除

11. 我国教育目的的理论基础是(　　)

A. 素质教育　　B. 创新教育

C. 应试教育　　D. 马克思关于人的全面发展学说

12. 小童是个充满好奇心的孩子,对未见过的一切事物都好奇,爱看爱问,并渴望了解,从而获得了许多同龄人不知道的知识。根据奥苏贝尔的观点,在小童的学习动机中占主导地位的是(　　)

A. 自我提高内驱力　　B. 附属内驱力

C. 认知内驱力　　D. 生理内驱力

13. 很多学校在进行校本教研时,采用同课异构的方式。这体现了教师劳动的(　　)

A. 复杂性　　B. 创造性

C. 长期性　　D. 广延性

14. 在操作技能形成的过程中,许多不同成分的动作被组合成连续的整体动作,其中不涉及新的动作的增加,只是各动作成分的重新组合,重新排列,这种迁移类型属于(　　)

A. 逆向性迁移　　B. 同化性迁移

C. 顺应性迁移　　D. 重组性迁移

15. 在教学过程中,教师使用图片、幻灯片、电影等使学生获得感性认识。这种教学手段属于(　　)

A. 实物直观　　B. 模像直观

C. 课件直观　　D. 言语直观

16. 受到老师批评以后,把怒气撒到自己的课桌上。这种情况属于(　　)

A. 代偿　　B. 移置　　C. 否认　　D. 投射

17. 教科书、教育材料等属于教育基本要素中的(　　)

A. 教育者　　B. 受教育者

C. 教育媒介　　D. 教育媒体

18. "儿童中心论"违背了(　　)

A. 间接经验和直接经验相结合的规律

B. 传授知识与发展智力相统一的规律

C. 知识教学和思想教育相统一的规律

D. 教师主导和学生主体相统一的规律

19. 某教师在教授《小小的船》一课时,想要了解学生对这首诗的理解情况,于是在课堂上向学生提问:"你们知道叶圣陶先生想要通过这首诗表达什么吗?"这属于(　　)

A. 个体内差异评价　　B. 诊断性评价

C. 形成性评价　　D. 总结性评价

20. 最先提出"班级"一词的著名教育家是(　　)

A. 埃拉斯莫斯　　B. 夸美纽斯

C. 洛克　　D. 卢梭

21. 探究学习的实施过程是(　　)

A. 计划阶段—问题阶段—研究阶段—解释阶段—反思阶段

B. 问题阶段—计划阶段—研究阶段—解释阶段—反思阶段

C. 问题阶段—计划阶段—研究阶段—反思阶段—解释阶段

D. 计划阶段—问题阶段—解释阶段—研究阶段—反思阶段

22. 学校的模范教师刘老师,在上每一堂课之前都会先和同学们进行交流,了解大家的学习准备情况,然后才会设计教学过程。而在实际教学过程中,他也会不断启发学生思考,调动学生的积极性、主动性。这体现了刘老师在教育过程中遵循(　　)

A. 直接经验与间接经验相统一的规律

B. 掌握知识与发展智力相统一的规律

C. 教师主导作用与学生主体作用相统一的规律

D. 传授知识与思想品德教育相统一的规律

23. 我国中小学的德育途径是广泛多样的,其中基本途径是(　　)

A. 社会实践活动　　B. 班主任工作

C. 共青团组织的活动　　D. 思想品德课与其他学科教学

24. 有人说:"应当把课外活动列入教学计划和大纲,不然会杂乱无章,一盘散沙。"这种观点主要违背了课外活动的(　　)原则。

A. 自主性　　B. 实践性

C. 灵活性　　D. 自愿性

25. 徐老师为了培养学生良好的行为习惯,她在班会课上告诉学生要讲文明、爱卫生,垃圾随地乱扔加重了清洁工作者的负担,并在周末组织学生帮助清洁工作者清扫大街。徐老师对学生进行教育的过程中遵循的德育原则是(　　)

A. 导向性原则　　B. 知行统一原则

C. 疏导原则　　D. 集体主义教育原则

26. 由蔡元培主持制定,实行"男女教育平等,允许初等小学男女同校"的现代学制是(　　)

A. "壬寅学制"　　B. "癸卯学制"

C. "壬子癸丑学制"　　D. "壬戌学制"

27. 赞科夫在教学与发展实验中,提出教学过程是促进学生的(　　)

A. 全面发展　　B. 一般发展　　C. 持续发展　　D. 个性发展

28. 个体主观能动性的最高层次是(　　)

A. 生理活动　　B. 心理活动

C. 物质活动　　D. 社会实践活动

29. 苏老师认为:"好的教育应该让每一位学生都能在一个灵活的范围内选择道路,教育不应限于学校的围墙之内。"苏老师的观点与(　　)所推崇的理念高度契合。

A. 制度化教育　　B. 非制度化教育

C. 双轨制教育　　D. 单轨制教育

30. 一位数学教师不能正确解释圆周率的含义,说明他缺乏(　　)

A. 本体性知识　　B. 条件性知识

C. 背景性知识　　D. 实践性知识

31. 下列哪句话最清楚地反映了刻板印象的概念(　　)

A. 男生应该排在右边,女生排左边

B. 如果他是你的朋友,告诉他不要参加这次活动

C. 孙明似乎对拼写练习不感兴趣

D. 山里出来的人,就是没有大志向

32. 中学生林某喜欢做些小发明,近期发明了一种可调节型手机支架,张老师觉得很有创意且实用,很好地解决了网络授课中画面抖动问题,于是在学生不知情的情况下以个人名义将此项小发明申请了实用新型专利。林某知晓后向当地教育行政部门提起申诉,主张张老师侵犯了自己的发明权。这一法律关系中,以下说法正确的是(　　)

A. 张老师是主体,林某是客体　　B. 林某是主体,张老师是客体

C. 张老师和林某是客体,支架发明是主体　　D. 张老师和林某是主体,支架发明是客体

33. 在择业时,小宇犹豫不决:当老师会有充足的假期但工资不理想;去公司上班会很辛苦但是有可观的收入。根据以上描述,小宇面临的是(　　)

A. 趋避冲突　　B. 双避冲突　　C. 多重趋避冲突　　D. 双趋冲突

34. 节俭属于性格的( )特征。

A. 态度 B. 行为 C. 意志 D. 情感

35. 教育心理学完善时期的时间大致为( )

A. 19 世纪 20 年代以前
B. 19 世纪 80 年代以后
C. 20 世纪 20 年代以前
D. 20 世纪 80 年代以后

36. 学生学习数学新知识时,将原有算术图式发展为代数图式,运用新图式可正确解决代数题,实现图式上的新平衡。这在皮亚杰心理学理论中被称为( )

A. 同化 B. 顺应 C. 组织化 D. 平衡

37. 王某在阅读鲁迅的《阿 Q 正传》时,脑海里浮现出阿 Q 的形象,这是一种( )

A. 创造想象
B. 再造想象
C. 无意想象
D. 幻想

38. 用思维导图进行归纳整理,这运用的是学习策略中的( )

A. 计划策略
B. 精加工策略
C. 组织策略
D. 复述策略

39. 教师分配学生座位时,最值得教师关注的是( )

A. 减少课堂混乱
B. 照顾优秀学生
C. 照顾后进生
D. 对人际关系的影响

40. 有些人面对失败的结果时,会认为自己"一无是处""一钱不值",是"废物"。这属于不合理信念中的( )

A. 过分概括化
B. 绝对化要求
C. 糟糕至极
D. 极端化思想

二、多项选择题(下列每小题列出的选项中至少有两个选项是符合题意的,将其选出并把它的标号写在相应的括号内。错选、多选或未选均不得分。本大题共 10 小题,每小题 2 分,共 20 分)

1. 个体身心发展具有一定的规律,其中个体身心发展的互补性要求教师做到( )

A. 做好阶段过渡
B. 树立信心,相信学生
C. 发现学生优势
D. 坚持正面疏导

2. 下列体现榜样示范法的是( )

A. 桃李不言,下自成蹊
B. 其身正,不令而行;其身不正,虽令不从
C. 孟母三迁
D. 言者无罪,闻者足戒

3. 以下心理学派与代表人物对应正确的是( )

A. 精神分析——弗洛伊德
B. 行为主义——华生
C. 人本主义——艾利斯
D. 格式塔——托尔曼

4. 2021 年修订的《中华人民共和国教育法》第七条,教育应当继承和弘扬( ),吸收人类文明发展的一切优秀成果。

A. 中华民族优秀的历史文化传统
B. 中华优秀传统文化
C. 革命文化
D. 社会主义先进文化

5. 班级管理的功能包括( )

A. 有助于实现教学目标,提高学习效率
B. 有助于维持班级秩序,形成良好的班风
C. 有助于教师教学,形成良好的学习氛围
D. 有助于锻炼学生能力,学会自治自理

6. 下列关于个体身心发展的规律与教育措施匹配正确的是( )

A. 身心发展的顺序性——循序渐进
B. 身心发展的个别差异性——因材施教
C. 身心发展的不平衡性——长善救失
D. 身心发展的互补性——抓关键期

7. 王老师通过带领学生回顾上节课的学习内容来引出本节课的教学任务。张老师通过呈现圆柱体、长方体等立体图形来引导学生探究不同图形的异同。材料中老师们运用的课堂导入方法包括( )

A. 温故导入 B. 实例导入 C. 直观导入 D. 情景导入

8. 下列不属于加德纳的多元智力理论的有( )

A. 智力包括一般因素和特殊因素
B. 人的智力结构中存在七种相对独立的智力
C. 智力有内容、操作和产品三个维度,操作决定智力高低
D. 言语智力包括说话能力、阅读能力、书写能力

9. 班杜拉是新行为主义的代表,他提出自我效能感理论,指出"期待"这个先行因素包括( )

A. 结果期待
B. 效能期待
C. 质量期待
D. 形成性期待

10. 建构主义认为,下列选项中属于学习环境中的要素的是( )

A. 情境
B. 协作与会话
C. 练习与巩固
D. 意义建构

三、判断题(判断下列各题的正误,并在题后的括号内打"√"或"×",本大题共 10 小题,每小题 0.5 分,共 5 分)

1. 教师职业道德是教师在教育职业生涯中应该遵循的行为规范和必备品德的总和。( )

2. 个体的全面发展就是平均发展。 ( )

3. 某教师经常发出疑问:“领导是否觉得我表现足够优秀?”据此可知道该教师处于关注情境阶段。 ( )

4. 根据耶克斯—多德森定律可知,在难度较小的任务中,较低的动机水平有利于学习任务的完成。 ( )

5. 深入实际了解学生,是教师做好学生操行评定的基本前提。 ( )

6. “尊师爱生”,先有尊师,后有爱生。 ( )

7. 泰勒的课程编制原理强调课程目标的主导作用。 ( )

8. 综合实践活动课程是进行全面发展教育、实现教育目的的基本途径。 ( )

9. 社会教育是学校教育的基础和补充,有不可替代的教育作用。 ( )

10. “明日复明日,明日何其多? 我生待明日,万事成蹉跎。”教师经常用这首诗鼓励学生珍惜时间,努力学习,这种行为是为了培养学生意志品质的自觉性。 ( )

四、简答题(本大题共3小题,每小题5分,共15分)

1. 简述分组教学的要求。

2. 简述气质与性格的区别。

3. 在教学中,贯彻传授知识和思想品德教育相统一的规律时,应注意哪些问题?

五、论述题(本大题共20分)

俗话说“教学有法,教无定法,贵在得法”。请结合你报考的学科,谈谈在教学中如何恰当地选择教学方法。

湖南省教师招聘考试教育基础知识预测试卷(十四)

(满分 100 分　时间 120 分钟)

本套试卷共 52 小题,包括单项选择题(30 小题)、多项选择题(5 小题)、判断题(10 小题)、简答题(3 小题)、论述题(2 小题)、案例分析题(2 小题)。

一、单项选择题(下列每小题列出的四个选项中只有一个是最符合题意的,请将其代码填在括号内。错选、多选或未选均不得分。本大题共 30 小题,每小题 1 分,共 30 分)

1. 在教师职业道德情感中,教师职业道德行为的出发点是(　　)

A. 职业良心感　　B. 职业责任感

C. 职业幸福感　　D. 职业义务感

2. 教师根据学科课程标准的要求和课程特点,结合学生实际情况,确定教学方法和重难点,撰写教案。这一教学环节属于(　　)

A. 备课　　B. 上课　　C. 课后辅导　　D. 测试

3. 陈老师在和甲学校签订完聘任合同后,经与甲学校沟通,又增加了一些合同内容。这一行为属于教育法律关系的(　　)

A. 形成　　B. 调整　　C. 变更　　D. 消灭

4. 同学叫小明出去玩,可是他正在做作业,小明最终克制了自己,谢绝了同学的邀约。这主要体现的心理过程是(　　)

A. 知觉过程　　B. 思维过程

C. 意志过程　　D. 情感过程

5. 下列选项中,不能作为独立的心理过程而存在的是(　　)

A. 注意　　B. 记忆　　C. 感觉　　D. 想象

6. “盒子是用来装东西的,砖是用来砌墙的”等看法会影响问题解决。这种影响问题解决的心理因素是(　　)

A. 知识表征的方式　　B. 定势

C. 功能固着　　D. 原型启发

7. 用韦氏量表进行智力测验,某人测验得分 108 分,团体均分 100 分,标准差为 5,此人 IQ 为(　　)

A. 108　　B. 118　　C. 124　　D. 130

8. 李老师是某班级的班主任,为做好班级卫生管理,他让班长通过每天安排值日和班委每天检查卫生的形式督促大家做好班级卫生工作。同时李老师又通过以身作则的方式,让同学们养成良好的卫生习惯。这种班级管理模式属于(　　)

A. 班级常规管理　　B. 班级平行管理

C. 班级民主管理　　D. 班级目标管理

9. (　　)是教师专业理想确立、专业情感积淀、专业技能提高、专业风格形成的关键。

A. 师范教育　　B. 入职培训

C. 在职培训　　D. 自我教育

10. 同学们由于情绪上的好感和消磨课余闲暇时间的需要而聚集在一起,这属于(　　)非正式组织。

A. 中间型　　B. 娱乐型　　C. 综合型　　D. 破坏型

11. 将那些枯燥无味但又必须记住的信息“牵强附会”地赋予意义,使记忆过程变得生动有趣,从而提高学习记忆的效果。这种学习策略属于(　　)

A. 复述策略　　B. 精细加工策略

C. 组织策略　　D. 计划策略

12. 神经活动的基本过程是(　　)

A. 兴奋和泛化　　B. 集中和抑制

C. 集中和泛化　　D. 兴奋和抑制

13. 教育应当根据儿童的身心发展规律和兴趣需要去促进其生长与发展,从而在此基础上建立民主的理想国家和社会。这一观点体现的是(　　)

A. 个人本位论　　B. 社会本位论

C. 文化本位论　　D. 生活本位论

14. 儿童在知道“白菜”“黄瓜”和“西红柿”等概念之后,再学习“蔬菜”的概念,这种学习是(　　)

A. 上位学习　　B. 下位学习

C. 并列结合学习　　D. 归属学习

15. “化悲痛为力量”是以下哪种心理防御机制的表现(　　)

A. 升华作用　　B. 退化作用

C. 合理化作用　　D. 投射作用

16. 当代德育理论中流行最为广泛、占据主导地位的德育学说是(　　)

A. 体谅模式　　B. 认知模式

C. 社会模仿模式　　D. 效能模式

17. 德育过程的基本矛盾是(　　)

A. 教育者与受教育者的矛盾

B. 教育者与德育内容和方法的矛盾

C. 受教育者与德育内容和方法的矛盾

D. 社会向学生提出的道德要求与学生已有的品德水平之间的矛盾

18. 下列遗忘观点与“及时复习策略”相一致的是(　　)

A. 痕迹衰退说　　B. 干扰说　　C. 提取失败说　　D. 压抑说

19. 提出教师成长公式“经验 + 反思 = 成长”的是(　　)

A. 波斯纳　　B. 布卢姆　　C. 加涅　　D. 罗森塔尔

20. 我国第一部以马克思主义观点阐述教育问题的著作是杨贤江的(　　)

A.《教育学》　　B.《新教育大纲》

C.《论共产主义教育》　　D.《民主主义与教育》

21. 具有一定的研究能力属于教师的(　　)

A. 学科专业素养　　B. 职业素养

C. 教育专业素养　　D. 人格素养

22. 采用座右铭的形式来鼓励学生属于(　　)

A. 品德修养指导法　　B. 榜样示范法

C. 实际锻炼法　　D. 陶冶教育法

23. 按“精神分析学派”著名心理学家埃里克森的人格发展阶段论,小学阶段的核心任务是(　　)

A. 培养自主感,克服羞耻感　　B. 培养主动感,克服内疚感

C. 培养勤奋感,克服自卑感　　D. 培养信任感,克服无助感

24. 以词汇、实物、图片、图表、图形等为内容的学习均属于(　　)

A. 概念学习　　B. 命题学习

C. 符号学习　　D. 并列结合学习

25. 联合国教科文组织在《教育——财富蕴藏其中》中提出面向 21 世纪教育的四大支柱是学会求知、学会做事、学会共同生活和(　　)

A. 学会关心　　B. 学会生存　　C. 学会创造　　D. 学会交往

26.《礼记·学记》记载:凡学之道,严师为难。师严然后道尊,道尊然后民知敬学。这是强调(　　)

A. 师道尊严　　B. 师生平等　　C. 尊卑有序　　D. 身正为范

27. 班主任认为小黄偏科严重,这实际上是一种(　　)

A. 定量评价　　B. 形成性评价

C. 生成性评价　　D. 个体内差异评价

28. 课堂教学结构包括教学时间的合理利用、课程表的编制和(　　)

A. 教学内容的设计　　B. 教学过程的规划

C. 教学方法的实施　　D. 教学方法的选择

29. 同样是上楼梯时不小心跌了一跤,丹丹坐在地上呜呜咽咽地哭起来,平平则马上爬起来,边揉膝盖边告诉自己“没关系”。根据美国心理学家艾利斯的 ABC 理论,丹丹和平平的不同表现是因为(　　)

A. 事件　　B. 信念　　C. 感受　　D. 结果

30. “青出于蓝而胜于蓝”反映出师生关系应具备的特点是(　　)

A. 尊师爱生　　B. 教学相长　　C. 民主平等　　D. 密切融洽

二、多项选择题(下列每小题列出的选项中至少有两项是符合题意的,请将其代码填在括号内。错选、多选或少选均不得分。本大题共 5 小题,每小题 2 分,共 10 分)

1. 关于接受学习和发现学习的表述,说法不正确的是(　　)

A. 接受学习可以是机械的,也可以是有意义的

B. 接受学习是机械的,发现学习是有意义的

C. 学校应主要采用机械学习

D. 学校应主要采用发现学习

2. 根据我国《教师法》的规定,教师考核的内容包括(　　)

A. 政治思想　　B. 法治意识　　C. 业务水平　　D. 工作态度

3. 心理健康教育的主要内容包括(　　)

A. 学习辅导　　B. 生活辅导

C. 择业指导　　D. 世界观教育

4. 以下符合《中华人民共和国义务教育法》规定的有(　　)

A. 实行九年义务教育不收学费,可收部分杂费

B. 不得将学校划分为重点学校、非重点学校,学校不得分设重点班和非重点班

C. 学校实行校长负责制

D. 对违反学校管理规定的学生,可批评教育,严重者直至开除

5. 关于热爱学生,教师应该达到的要求包括(　　)

A. 教师天天跟紧学生,不给学生犯错误的机会

B. 热爱学生,关心爱护全体学生,尊重学生的人格,平等、公正对待学生

C. 对学生严格要求,耐心教育,不讽刺、挖苦、歧视学生

D. 不体罚或变相体罚学生,保护学生合法权益

三、判断题(判断下列各题的正误,正确的打“√”,错误的打“×”。本大题共 10 小题,每小题 0.5 分,共 5 分)

1. “身教重于言传”是教师劳动的创造性特点在教育实践中的体现。　　(　　)

2. 讲授法很难关注学生的个别差异，不利于学生主动探究能力的培养，是一种注入式、灌输式教学。 ( )

3. 教师应将教学目标作为检查自己教学质量的依据。 ( )

4. 教育目的的内容结构的核心部分是对受教育者身心素质的规定。 ( )

5. 孔子说：“三人行，必有我师焉，择其善者而从之，其不善者而改之。”这句话体现了榜样示范法的重要性。 ( )

6. 学习策略知识不是孤立的，不能脱离专门知识。 ( )

7. 人本主义学派是西方心理学的第三势力。 ( )

8. 李某小时候被狗咬过，此后见到像小狗的毛绒玩具就害怕，这种现象在心理学上属于刺激的泛化。 ( )

9. 生产力的发展促进教学内容、教学方法和教学组织形式的变化。 ( )

10. 学校发现学生旷课后应及时与公安机关取得联系。 ( )

四、简答题（本大题共 3 小题，每小题 5 分，共 15 分）

1. 简述记忆四种品质的内容。

2. 德育的基本任务有哪些？

3. 如何培养学生良好的态度与品德？

五、论述题（本大题共 2 小题，每小题 7 分，共 14 分）

1. 习近平总书记指出，教育决定着人类的今天，也决定着人类的未来，素质教育是教育的核心。请简述素质教育的内涵，并结合自身学科阐述在教学实践中如何实施素质教育。

2. 试述技能与习惯的区别。

六、案例分析题(本大题共 2 小题,每小题 13 分,共 26 分)

1. 小刚是某中学初二的学生,一天下午放学后,小刚在操场上和同学打篮球,同班女生小静看见他脸上有许多汗珠,就上前用餐巾纸为他擦汗,这一举动恰好被从一旁经过的班主任田老师看见。田老师当即把他俩叫到办公室,他先给小静看了两页日记(这是田老师私自从小刚放在课桌内的日记本上撕下的,上面记录了小刚对另一名女生的好感),又对小静说,小刚是个花花公子,脚踏两只船。田老师责令小刚从明天开始不准进教室上课,好好反省自己的错误。由于不堪忍受老师的羞辱,小刚当天便离家出走了,几天后才被家人找回来。随后,小刚的家长一纸诉状将田老师告上了法庭,要求田老师赔礼道歉并赔偿精神损失费用。

   请运用教育法规的相关知识对该案例进行分析。

2. 吴老师在一所初中任教,立志成为一名优秀的人民教师。他工作努力,认真负责。班上有学生家境贫困,家长让其退学并带他到广东打工。吴老师知道后急得直跺脚,恳请家长把孩子送回学校,还给家长转账 2000 元,让他们把孩子送上火车,火车到站后,吴老师亲自去接该学生。很快,吴老师便小有名气。

   一天,几位学生的家长找到吴老师,希望他能在课后帮助孩子补习,吴老师认为这有利于学生提高成绩,就答应了。补习结束后,家长为了感谢他,给了他一笔可观的辛苦费,他推辞不过只好接受。自此以后,越来越多的学生找吴老师补课。随着补课学生人数的增多,他在小区专门租了一间房子进行补课,并收取一定的辛苦费。家长们对吴老师的辅导非常满意。

   请从教师职业道德规范的角度,评析吴老师的职业行为。

湖南省教师招聘考试教育基础知识预测试卷(十五)

(满分 100 分　时间 120 分钟)

本套试卷共 59 小题,包括单项选择题(30 小题)、多项选择题(5 小题)、判断题(10 小题)、简答题(3 小题)、论述题(1 小题)、材料分析题(10 小题)。

一、单项选择题(下列每小题四个选项中只有一个是最符合题意的,请将其代码填在括号内。错选、多选或未选均不得分。本大题共 30 小题,每小题 1 分,共 30 分)

1. 王林同学经常在外面随手乱扔垃圾,马老师批评王林不爱护公共卫生,王林反驳道:“每天专门有环卫工人打扫卫生,我随手扔垃圾根本没关系。”据此,马老师应加强对王林的(　　)

A. 道德认识教育　　B. 道德目的教育

C. 道德意志教育　　D. 道德行为教育

2. 我国奴隶社会时期,教育的一个重要特点是“学在官府”“以吏为师”。按照教师职业的历史发展,这属于教师职业的(　　)

A. 非职业化阶段　　B. 职业化阶段

C. 专门化阶段　　D. 专业化阶段

3. 根据埃里克森的社会发展理论,处于(　　)阶段的孩子开始追求出于自我利益和动机的活动,如当妈妈在洗衣服时,孩子帮妈妈递过洗衣粉,他便认为自己是在做一件很重要的事情,起到了举足轻重的作用。

A. 自主感对羞怯感　　B. 勤奋感对自卑感

C. 主动感对内疚感　　D. 角色同一性对角色混乱

4. 琪琪在练习书法的开始阶段非常努力,书法水平不断提高,但在达到一定阶段后,进步就停止了。琪琪继续练习一段时间,感觉又重新进步了。这属于(　　)

A. 习得性无助　　B. 高原现象

C. 动机不足现象　　D. 动机过高现象

5. 学生必须服从教师,学生个性受到压抑。这体现的是(　　)

A. 教师中心论　　B. 学生中心论

C. 教育中心论　　D. 知识中心论

6. 陈鹤琴“活教育”教学的四个步骤是实验观察、阅读思考、创作发表和(　　)

A. 行动实践　　B. 批评研讨　　C. 更新改进　　D. 指导提高

7. 在外部条件大致相同的课堂教学中,每个学生的学习需要和动机不同,对教学的态度和行为也各式各样。这反映了(　　)因素对学生身心发展的影响。

A. 社会环境　　B. 家庭背景

C. 遗传　　D. 个体主观能动性

8. 小军的头脑中具备这样一个概念:“会动的事物是有生命的。”有一天他看到纸飞机在飞、在动,但是他知道纸飞机是没有生命的。这时他认识到不是所有会动的事物都是有生命的。根据皮亚杰的认知发展理论,小军的认知过程属于(　　)

A. 组织　　B. 顺应　　C. 图式　　D. 平衡

9. 情绪是心理活动的监控者,它对其他心理活动具有组织作用。在活动过程中,积极情绪起协调、组织的作用,消极情绪起破坏、瓦解的作用。这体现了情绪情感的(　　)

A. 适应功能　　B. 信号功能　　C. 健康功能　　D. 组织功能

10. 试图把大班上课、小班研究和个别教学三种形式结合起来的教学组织形式是(　　)

A. 道尔顿制　　B. 个别教学制

C. 特朗普制　　D. 班级授课制

11. 最常用、最简单的课堂导入方法是(　　)

A. 直接导入　　B. 直观导入

C. 温故导入　　D. 实例导入

12. 小李同学参加工作后,他依然不断地学习,不管多忙,都会不断提升自己的知识储备量。小李这种将入职前的教育和入职后的教育统一起来的做法体现了教育的(　　)

A. 全民化　　B. 民主化　　C. 终身化　　D. 多元化

13.《西游记》作为我国的四大名著之一,一直都很受大家欢迎,吴承恩老先生通过收集资料,将人和猴子的属性特征结合在一起创造了齐天大圣孙悟空这一新形象。这个过程在心理学上称为(　　)

A. 黏合　　B. 夸张　　C. 典型化　　D. 表象

14. 对材料进行自我提问,运用的是(　　)

A. 调节策略　　B. 注意策略

C. 计划策略　　D. 监控策略

15. 高考成绩出来后,若看见自己成绩优秀,就会欣喜若狂。此刻的情绪状态属于(　　)

A. 心境　　B. 应激　　C. 激情　　D. 热情

16. 从感受性与感觉阈限之间的关系来看,一个人视力越好,其感觉阈限越(　　)

A. 高　　B. 不变　　C. 低　　D. 不确定

17. 小丁在班级中成绩非常不理想,平时特别敏感,既容易误会同学的一言一行,又会和同学有肢体冲突,班主任刘老师希望以小丁为切入点,对班级中这类有特殊需要的学生分别进行为期一年的研究。这种研究方法是(　　)

A. 个案研究法　　B. 叙事研究法

C. 历史研究法　　D. 比较研究法

18. 在自然课上,李老师告诉同学们制作叶子书签的基本步骤后,带大家去学校的生物园,让同学们按照制作步骤动手摘叶子、清洁叶子等。李老师运用的教学方法是(　　)

A. 研究法　　B. 练习法　　C. 实验法　　D. 实习作业法

19. 马克思说:"再生产科学所必要的劳动时间,同最初生产科学所需要的劳动时间是无法相比的,例如学生在一小时内就能学会二项式定理。"这说明教育具有(　　)

A. 政治功能　　B. 文化功能　　C. 经济功能　　D. 人口功能

20. 教师威信是开展有效教学的基础和前提。赫尔巴特说:"绝对必要的是教师要有极大的威信,除了这种威信外,学生不再重视任何其他意见。"教师威信包括人格威信、学识威信和(　　)

A. 人格威信　　B. 学识威信　　C. 样貌威信　　D. 情感威信

21. 娇娇因为小时候在草丛里被虫子咬伤过,所以对虫子很害怕。娇娇对虫子的害怕属于(　　)

A. 形象记忆　　B. 语词记忆

C. 情绪记忆　　D. 动作记忆

22. "前有堵截,后有追兵"指的是哪种动机冲突(　　)

A. 双避冲突　　B. 双趋冲突　　C. 趋避冲突　　D. 多重趋避冲突

23. 教师完善人格的重要标志与教师心理健康的重要内容是(　　)

A. 出色的组织管理　　B. 良好的人际关系

C. 精湛的语言表达　　D. 较高的教育机智

24. 德育工作中,要把德育的理想性与现实性结合起来。这一做法体现的德育原则是(　　)

A. 导向性原则　　B. 因材施教原则

C. 疏导原则　　D. 知行统一原则

25. 下列不属于《中华人民共和国教师法》规定的教师义务的是(　　)

A. 促进学生在品德、智力、体质等方面全面发展

B. 组织、带领学生开展有益的社会活动

C. 不断提高思想政治觉悟和教育教学业务水平

D. 指导学生的学习和发展,评定学生的品行和学业成绩

26. 班级管理中制定的班干部轮换制度属于班级(　　)

A. 常规管理　　B. 平行管理

C. 民主管理　　D. 目标管理

27. 学生出现教师期望的行为后,教师发给学生小红星,学生可用小红星兑换奖励物。教师采用的方法是(　　)

A. 行为塑造法　　B. 代币奖励法

C. 自我控制法　　D. 系统脱敏法

28. 学生小辉在两个月的时间内进行了两次数学测验,得到的分数大致相等。这表明两次测验的(　　)较高。

A. 信度　　B. 效度　　C. 难度　　D. 区分度

29. 为了培养学生的语言文字运用能力,阳光小学的语文小组定期举办"成语大赛"。这种活动属于(　　)

A. 科技活动　　B. 社会活动

C. 文学艺术活动　　D. 学科活动

30. 在学习"鱼"的概念时,老师用海豚来说明"会游泳"是"鱼"的概念的无关特征,这使用了(　　)

A. 概括　　B. 变式　　C. 正例　　D. 反例

二、多项选择题(下列每小题列出的选项中至少有两项是符合题意的,请将其代码填在括号内。错选、多选或少选均不得分。本大题共5小题,每小题2分,共10分)

1. 当代课程改革的共同发展趋势是(　　)

A. 重视课程内容的现代化、综合化　　B. 重视个别差异

C. 重视基础学科和知识的结构化　　D. 重视能力的培养

2. 根据马斯洛的需要层次理论,下列属于归属与爱的需要的有(　　)

A. 广交朋友　　B. 追求爱情

C. 参加社会保险　　D. 渴望名望和成就

3. 人格结构,当三者互不相让,产生敌对关系时,就会产生心理疾病,这三个层次分别是(　　)

A. 自我　　B. 他我　　C. 本我　　D. 超我

4. 下列选项中,属于学校隐性课程的有(　　)

A. 思想品德课　　B. 人际关系

C. 学校环境　　D. 班风、校风

5. 教育随笔的特点包括(　　)

A. 简单明了　　B. 取材广泛

C. 迅速及时　　D. 短小精悍

三、判断题(判断下列各题的正误,并在题后括号内打"√"或"×"。本大题共10小题,每小题1分,共10分)

1. 在感知、记忆、思维等方面表现出来的认知特点和风格属于性格的认知特征。(　　)

2. 根据皮亚杰的认知发展阶段理论,教会两到三岁的孩子有意识地谦让玩具几乎是不可能的。(　　)

3. 分组教学是为了克服班级授课制的弊端而提出的,因此它比班级授课制优越。(　　)

4. 罗杰斯认为,教师的教学技巧、专业知识课程计划、视听辅导资料、演示和讲解等是促进学生学习的关键。(　　)

5. 世界上最早普及义务教育的国家是美国。 ( )

6. 国务院和地方各级人民政府根据分级管理、分工负责的原则,领导和管理教育工作。 ( )

7. 注意的广度大约是 7 ±2 个组块,也就是 5 ~9 个项目。 ( )

8. 教师职业道德最基本、最重要的作用是对社会文明的示范功能。 ( )

9. 康德第一次明确提出"教育心理学化"。 ( )

10. 课程改革的直接诉求和终极目标是教学内容的重建。 ( )

四、简答题(本大题共 3 小题,每小题 5 分,共 15 分)

1. 简述受教育者应当履行的义务。

2. 简述教学过程的基本规律。

3. 简述知识学习的过程。

五、论述题(本大题共 10 分)

试述如何培养学生的问题解决能力。

六、材料分析题(下面有两个不同的材料,请根据材料完成选择题,都是单项选择题,即每小题只有一个选项正确。本大题共10小题,每小题2.5分,共25分)

阅读下列材料,完成1~5题。

为了更好地教学,提高自身的素养,某中学的青年教师李某攻读了研究生,也开始了她的因教促学、以学促教的学习活动。坚持三载,她最终以优异的成绩获得了硕士学位。从此,她以"学习、学习、再学习"为励志语,并将其付诸行动。多年来,她在教学和科研等方面做出了突出成绩,多次被评为优秀教师。

1. 从教师职业的道德规范看,材料中的李老师主要做到了(　　)

A. 严谨治学、爱岗敬业

B. 以身作则、爱国守法

C. 以身作则、热爱学生

D. 严谨治学、为人师表

2. "学习、学习、再学习"说明李老师符合(　　)的教师职业道德规范。

A. 教书育人　　B. 爱岗敬业

C. 终身学习　　D. 严谨治学

3. "她在教学和科研等方面做出了突出成绩",说明李老师的职业角色是(　　)

A. 合作者　　B. 学生学习的促进者

C. 教育教学的研究者　　D. 传道、授业者

4. 材料中李老师的所作所为主要体现了教师的(　　)

A. 道德形象　　B. 人格形象

C. 文化形象　　D. 风貌形象

5. 材料中李老师的行为暗含了其"学为人师,行为世范"的师德。"学为人师,行为世范"的主要内容是指(　　)

A. 教书育人　　B. 为人师表

C. 廉洁从教　　D. 依法执教

阅读下列材料,完成6~10题。

心理学家做了这样一个实验:从三个班中将成绩排名后六位的学生抽出来,组成了一个18名学生的班级,心理学家对这18名学生进行智力测验,发现每一名学生的智商都在正常范围之内。于是要求这18名学生的任课老师对他们做到以下几点:第一,分析他们在学业上失败的原因;第二,上课提问时,难度适当;第三,对回答问题正确的同学给予鼓励,回答错误的同学给予肯定并耐心纠正错误答案;第四,鼓励学生的点滴进步,提高他们的自信心;第五,要求教师使用各种媒体进行教学增加学生的兴趣。后来,这18名同学在半年以后学习大有进步,已经不再是差生。

6. 对回答问题正确的同学要给予奖励,使学生为得到奖励而学习。这是在培养学生的(　　)

①高级动机　②低级动机　③内部动机　④外部动机

A. ①③　　B. ①④

C. ②④　　D. ②③

7. 以下说法正确的是(　　)

A. 应当以外部动机为主,内部动机为辅

B. 应当尽量多地给成绩好的学生奖励,作为强化

C. 老师应该根据学生学习动机的差别,鼓励学生的学习

D. 激励学生学习的最好方法就是开展竞赛

8. 根据韦纳的归因理论,如果把学生的失败归因于不够努力,学生会感到(　　)

A. 惊喜和感激　　B. 满意和自豪

C. 内疚和羞愧　　D. 学习没有积极性

9. 教师可以用(　　)激发学生学习动机。

①正确的结果归因　②充分利用反馈信息对学生进行奖励

③创造适宜学习难度的问题情境　④运用正强化鼓励学生学习

A. ①②③　　B. ②③④

C. ①③④　　D. ①②③④

10. 最早的智力量表是(　　)

A. 比纳—西蒙量表　　B. 斯坦福—比纳量表

C. 比纳—推孟量表　　D. 韦克斯勒量表

湖南省教师招聘考试教育基础知识预测试卷(十六)

(满分100分　时间120分钟)

本套试卷共68小题,包括单项选择题(40小题)、多项选择题(20小题)、填空题(8小题)。

一、单项选择题(下列每小题四个选项中只有一个是最符合题意的,请将其代码填在括号内。错选、多选或未选均不得分。本大题共40小题,每小题1分,共40分)

1. 主张用理解和解释的方法进行教育研究的教育学流派是(　　)

A. 实验教育学　　B. 文化教育学

C. 制度教育学　　D. 马克思主义教育学

2. 蒸汽机时代要求工人具有初等教育水平,电气生产时代要求工人具有中等教育水平,自动化时代要求工人具有高中和专科以上水平。这说明制约人才培养规格的因素是(　　)

A. 生产力的发展水平　　B. 生产关系

C. 上层建筑　　D. 政治经济制度

3. 按照我国教育法规的效力等级和内容重要程度划分,《中华人民共和国义务教育法》和《中华人民共和国教师法》分别属于(　　)

A. 基本法、单行法　　B. 基本法、基本法

C. 单行法、基本法　　D. 单行法、单行法

4. 白纸在暗处看来,颜色暗,呈灰色;煤块在亮处看来,颜色会变亮,但人在知觉的过程中依然认为白纸是白色的,煤块是黑色的。这体现了知觉的(　　)

A. 恒常性　　B. 理解性

C. 整体性　　D. 选择性

5. 以下关于教育目的的说法,错误的是(　　)

A. 教育目的是社会历史性与时代性的动态综合

B. 教育目的受制于生产力的发展

C. 教育目的就是各级各类学校的培养目标

D. 教育目的体现了人们的教育理想

6. 有一位学生在课堂上问老师:“老师,在月亮上看天,天是不是蓝的呢?”这位老师很不满意地说:“你懂什么,听老师说不就行了,你呀,经常在课堂上打岔,这是不礼貌的!今后不能这样。”这位学生听后鼓着气坐下了。这位老师违背了(　　)教学原则。

A. 启发性　　B. 系统性　　C. 巩固性　　D. 因材施教

7. 张老师在英语教学中采用小组合作学习的形式,经过一段时间后,他发现学生的合作意识和能力有所提高。这体现了教育的(　　)

A. 显性负向功能　　B. 显性正向功能

C. 隐性负向功能　　D. 隐性正向功能

8. 王老师下班回家后,仍惦记着情绪不好的小明,积极与家长进行电话联系。这反映了教师劳动的(　　)

A. 广延性　　B. 创造性　　C. 长期性　　D. 主体性

9. 一个学生曾因车祸对汽车产生了恐惧心理,不敢坐汽车。我们可以先让他看有关汽车的图片,与他谈论汽车,让他摸汽车,最后让他坐汽车等,逐步消除他对汽车的惧怕反应。这种行为改变的方法属于(　　)

A. 自我控制法　　B. 肯定性训练

C. 系统脱敏法　　D. 示范法

10. 根据皮亚杰的认知发展阶段理论,当人的思维最早具有可逆性时,处于下列哪一个阶段(　　)

A. 感知运动阶段　　B. 前运算阶段

C. 具体运算阶段　　D. 形式运算阶段

11. 在乡村教育实践中,晏阳初提出的“四大教育”即文艺教育、生计教育、卫生教育和(　　)

A. 体力教育　　B. 脑力教育

C. 劳动教育　　D. 公民教育

12. 决定教育领导权和受教育权的主要因素是(　　)

A. 社会生产力和科技发展水平　　B. 社会人口数量和质量

C. 社会文化传统　　D. 社会政治经济制度

13. 张老师根据学生的成绩在班级中的相对位置和名次,确定学生的成绩在该班属于优、中、差的教学评价属于(　　)

A. 诊断性评价　　B. 形成性评价

C. 总结性评价　　D. 相对性评价

14. 神经系统活动的基本形式是(　　)

A. 想象　　B. 记忆　　C. 意识　　D. 反射

15. 下列属于道德感的是(　　)

A. 问题得以解决并有新的发现时产生的喜悦感和幸福感

B. 看到他人随地吐痰的行为时产生的厌恶感

C. 对科学探索的好奇心,对研究中未证实结果的怀疑

D. 看到蓝天白云,觉得大自然很美时产生的情感

16. 儿童厌学症的主要表现是(　　)

A. 缺乏学习技能　　B. 过度焦虑

C. 注意力缺陷　　D. 对学习不感兴趣

17. 我国幅员辽阔,各地各方面的差异很大,为了使教学不脱离实际,就要补充必要的乡土教材。这贯彻的教学原则是(　　)

A. 直观性原则　　B. 启发性原则

C. 循序渐进原则　　D. 理论联系实际原则

18. 小学生先学习的汉语拼音"p"的发音,影响了后面学习英语字母"p"的发音。造成这种干扰现象的原因是(　　)

A. 前摄抑制　　B. 倒摄抑制

C. 消退抑制　　D. 双向抑制

19. 由张百熙起草,国家正式颁布但未实行的学制是(　　)

A. 癸卯学制　　B. 壬寅学制

C. 壬子癸丑学制　　D. 壬戌学制

20. 课外活动的特点有(　　)

A. 自愿性　　B. 强制性　　C. 规范性　　D. 随意性

21. 行动研究法的特点不包括(　　)

A. 为教育行动而研究　　B. 在教育行动中研究

C. 由教育行动者研究　　D. 研究教育行动者

22. 教师个体专业化发展最直接、最普遍的途径是(　　)

A. 师范教育　　B. 入职培训

C. 自我教育　　D. 在职培训

23. 学校教育制度在形式上的发展经历的过程是(　　)

A. 前制度化教育—非制度化教育—制度化教育

B. 非制度化教育—前制度化教育—制度化教育

C. 前制度化教育—制度化教育—非制度化教育

D. 非制度化教育—制度化教育—后制度化教育

24. "全国优秀教师"张桂梅始终坚持在一线言传身教,长期拖着病体忘我工作,将自己的工资、所获奖

金和社会捐助诊疗费等100多万元全部用于兴教办学。在与时间赛跑和病魔抗争中,她以实际行动兑现着"只要还有一口气,就要站在讲台上"的诺言。这主要体现了张老师(　　)

A. 严于律己,以身作则,团结协作

B. 关爱学生,廉洁奉公,爱国守法

C. 严于律己,教书育人,终身学习

D. 教书育人,廉洁奉公,爱岗敬业

25. 班主任工作的中心环节是(　　)

A. 了解和研究学生　　B. 做好个别教育工作

C. 组织和培养班集体　　D. 组织和安排教育活动

26. 体现"身教重于言教"思想的学习理论派别是(　　)

A. 社会学习理论　　B. 操作性条件作用理论

C. 认知学习理论　　D. 人本主义学习理论

27. 学生学习过程中,将水稻、小麦、玉米等归纳为"粮食作物",这样的学习属于(　　)

A. 信号学习　　B. 连锁学习

C. 概念学习　　D. 辨别学习

28. 一个学生的实际年龄是8岁,经测试其智力年龄为10岁,那么他的比率智商(IQ)是(　　)

A. 80　　B. 105　　C. 125　　D. 135

29. 王老师上课时,一只小鸟停在窗台上啄玻璃,同学们都把视线转向它。这属于(　　)

A. 不随意注意　　B. 随意前注意

C. 随意后注意　　D. 随意注意

30. 运用标准化心理量表对被试进行测量,从而了解其心理特点的方法称之为(　　)

A. 观察法　　B. 实验法

C. 教育经验总结法　　D. 测验法

31. 人们常说:"三岁看大,七岁看老。"这句话反映出了人格的(　　)

A. 社会性　　B. 稳定性　　C. 整体性　　D. 独特性

32. 小学开展经典诵读活动时,对传统文化要取其精华、去其糟粕。这说明教育对文化具有(　　)

A. 继承功能　　B. 传递功能

C. 选择功能　　D. 创新功能

33. 下列选项中属于替代强化例子的是(　　)

A. 孩子吃饭不认真就饿他一顿

B. 惩罚一个孩子,让另一个孩子看

C. 当孩子乱砸玩具时，拿走他正在玩的玩具

D. 孩子一哭闹家长就答应其要求

34. (　　)强调教师的指导作用，认为知识是从教师到学生的单向传递。

A. 传递—接受式教学模式　　B. 范例教学模式

C. 抛锚式教学模式　　D. 自学—指导式教学模式

35. 丁墨在她的小说《他来了，请闭眼》中，塑造了高智商、严谨和善于推理的犯罪心理学专家薄靳言的形象。这属于(　　)

A. 无意想象　　B. 再造想象

C. 无意记忆　　D. 创造想象

36. 历史上第一部论述各种心理现象的著作是(　　)

A.《心理学大纲》　　B.《认知心理学》

C.《论灵魂》　　D.《生理心理学原理》

37. 与新手型教师相比，专家型教师的课时计划简洁、灵活、以学生为中心，并具有(　　)

A. 系统性　　B. 预见性　　C. 结构性　　D. 实效性

38. 李老师要求学生分小组通过实验推导出圆柱体体积的计算公式，当“智慧小组”完成任务后，李老师让该小组去帮助其他小组，在“智慧小组”的帮助下，其他小组也完成了学习任务。这说明其他小组的学习处于(　　)

A. 最近发展区　　B. 联合发展区

C. 运动发展区　　D. 感觉发展区

39. 当一个人看到其他人正在完成某项任务时，自己也想要更快更好地完成任务；在小组讨论中当学生看到其他学生积极发言时，自己也会积极思考。这些现象是(　　)

A. 社会助长　　B. 社会抑制

C. 去社会化　　D. 社会懈怠

40. “万不可有偏爱偏恶，万不可讥诮学生。”这体现了教师职业道德(　　)

A. 举止文明的要求　　B. 高度负责的要求

C. 不得敷衍的要求　　D. 平等公正的要求

二、多项选择题(下列每小题列出的选项中至少有两项是符合题意的，请将其代码填在括号内。错选、多选或少选均不得分。本大题共 20 小题，每小题 2 分，共 40 分)

1. 美国当代著名教育家、心理学家布卢姆认为，完整的教育目标应包括(　　)

A. 认知领域　　B. 日常生活领域

C. 情感领域　　D. 动作技能领域

2. 按照课程内容的固有属性来划分，课程可分为(　　)

A. 分科课程　　B. 综合课程　　C. 学科课程　　D. 活动课程

3. 精加工策略是学习者较易掌握并且经常运用的一种学习策略。下列做法采用了精加工策略的是(　　)

A. 将单词“ambulance”的发音记为谐音“俺不能死”

B. 为避免被外界声音干扰，选择安静的图书馆学习

C. 把古诗中每句的第一个字连起来以帮助背诵古诗

D. 为了节省时间，利用零碎时间处理学习上的杂事

4. 墨翟认为，人的知识来源可分为(　　)

A. “亲知”　　B. “闻知”　　C. “行知”　　D. “见知”

5. 在玩游戏时，小明较多地通过附近环境来判断自身所处的位置，而小拓则依靠身体内部线索判断方位。这两种认知风格属于威特金所提出的(　　)

A. 场依存型　　B. 沉思型　　C. 场独立型　　D. 冲动型

6. 美国心理学家韦纳对行为结果的归因进行了系统探讨，并把归因分为(　　)三个维度。

A. 内部归因和外部归因　　B. 稳定性归因和非稳定性归因

C. 主动性归因和被动性归因　　D. 可控制归因和不可控制归因

7. 教育制度在形式上分为前制度化教育、制度化教育和非制度化教育，下列属于制度化教育的有(　　)

A. 晚清“废科举，兴学校”

B. 学生在慕课网在线学习精品课程

C. 以儿童身心发展规律为划分依据的壬戌学制

D. 原始社会的口耳相传和相互模仿学习

8. 教师专业发展的内容包括(　　)

A. 专业理想的建立　　B. 专业知识的拓展

C. 专业自我的形成　　D. 专业能力的提高

9. 有人发现在已裂开一条缝的茧中，一只蝴蝶正在痛苦地挣扎，他于心不忍，便拿起剪刀把茧剪开，帮助蝴蝶破茧而出。可是这只蝴蝶却因身体臃肿，翅膀干瘪，根本飞不起来，不久便死去了。蝴蝶必先在痛苦中挣扎，直到把翅膀练强壮了，再破茧而出，才能飞得起来，省去了过程看似为其免除了痛苦，但结果却相反。这给我们的启示是教学要遵循循序渐进原则，那么贯彻这一原则应注意(　　)

A. 按教材的系统性进行教学

B. 突出重点，突破难点，抓住关键

C. 注重联系实际

D. 由浅入深、由易到难、由简到繁

10. 思维是一个复杂的、高级的认知过程,(　　)是思维的基本过程,其他过程都是由此派生出来的。

A. 分析　　B. 比较　　C. 分类　　D. 综合

11. 影响问题解决的因素有(　　)

A. 定势　　B. 知识经验

C. 功能固着　　D. 问题情境

12. 依据科尔伯格的道德发展阶段理论,习俗水平时期分为哪两个阶段(　　)

A. 好孩子阶段　　B. 惩罚阶段

C. 社会契约阶段　　D. 维护权威阶段

13. 奥苏贝尔提出的影响学习迁移的三个认知结构变量是(　　)

A. 可利用性　　B. 稳定性

C. 可操作性　　D. 可辨别性

14. 关于"耶克斯—多德森定律",下列说法正确的有(　　)

A. 学习动机强度的最佳水平是固定不变的

B. 学习任务比较简单时,学习动机强度较高才能达到最佳水平

C. 学习任务比较困难时,学习动机强度比较高才能达到最佳水平

D. 学习动机强度的最佳水平根据任务性质的不同而不同

15. 关于综合课程,下列描述正确的是(　　)

A. 打破传统的分科课程的知识领域

B. 教科书的编写较为困难

C. 容易带来科目过多的问题

D. 不利于高级专业化人才的培养

16. 针对当前我国学校班级管理中存在的问题,主要的解决策略有(　　)

A. 加强班主任的管理地位

B. 以满足学生的发展为目的

C. 确立学生在班级中的主体地位

D. 有目的地训练学生自我管理班级的能力

17. 选择德育内容的依据有(　　)

A. 德育目标　　B. 学生思想实际

C. 学生身心发展特征　　D. 文化传统

18. 下列选项中,不是建立在有感染力的真实事件或真实问题基础上的教学模式是(　　)

A. 支架式教学　　B. 探究性教学

C. 合作性教学　　D. 情境性教学

19. "学生是发展中的人。"这句话说明了(　　)

A. 学生具有和成人不同的身心发展特点

B. 学生具有发展的需要

C. 学生具有发展的巨大潜在可能性

D. 学生具有获得成人教育和关怀的需要

20. 美国实用主义教育家杜威针对传统教育提出的观点有(　　)

A. 教育即生活　　B. 教育即生长

C. 教育是生活的预备　　D. 教育是改造社会的手段

三、填空题(在下列每小题的空格中填上正确答案。错填、不填均不得分。本大题共 8 小题,每个空格 2 分,共 20 分)

1. 在教学过程中会遇到很多意想不到的情况,这要求教师能运用________来解决问题。

2. 1968 年,________在《班级生活》一书中首次提出隐性课程的概念。

3. "课"是教学活动的基本单元,一般分为________和综合课。

4. 中华文化源远流长,在其发展过程中,涌现出了许多优秀的典籍。其中,"四书"是指《论语》、________、《孟子》和________。

5. ________是人心理活动内容的源泉。

6. ________指在学习达到刚好能背诵以后的附加学习。研究表明,学习的熟练程度达到________时记忆效果最好。

7. 教育心理学的核心是________。

8. 在艾利斯提出的 ABC 理论中,C 是指________。

湖南省教师招聘考试教育基础知识预测试卷(十七)

(满分 100 分　时间 120 分钟)

本套试卷共 68 小题,包括单项选择题(40 小题)、多项选择题(20 小题)、填空题(8 小题)。

一、单项选择题(下列每小题四个选项中只有一个是最符合题意的,请将其代码填在括号内。错选、多选或未选均不得分。本大题共 40 小题,每小题 1 分,共 40 分)

1.(　　)对研究领域具有直接增加知识的价值。

A. 定量研究　　B. 开发研究

C. 基础研究　　D. 应用研究

2. 当我们在人群中寻找自己的朋友时,经常会把一些与朋友具有某些相似特征的人误认成朋友。这体现的是知觉的(　　)

A. 整体性　　B. 恒常性　　C. 选择性　　D. 理解性

3. 青春初期的孩子身高体重的增长已达到较高水平,而骨化过程还远远没有完成。这体现了人的身心发展具有(　　)

A. 顺序性　　B. 不均衡性　　C. 阶段性　　D. 个别差异性

4. 某学校结合本校学生的特点和优势,开设了太极拳课,这类课程属于(　　)

A. 国家课程　　B. 地方课程

C. 校本课程　　D. 学生课程

5. 针对某一问题,搜集或综合信息与知识,运用逻辑规律,缩小解答范围,直至找到最适当且唯一正确的解答,这种认知方式属于(　　)

A. 冲动型　　B. 辐合型　　C. 发散型　　D. 场独立型

6.“整体大于部分之和”的论点出自(　　)

A. 构造主义心理学　　B. 认知心理学

C. 机能主义心理学　　D. 格式塔心理学

7. 语文课上,王老师首先给学生提供了一段描述秋天的文章,让学生选词填空,然后又提供几个句子,让学生尝试仿写,最后只给学生一个秋天的主题,让学生写下自己的观点。这属于(　　)

A. 支架式教学　　B. 随机进入式教学

C. 抛锚式教学　　D. 认知学徒制教学

8. 某小学三年级老师在教“笑迎”这一新词时,首先复习“跃进”“斗志昂扬”等词语。“跃进”的“跃”字的右面一半就是“笑”字的下半部,“斗志昂扬”的“昂”字下半部加上“辶”就组成了“迎”。然后学生再学习新词“笑迎”,就很容易掌握了。这位教师运用的教学原则是(　　)

A. 启发性原则　　B. 循序渐进原则

C. 巩固性原则　　D. 量力性原则

9. 学校为增强学生体质,专门修建的综合性体育场馆属于(　　)

A. 校外课程资源　　B. 条件性课程资源

C. 隐性课程资源　　D. 素材性课程资源

10. 吴老师在数学课上清楚而细致地演算例题,帮助学生形成解题的技能,其为学生提供的是(　　)

A. 原型定向　　B. 原型模仿

C. 原型操作　　D. 原型内化

11. 下列哪种情况下造成的学生伤害事故,学校应当承担责任(　　)

A. 在学生自行上学、放学、返校、离校途中发生的

B. 学生或者其监护人知道学生有特异体质,或者患有特定疾病,但未告知学校的

C. 学生行为具有危险性,学校、教师已经告诫、纠正,但学生不听劝阻,拒不改正的

D. 学校组织学生参加教育教学活动或校外活动,未对学生进行相应的安全教育,并未在可预见的范围内采取必要的安全措施的

12. 对学生的发展最有利的师生关系类型是(　　)

A. 管理型　　B. 放任型

C. 专制型　　D. 民主型

13. 学校举办“英语单词联想记忆”培训班,可以推断,这个培训班主要教授的知识类型是(　　)

A. 策略性知识　　B. 程序性知识

C. 陈述性知识　　D. 指导性知识

14. 在弗洛伊德的人格结构理论中,(　　)属于道德的部分。

A. 自我　　B. 自身　　C. 本我　　D. 超我

15. 从完整的问题解决过程来看,(　　)是首要环节。

A. 理解问题　　B. 提出假设

C. 发现问题　　D. 检验假设

16.(　　)是 20 世纪 70 年代兴起的一种教育思潮,其代表人物有鲍尔斯、金蒂斯、阿普尔等。

A. 文化教育学　　B. 实用主义教育学

C. 批判教育学　　D. 实验教育学

17. 自然科学的教育内容之所以不可能在古代社会占主导地位,主要是因为古代社会(　　)

A. 教育规模的限制　　B. 教师数量的限制

C. 教师水平的限制　　D. 生产力水平的限制

18. 为改进教学活动而进行的评价是(　　)

A. 终结性评价　　B. 形成性评价

C. 标准参照性评价　　D. 常模参照性评价

19. 5 岁的李萌智力正常,但在阅读时不按照内容朗读,经常自己凭空增减文字,无法正确理解字面含义,这主要是心理障碍中的(　　)

A. 多动症　　B. 焦虑症　　C. 学习困难综合征　　D. 厌学症

20. 上好课最根本的要求是(　　)

A. 板书有序　　B. 充分发挥学生的主体性

C. 教学方法适当　　D. 教学结构合理

21. 教师认为某些学生有较高的发展潜力因而对他们投入更多的教育关注,这类学生往往表现出较其他学生更快的发展。这种现象被称为(　　)

A. 马太效应　　B. 罗森塔尔效应

C. 高原效应　　D. 蝴蝶效应

22. 下列行为矫正方法中,属于消退的是(　　)

A. 当孩子哭闹时不予理睬　　B. 当学生打闹时进行呵斥

C. 当学生表现出良好行为时进行表扬　　D. 当孩子完成作业时才能看电视

23. 一般来说,强度大的、对比鲜明的、突然出现的、变化运动的、新颖的刺激,自己感兴趣的、觉得有价值的刺激更容易引起(　　)

A. 有意注意　　B. 注意转移

C. 无意注意　　D. 注意分配

24. 下列属于垂直迁移的是(　　)

A. 云彩→棉花糖　　B. 英语→德语

C. 水→淼　　D. 蔬菜→白菜

25. 新课程把教学过程看成是(　　)

A. 培养学生的社会主义品德和审美情趣的过程

B. 课程传递和执行的过程

C. 教师的教与学生的学的过程

D. 师生交往、积极互动、共同发展的过程

26. 校本研究的基本要素是(　　)

A. 自我反思、自我对话、自我诘难

B. 自我反思、同伴互助、同伴协作

C. 自我反思、同伴协作、专业引领

D. 自我反思、同伴互助、专业引领

27. 课堂上,李老师在讲解了蝴蝶的画法后,给学生展示了世界上各种珍稀蝴蝶的图片,还介绍了其生活习性,以激发学生的兴趣爱好,开发学生的潜能。这属于(　　)

A. 基础型课程　　B. 拓展型课程

C. 研究型课程　　D. 综合课程

28. "学而时习之""温故而知新"体现的教学原则是(　　)

A. 量力性原则　　B. 直观性原则

C. 巩固性原则　　D. 循序渐进原则

29. 学生的大多数时间是同教师在一起或在教师的影响、支配下度过的,因此学生有模仿、趋向于教师的自然倾向。这说明学生具有(　　)

A. 向师性　　B. 发展性

C. 独立性　　D. 可塑性

30. 教师与学生之间在心理上协调一致,师生关系密切,情感融洽。这体现的师生关系特点是(　　)

A. 心理相容　　B. 民主平等

C. 教学相长　　D. 尊师爱生

31. 班级组织建立的首要原则是(　　)

A. 有利于教育的原则　　B. 目标一致的原则

C. 可接受性原则　　D. 有利于身心发展的原则

32. 在教师的反思过程中,反思最集中地体现在(　　)

A. 具体经验阶段　　B. 积极验证阶段

C. 重新概括阶段　　D. 观察分析阶段

33. "性相近,习相远"反映了个体发展受(　　)的影响。

A. 遗传因素　　B. 生理因素

C. 自然环境　　D. 社会环境和教育

34. 以下不属于班级组织的社会化功能的是(　　)

A. 传递社会价值观,指导生活目标

B. 教导社会生活规范,训练社会行为方式

C. 促进发展的功能

D. 提供角色学习条件，培养社会角色

35. 基础教育课程改革改变了课程管理(　　)的状况，实行国家、地方、学校三级课程管理，增强课程对地方、学校以及学生的适应性。

A. 过于集中　B. 过于分散　C. 缺乏整合　D. 缺乏联系

36. 教师公正最基本的内容是(　　)

A. 赏罚分明　B. 坚持真理

C. 公平合理地评价和对待每个学生　D. 秉公办理

37. 走进某校园，我们看到学生的艺术作品挂在走廊的墙壁上，学生制作的手工作品放置在展览区，嘉奖优秀学生的信息张贴在显眼的位置。这主要体现的德育方法是(　　)

A. 陶冶教育法　B. 奖惩结合法

C. 实际锻炼法　D. 品德评价法

38. 身处教育实践第一线的研究者与受过专门训练的科学研究者密切协作，以教育实践中存在的某一问题作为研究对象，通过合作研究，再把研究结果应用到自身从事的教育实践中的一种研究方法是(　　)

A. 观察法　B. 比较法　C. 文献法　D. 行动研究法

39. 智育的根本任务是(　　)

A. 发展学生的智力

B. 培养学生的自主性

C. 提高学生的竞争意识

D. 完善学生的人格

40. "学高为师"强调了(　　)对教师发展的重要性。

A. 本体性知识　B. 条件性知识

C. 实践性知识　D. 文化性知识

二、多项选择题(下列每小题列出的选项中至少有两项是符合题意的，请将其代码填在括号内。错选、多选或少选均不得分。本大题共 20 小题，每小题 2 分，共 40 分)

1. 根据评价采用的标准，教学评价可以分为(　　)

A. 形成性评价　B. 诊断性评价

C. 绝对性评价　D. 相对性评价

2. 关于先进生的教育，教师需要注意的问题有(　　)

A. 严格要求，防止自满

B. 不断激励，弥补挫折

C. 培养和激发学习动机

D. 发挥优势，全班进步

3. 下列说法中，能体现教育的相对独立性的是(　　)

A. 教育脱离其他一切条件孤立地存在

B. 教育与其他社会意识形式的平行性

C. 教育具有历史继承性

D. 教育具有与政治经济制度和生产力发展的不平衡性

4. 下列教师行为，不利于建构良好师生关系的是(　　)

A. 利用 QQ、微信和学生谈心

B. 对班级中的学困生产生"魔鬼效应"

C. 认为好学生就是考试成绩高的学生

D. 利用业余时间学习书法、绘画

5. 环境对人的发展的影响要通过(　　)才能实现。

A. 个体的主观努力　B. 教育

C. 遗传　D. 社会实践活动

6. 下列现象中，属于广义的教育现象的有(　　)

A. 看一部优秀的电视剧　B. 听一首优美的曲子

C. 参加一场激烈的足球赛　D. 新生儿紧紧握住手触碰到的东西

7. "教育万能论"的代表人物有(　　)

A. 洛克　B. 康德

C. 高尔顿　D. 爱尔维修

8. 良好班集体的教育作用主要体现在(　　)

A. 利于实现教学目标，提高学习效率　B. 利于培养学生的群体意识

C. 利于培养学生的社会交往与适应能力　D. 利于训练学生的自我教育能力

9. 教师的教育科学知识主要包括(　　)

A. 学生身心发展知识　B. 教与学的知识

C. 政治理论的素质　D. 学生成绩评价的知识

10. 课程标准包括(　　)

A. 实施建议　B. 课程表

C. 附录　D. 作息时间表

11. 教书育人的正确方法包括(　　)

A. 转变教育观念,改革育人的模式

B. 积极进行教学改革,提高课堂教学的质量

C. 严格照搬教材

D. 遵循教育规律,实施素质教育

12. 下列情形中学校可以解聘教师的有(　　)

A. 某教师长期在班级辱骂、孤立个别学生

B. 教师引导学生讲解习题并进行纠错

C. 教师申请继续深造攻读在职教育硕士

D. 某教师故意不完成教学任务给教学工作造成损失

13. 心理辅导就是运用心理学等专业知识技能,设计与组织各种教育性活动,以帮助学生形成良好的心理素质,充分发挥个人潜能,进一步提高心理健康水平的过程。心理辅导的原则有(　　)

A. 关注高危人群　　B. 预防与发展相结合

C. 发挥学生主体性　　D. 促进学生整体性发展

14. 当一个学生没有达到预想的成绩时,会对自己的状态做出归因。这类归因既包括内在的,也包括外在的。下列选项中,属于外在归因的有(　　)

A. "最近比较倒霉,所以考试没有发挥好"

B. "尽力了,但是水平就是如此了"

C. "高估了自己的学习能力,考试前天才开始复习,所以效果很差"

D. "题目太难了,根本没见过"

15. 当其他同学向卓卓借文具时,卓卓从不拒绝。她认为,能够帮助别人、满足他人愿望的孩子就是好孩子,否则就是坏孩子。卓卓的道德发展处于(　　)

A. 相对功利主义的定向阶段　　B. 习俗水平

C. 寻求认可阶段　　D. 前习俗水平

16. 大脑两半球功能单侧化的研究表明,主要定位于右半球的功能有(　　)

A. 言语　　B. 情绪情感

C. 逻辑推理　　D. 知觉物体的空间关系

17. 研究表明,创造性与智力的关系并非简单的线性关系,二者既有独立性,又在某种条件下具有相关性。其基本关系主要表现为(　　)

A. 低智商不可能具有高创造性

B. 高智商一定具有高创造性

C. 低创造性的智商水平可能高,也可能低

D. 高创造性的智商水平可能高,也可能低

18. 根据教育部办公厅印发的《中小学教育惩戒规则(试行)》的规定,学生的下列哪些情形中,确有必要的,可以实施教育惩戒(　　)

A. 小李拒绝参加班级公益服务　　B. 小张欺凌同学,打骂老师

C. 小周扰乱学校教育教学秩序　　D. 小林实施有害他人身心健康的危险行为

19. 瞬时记忆的特点是(　　)

A. 时间极短　　B. 容量较大

C. 形象鲜明　　D. 容易衰退

20. 布鲁纳的认知—发现学习理论认为,学习的三大过程包括(　　)

A. 领会　　B. 评价　　C. 转化　　D. 获得

三、填空题(在下列每小题的空格中填上正确答案。错填、不填均不得分。本大题共 8 小题,每个空格 2 分,共 20 分)

1. 教师职业道德修养包含两方面的内容,即职业道德意识修养和________。

2. 陶行知曾用松树和牡丹比喻人:用松树的肥料培养牡丹,牡丹会瘦死;用牡丹的肥料培养松树,松树会被烧死。这一比喻所体现的教学原则是________。

3. ________是人类文化的传播者,在社会的发展和人类的延续中起桥梁与纽带作用。

4. 检查学生学业成绩的方法是多种多样的。常用的检查方式有两大类:________和________。

5. 思维的基本形式包括________、判断和推理。

6. 安德森的产生式迁移理论是________的现代翻版。

7. 根据练习时间分配的不同,可将练习分为________和分散练习;根据练习内容的完整性不同可分为整体练习和________。

8. "江山易改,禀性难移"指的是人格的________。

湖南省教师招聘考试教育基础知识预测试卷(十八)

(满分 100 分　时间 120 分钟)

本套试卷共 52 小题,包括单项选择题(30 小题)、多项选择题(5 小题)、判断题(10 小题)、简答题(4 小题)、论述题(1 小题)、案例分析题(2 小题)。

一、单项选择题(下列每小题列出的四个选项中只有一个是最符合题意的,请将其代码填在括号内。错选、多选或未选均不得分。本大题共 30 小题,每小题 1 分,共 30 分)

1. 某一教育主张认为人的认识来源于经验而非天赋,下列教育主张与此观点一致的是(　　)

A. 荀子:性恶论　　B. 霍尔:一两的遗传胜过一吨的教育

C. 孟子:性善论　　D. 威尔逊:"基因复制"决定论

2. 周老师在讲到造纸术的时候,讲述了东汉蔡伦为改进造纸术做出的卓越贡献,以及造纸术对世界文明发展所产生的重要影响,学生们纷纷被蔡伦的精神折服,也都为自己是一名中国人而感到自豪。此处,周老师主要采用了教学原则中的(　　)原则。

A. 启发性　　B. 科学性与思想性相统一

C. 巩固性　　D. 因材施教

3. 下列选项中,属于实用主义教育学观点的是(　　)

A. 教育过程即历史文化过程　　B. 师生关系中以教师为中心

C. 教育过程与生活过程是合一的　　D. 课程组织以学科知识体系为中心

4. 历史课结束时,老师安排学生在课外对家长进行访谈,并收集有关 20 世纪 90 年代初社会状况的资料,下次上课进行报告。这属于(　　)

A. 口头作业　　B. 书面作业　　C. 实践作业　　D. 阅读作业

5. 下列属于墨子提倡的教育思想的是(　　)

A. 学而时习之　　B. 不愤不启

C. 兼爱　　D. 因材施教

6. 化学课上,教师用脱脂棉包住约 0.2 克过氧化钠粉末,置于石棉网上,再往脱脂棉上滴水,同学们通过观察实验现象,得出了过氧化钠跟水反应会放出热量的结论。这种教学方法是(　　)

A. 实验法　　B. 演示法　　C. 练习法　　D. 实习作业法

7. 校本课程常以(　　)的形式出现。

A. 公共课　　B. 选修课　　C. 必修课　　D. 课外活动

8. 教育"生物起源说"的代表人物是(　　)

A. 斯宾塞　　B. 孟禄　　C. 利托尔诺　　D. 布卢姆

9. 新课程倡导新型师生关系。新课程中具有现代师生关系特点的模式是(　　)

A. 合作模式　　B. 平等模式　　C. 管理模式　　D. 授受模式

10. 在不同单元乃至阶段或不同课程门类中,教师将课程内容重复出现,逐渐扩大知识面,加深知识难度。这种课程内容组织形式是(　　)

A. 螺旋式　　B. 直线式　　C. 横向式　　D. 纵向式

11. 先行组织者教学技术常用于(　　)

A. 探究式学习　　B. 接受学习

C. 个别化教学　　D. 掌握学习

12. 班主任采取通过全班同学协商建立行为准则并约束行为的方式来实现课堂管理。这种管理利用的是(　　)

A. 群体凝聚力　　B. 群体规范　　C. 课堂气氛　　D. 从众

13. 如果用吃冰糕作为强化物来鼓励小杰给爷爷捶背,最合适的安排是(　　)

A. 规定每周小杰吃冰糕的次数　　B. 规定小杰吃完冰糕后给爷爷捶背

C. 规定每周小杰给爷爷捶背的次数　　D. 规定小杰给爷爷捶背后才能吃冰糕

14. 概念同化的典型方式是(　　)

A. 接受学习　　B. 发现学习　　C. 机械学习　　D. 有意义学习

15. 美国学者(　　)于 1918 年出版的《课程》一书标志着课程作为专门研究领域的诞生。

A. 博比特　　B. 斯金纳　　C. 泰勒　　D. 布鲁纳

16. 影响态度与品德学习的外部条件不包括(　　)

A. 家庭教养方式　　B. 道德认知

C. 社会风气　　D. 同伴群体

17. 鲁班从被丝茅草割破手中得到灵感发明了锯子,这表明(　　)在创造性问题的解决过程中具有重要作用。

A. 酝酿效应　　B. 问题情境　　C. 原型启发　　D. 情绪和动机

18. 班级里自发形成的小群体属于(　　)

A. 松散群体　　B. 联合群体

C. 正式群体　　D. 非正式群体

19. 学生小辉对某些课程不感兴趣,甚至感到乏味,但他意识到学好这些课程对将来服务于社会有重要作用,因此刻苦学习,并由此产生兴趣。小辉的这种兴趣为(　　)

A. 直接兴趣　　B. 间接兴趣　　C. 个体兴趣　　D. 情境兴趣

20. 对学生进行心理辅导工作,让当事人自己运用学习原理进行自我分析、自我监督、自我强化,以改变自身行为的方法是(　　)

A. 行为塑造法　　B. 强化法　　C. 示范法　　D. 自我控制法

21. 由桑代克和武德沃斯提出的学习迁移理论是(　　)

A. 形式训练说　　B. 共同要素说

C. 概括化理论　　D. 同化理论

22. 在安排课程表时,要从全局着眼,这体现了安排课程表应遵循的原则是(　　)

A. 迁移性原则　　B. 适应性原则　　C. 顺序性原则　　D. 整体性原则

23. 教育是人类所特有的社会现象,任何社会的存在和发展都离不开教育。这表明教育具有(　　)

A. 选择性　　B. 阶段性　　C. 永恒性　　D. 继承性

24. "师也者,教之以事而喻诸德者也"体现了教师职业道德要求具有(　　)

A. 超前性　　B. 全局性　　C. 导向性　　D. 双重性

25. 为让学生充分掌握小数的四则运算,形成运算才能,孙老师准备了口算、根据文字要求列算式、应用题等题型,引导学生做练习。孙老师的教学方式体现的教学原则是(　　)

A. 启发性原则　　B. 量力性原则

C. 直观性原则　　D. 循序渐进原则

26. 某教师为调查学生的学习动机投放了问卷,用该问卷重复调查同一群体学生的情况,每次的调查结果趋于一致,但调查结果和实际情况有较大差距。这表明(　　)

A. 问卷信度低,效度也低　　B. 问卷信度高,效度却低

C. 问卷信度高,效度也高　　D. 问卷信度低,效度却高

27. 某学生在与人交往时,把自己具有的某些不讨人喜欢、不为人接受的观念和性格等转移到别人身上,认为别人也是如此,以掩盖自己不受欢迎的特征。这种社会知觉偏差属于(　　)

A. 晕轮效应　　B. 首因效应　　C. 投射效应　　D. 近因效应

28. 下列哪项属于有意义的接受学习(　　)

A. 学生兴趣盎然地听科普讲座　　B. 学生用谐音法记忆单词

C. 科学家探索新材料　　D. 玩走迷宫游戏

29. 心理现象的产生方式是(　　)

A. 精神活动　　B. 反射活动　　C. 意识活动　　D. 技能活动

30. 小林上课时开小差,周老师慢慢走到他的座位旁边,然后把手轻轻放在他的肩膀上,于是小林立马回过神来认真听讲。周老师运用的课堂管理策略是(　　)

A. 应用后果　　B. 反复提示

C. 合理运用表扬和惩罚　　D. 非言语暗示

二、多项选择题(下列每小题列出的四个选项中至少有两个选项是符合题意的,请将其标号填在括号内。错选、多选、少选或未选均不得分。本大题共5小题,每小题2分,共10分)

1. 某小学开展全校学生参与的"童心课堂""童趣社团""童真沙龙"等系列教育活动,校园内营造出生动活泼的学习氛围。学校更有效地推进"童乐校园"的建设,学生好学乐学,身心得到全面发展。从实施素质教育的角度分析,上述材料说明素质教育(　　)

A. 面向全体学生　　B. 促进学生全面发展

C. 可以开展丰富多彩的活动　　D. 促进学生主动学习

2. 从学生自身的特点来看,学生具有(　　)

A. 可塑性　　B. 依赖性

C. 灵活性　　D. 向师性

3. 学生享有的受教育权主要有(　　)

A. 学习权　　B. 身心健康权

C. 公正评价权　　D. 人身自由权

4. 流体智力是一种以生理为基础的认知能力。下列例子体现了流体智力的有(　　)

A. 明明天生对数字敏感,运算速度很快

B. 小兰识别图形关系的能力很强,非常擅长拼图

C. 阳阳从小就博览群书,上知天文下知地理

D. 小航的记忆力好,每次都又快又好地背下课文

5. 班杜拉认为一个完整的学习过程包括(　　)

A. 注意　　B. 保持　　C. 复现　　D. 动机

三、判断题(判断下列各题的正误,并在题后括号内打"√"或"×"。本大题共10小题,每小题1分,共10分)

1. 课程标准是学生获取系统知识的重要工具,也是教师进行教学的主要依据。(　　)

2. 教师职业道德境界的高层次性是由教师自身的道德水平决定的。(　　)

3. 校本课程通过课程展示学校的办学宗旨和特色,是对国家课程的拓展。(　　)

4. 定性分析是教育研究走向成熟的重要标志。(　　)

5. 班级管理是一种组织活动过程,教师是管理者,学生是被管理者。(　　)

6. 从本质上看,加涅的刺激—反应学习就是巴甫洛夫的经典性条件反射。(　　)

7. 苛勒等人认为,学习的实质是形成新的完形。(　　)

8. 学与教的互相作用过程是一个系统过程,该过程包括教师和学生两大要素。(　　)

9. 小学四年级左右的儿童,其抽象思维需要以具体形象为支柱。(　　)

10. 学习期待是学习动机中最活跃的成分。(　　)

四、简答题（本大题共 4 小题，每小题 5 分，共 20 分）

1. 如何有效地进行知识概括？

2. 简述社会政治经济制度对教育的影响。

3. 简述增强学生自我效能感的方法。

4. 简述学校教育在影响个体发展上的特殊功能。

五、论述题（本大题共 10 分）

结合实际，试述影响师生关系的因素有哪些。

六、案例分析题（本大题共 2 小题，每小题 10 分，共 20 分）

1. 中考临近了，学生刘冰下定决心认真学习，争取在中考中取得满意的成绩。在刚开始的学习中，刘冰明显感觉到自己的学习成绩进步迅速，然而经过一段时间废寝忘食的学习后，刘冰发现自己的进步速度减缓了，甚至成绩出现一段时间的停滞不前。而刘冰因为持续不断地学习，也感觉到非常倦怠。现在他很着急，不知道该怎样解决当前的困难，于是打算寻求班主任的帮助。

问题：

(1)结合材料，从教育心理学的角度出发，分析刘冰目前学习所处的阶段。(4 分)

(2)如果你是班主任，你会如何帮助刘冰顺利度过这个阶段？(6 分)

2. 某次班会课上，班主任刘老师策划了一次民主测评会，要求大家不记名投票选出三名“差生”。除了两名同学最近因违反了学校纪律，无可争议地成了“差生”之外，11 岁的肖亮，因为被同学列举出了 12 条罪状，成为了第三名“差生”。班会结束后，班主任刘老师召集三名“差生”，要求他们写一份检查，将自己干的坏事都写出来并让家长签字，下周一上交。肖亮只好按照老师的要求写下了检讨，并交给妈妈签字，这时肖亮的妈妈才知道孩子最近情绪低落、一直逃避上学的原因。她随即询问班主任刘老师，刘老师说：“你的孩子是同学们用无记名投票的方式选出来的，是大家公认的‘差生’。”当肖亮妈妈质疑这种做法会挫伤孩子的自尊心时，老师却回答：“孩子的自尊心是自己树立的，不是别人给的，这样做其实也是为了孩子好。”虽然肖亮学习成绩不理想，不守课堂纪律，经常旷课、迟到，但这样“劣迹斑斑”的他，在音乐老师冯老师的眼里却是一个十足的“才子”，肖亮热爱音乐，尤其喜欢吉他，极有天赋。他经常参加学校的各种文艺表演，还代表学校参赛，屡获佳绩。

结合实际，请用德育的有关知识对刘老师的做法进行评析。

湖南省教师招聘考试教育基础知识预测试卷(十九)

(满分 100 分　时间 120 分钟)

本套试卷共 54 小题,包括单项选择题(30 小题)、多项选择题(10 小题)、判断题(10 小题)、简答题(2 小题)、案例分析题(2 小题)。

一、单项选择题(下列每小题列出的四个选项中只有一个是最符合题意的,请将其代码填在括号内。错选、多选或未选均不得分。本大题共 30 小题,每小题 1 分,共 30 分)

1. 下列哪项表述是错误的(　　)

A. 美育有助于学生劳动观点的树立、技能的形成

B. 智育为人的发展提供物质基础

C. 使学生养成文明习惯是学校体育的任务之一

D. 美育可以提升人的精神境界和生活情趣

2. 乌申斯基说:"如果你厌恶学生,那么,教育工作刚刚开始时就已经结束了。"这强调教师应具备(　　)

A. 高尚的师德　　B. 广博的文化素养

C. 专门的教育素养　　D. 扎实的学科素养

3. 在德育过程中,体现马克思主义"一分为二"辩证认识学生的德育原则是(　　)

A. 严格要求与尊重学生相结合　　B. 发扬积极因素与克服消极因素相结合

C. 理论和实践相结合　　D. 集体教育与个别教育相结合

4. "一齐人傅之,众楚人咻之,虽日挞而求其齐也,不可得矣;引而置之庄岳之间数年,虽日挞而求其楚,亦不可得矣。"这说明了(　　)对人的影响。

A. 父母　　B. 环境　　C. 主观能动性　　D. 遗传素质

5. 遵循"创设情境—确定问题—自主学习—协作学习—效果评价"基本程序的教学模式是(　　)

A. 范例教学模式　　B. 抛锚式教学模式

C. 引导—发现教学模式　　D. 情境—陶冶教学模式

6. 关于教育的起源一直众说纷纭,其中,我国古代的朱熹所持的观点是(　　)

A. 神话起源说　　B. 生物起源说

C. 心理起源说　　D. 劳动起源说

7. 人们可以通过一些动物的反常行为来推断是否将有地震发生;医生能够通过病人的体温、化验单等判断病人的病情变化,这是思维的(　　)的体现。

A. 具体性　　B. 概括性　　C. 间接性　　D. 发散性

8. 道德教育的(　　)模式认为人与环境是一个互动体,人既能对刺激做出反应,也能主动地解释并作用于情境。

A. 认知　　B. 体谅　　C. 社会模仿　　D. 价值澄清

9. 教育必须向所有人开放,人人都有接受教育的权利,且必须接受一定程度的教育。这指的是(　　)

A. 教育的终身化　　B. 教育的全民化

C. 教育的民主化　　D. 教育的多元化

10. "玉不琢,不成器;人不学,不知道"揭示了教育的(　　)

A. 个体发展功能　　B. 社会发展功能

C. 经济功能　　D. 政治功能

11. 激发、维持和指引个体学习活动的心理动因或内部动力称为(　　)

A. 学习需要　　B. 学习期待

C. 学习动机　　D. 学习态度

12. 科学家在发明电灯时,尝试着以胡子、炭条、铬等作为灯丝的材料,试验了上千次后终于成功了。案例中,科学家的问题解决策略属于(　　)

A. 算法式　　B. 手段—目的分析法

C. 逆向工作　　D. 爬山法

13. 在教育心理学研究中,学生心理的发展有几个基本特征。下列不属于其特征的是(　　)

A. 连续性　　B. 阶段性　　C. 顺序性　　D. 统一性

14. 师生关系不融洽,学生烦闷、厌恶、恐惧、紧张、焦虑,这一课堂氛围属于(　　)

A. 积极型　　B. 消极型　　C. 对抗型　　D. 混合型

15. 通过学习,谢某能直接在头脑中默算出某计算题的结果。这说明谢某处于心智技能形成的(　　)阶段。

A. 原型定向　　B. 原型操作

C. 原型内化　　D. 原型保持

16. 为了促进迁移,教师注重提高学生的认知结构水平,这依据的迁移理论是(　　)

A. 形式训练说　　B. 共同要素说

C. 关系转换说　　D. 认知结构迁移理论

17. 学生张亮乱扔垃圾,被老师教育后改正了,可是过了一段时间后,他的老毛病又犯了,老师应该加

强其(　　)的培养。

A. 道德认识　　B. 道德情感

C. 道德意志　　D. 道德行为

18. 口头言语发展的关键期是(　　)

A. 2 岁　　B. 4 岁　　C. 4～5 岁　　D. 6 岁

19. 一位教师被调入某中学,开学后他就着手调研任教班级物理课的学习情况,设计灵活的教学流程,运用多种教学方法调动学生学习物理的积极性,培养学生对物理的兴趣。在他的引导下,学生期中考试的物理成绩大幅度提高。这说明该教师处于专业成长的(　　)

A. 关注情境阶段　　B. 关注生存阶段

C. 关注学生阶段　　D. 关注自我阶段

20. 在多人"起哄"的时候,平时文雅的学生也会表现得粗鲁无礼。这种现象是(　　)

A. 从众　　B. 服从　　C. 屈从　　D. 去个性化

21. 学校产生的重要标志是(　　)

A. 生产力的发展　　B. 奴隶制国家的形成

C. 文字的产生和应用　　D. 专职教师的出现

22. 良好师生关系的构建是师生关系建立、调整和优化的过程。影响师生关系的核心因素是(　　)

A. 学校的人际关系环境　　B. 学生的智力水平

C. 教师的素质　　D. 社会的教育发展趋势

23. 批评传统教育"或多或少地为遥远的未来做准备",提倡"教育是生活的过程,而不是将来生活的准备"的是(　　)

A. 杜威　　B. 皮亚杰

C. 舒尔曼　　D. 谢弗勒

24. 教学有法,教无定法。教师根据学情以及具体教学环境,可采取不同的教学方法。下列说法正确的是(　　)

A. 数学老师教完平均数概念后,布置了一系列练习,采取了讲授法

B. 政治老师就某个国际经济主题组织了一场班级辩论,采取了谈话法

C. 科学老师课上和同学们一起观察了植物的光合作用,采取了实验法

D. 化学老师在课堂上展示了淀粉遇碘变色的实验操作,采取了演示法

25. 课程改革的焦点是(　　)

A. 协调国家和学生发展需要之间的关系

B. 协调社会与学校发展之间的关系

C. 协调初等教育与高等教育之间的关系

D. 协调教育和社会发展之间的关系

26. 对质量与能量、遗传与变异、需求与价格等概念之间关系的学习属于(　　)

A. 上位学习　　B. 下位学习

C. 并列结合学习　　D. 符号学习

27. 张老师作为班主任,根据学生的身心发展状况和特点,有针对性地指导学生,使学生的个性和能力得到充分发展。这表明张老师正在行使教师的(　　)

A. 获得劳动报酬权　　B. 科学研究权

C. 管理学生权　　D. 民主管理权

28. 以下不属于《学生伤害事故处理办法》的适用范围的是(　　)

A. 学校组织的校外活动　　B. 学生自行组织的校外活动

C. 在学校实施的教学活动　　D. 学生宿舍

29. 对多方面的事物或活动具有的兴趣是(　　)

A. 直接兴趣　　B. 间接兴趣　　C. 中心兴趣　　D. 广阔兴趣

30. 下列关于《中华人民共和国教育法》的表述,不正确的是(　　)

A.《中华人民共和国教育法》是我国教育的根本大法,也是依法治教的根本大法

B.《中华人民共和国教育法》于 1995 年 3 月 18 日起施行

C.《中华人民共和国教育法》是国家全面调整各类教育关系,规范我国教育工作的基本法律

D. 其他教育单行法律的制定和实施都要以《中华人民共和国教育法》为依据

二、多项选择题(下列每小题列出的选项中至少有两项是符合题意的,请将其代码填在括号内。错选、多选或少选均不得分。本大题共 10 小题,每小题 2 分,共 20 分)

1. 下列不属于以情感陶冶为主的教学方法的有(　　)

A. 欣赏教学法　　B. 读书指导法

C. 参观法　　D. 情境教学法

2. 教师良心是教师个人在自己的教育实践中所形成的责任感,教师良心和其他职业良心相比,具有的主要特点有(　　)

A. 榜样性强　　B. 宣传面广

C. 层次性高　　D. 教育性强

3. 职业倦怠的典型特征主要表现为(　　)

A. 情绪耗竭　　B. 去人性化

C. 个人成就感低　　D. 人际关系障碍

4. 对学生心智技能的培养必须注意的问题有(　　)

A. 激发学习的积极性与主动性　　B. 注意原型的完备性、独立性和概括性

C. 适应培养阶段的特征，正确使用言语　　D. 建立稳定清晰的动觉

5. 根据《中华人民共和国未成年人保护法》，处理涉及未成年人事项，应当符合(　　)

A. 保护与教育相结合　　B. 保护未成年人个人信息

C. 尊重未成年人人格尊严　　D. 听取未成年人的意见

6. 下列名言中启示人们要重视环境因素的有(　　)

A. "蓬生麻中，不扶而直"

B. "人生代代无穷已，江月年年望相似"

C. "染于苍则苍，染于黄则黄"

D. "近朱者赤"

7. 教学过程的"双边性规律"要求我们(　　)

A. 充分发挥教师的主导作用

B. 贯彻掌握知识和发展智力相统一的规律

C. 贯彻传授知识和思想品德教育相统一的规律

D. 充分发挥学生主体参与教学的主动性

8. 教师钻研教材包括钻研(　　)

A. 学科课程标准　　B. 教科书

C. 有关参考书　　D. 教学计划

9. 心理学研究发现，从教师的角度来说，影响课堂气氛的因素主要有(　　)

A. 领导方式　　B. 对学生的期望

C. 情绪状态　　D. 知识水平

10. 知觉的恒常性包括(　　)

A. 形状恒常性　　B. 湿度恒常性

C. 大小恒常性　　D. 颜色恒常性

三、判断题(判断下列各题的正误，并在题后的括号内打"√"或"×"。本大题共 10 小题，每小题 1 分，共 10 分)

1. 注意的起伏也称为注意的分散，它是注意不稳定、不集中的重要体现。(　　)

2. "课程"一词最早出现在朱熹的著作中。(　　)

3. 人的发展的顺序性，要求教师在教学过程中要把握关键期，适时而教，不能一刀切。(　　)

4. 教学的循序渐进原则要求教师在课堂教学时要面面俱到，讲清所有知识点。(　　)

5. 亚里士多德首次提出"教育遵循自然"原则。(　　)

6. 教育方针是教育目的的政策性表达，教育目的只是教育方针的若干组成要素之一。(　　)

7. 满足学生发展的需要既是班级活动的出发点，又是班级活动的最终归宿。(　　)

8. 对每一个教师而言，教书育人既是一种权利，也是一种义务。(　　)

9. 对于在学校接受教育的有严重不良行为的未成年学生，父母管教无效的，可以按照有关规定将其送至专门学校继续接受教育。(　　)

10. 班级管理中，凡事都能与学生商量就是民主。(　　)

四、简答题(本大题共 2 小题，每小题 5 分，共 10 分)

1. 如何培养学生的创造性思维？

2. 20 世纪后期教育改革和发展的特点主要有哪些？

五、案例分析题(本大题共2小题,每小题15分,共30分)

1. 一天,语文老师正在讲课,突然天色大变,狂风呼啸,乌云滚滚,电闪雷鸣,哗哗哗……大雨倾盆而下,学生坐不住了,纷纷窃窃私语。见到这种情景,这位老师干脆放弃原有的教学计划,顺应学生的好奇心,让学生趴在窗前尽情地观察起雨景来,十分钟后才回到座位上。

师:谁能用我们背过的古诗来形容一下刚才的天气?

生:山雨欲来风满楼。

生:碧山还被暮云遮。

生:黑云翻墨未遮山,白雨跳珠乱入船。

师:好,这一句极为贴切。

生:老师,我认为应该是“白雨跳珠乱入窗”才对。

生:改为“乱敲窗”更好,“乱敲窗”说明了雨点大,而且像个调皮的小娃娃,好像也要挤进来和我们一起读书。

改完诗,教师又要求同学们把刚才的雨景和争论都写下来,不长时间,一篇篇情真意切的习作便应运而生了。

请结合教学过程的基本特点分析此案例。

2. 阳阳上小学时很喜欢英语课,英语成绩一直很好。这是因为英语老师经常在课堂上表扬他发音准、学得快,阳阳认为老师很器重自己,每当上英语课就精神百倍,劲头十足,听课时注意力高度集中,还认真完成课后作业。但升入初中后,由于新的英语老师对阳阳不够了解,不如原来的英语老师对他那样重视,阳阳就失去了原来的学习劲头,英语成绩也开始下滑。

请结合案例,运用心理学知识分析,对阳阳的学习产生影响的是何种动机?

湖南省教师招聘考试教育基础知识预测试卷(二十)

(满分100分　时间120分钟)

本套试卷共60小题,包括单项选择题(30小题)、判断题(10小题)、多项选择题(5小题)、填空题(10小题)、简答题(3小题)、材料分析题(2小题)。

一、单项选择题(下列每小题列出的四个选项中只有一个是最符合题意的,请将其代码填在括号内。错选、多选或未选均不得分。本大题共30小题,每小题1分,共30分)

1. 20世纪60年代初期,在美国发起课程改革运动的心理学家是(　　)

A. 桑代克　　B. 斯金纳　　C. 华生　　D. 布鲁纳

2. 个别教师随意占用学生的上课时间、指派学生参加一些与教育教学无关的商业庆典活动,这种行为主要侵犯了学生的(　　)

A. 健康权　　B. 隐私权　　C. 教育权　　D. 受教育权

3. 早晨的学习效果和晚上睡觉前的学习效果一般优于白天,因为这两个阶段的学习,分别不受(　　)的干扰。

A. 前摄促进、倒摄促进　　B. 前摄抑制、倒摄抑制

C. 倒摄抑制、前摄抑制　　D. 倒摄促进、前摄促进

4. 某学生这样来管理自己的学习:"如果我能在30分钟内完成英语老师布置的家庭作业,那么就可以和爸爸出去玩。"该学生运用的是(　　)

A. 外部强化　　B. 替代强化

C. 自我强化　　D. 消极强化

5. 巴甫洛夫在研究狗的进食行为时,发现狗吃到食物时会分泌唾液,这是自然的生理反应,不需要学习,这种反应称为(　　)

A. 条件反射　　B. 无条件反射

C. 第一信号系统　　D. 第二信号系统

6. 课程计划的首要问题是(　　)

A. 课程设置　　B. 学科顺序　　C. 课时分配　　D. 学年编制

7. 一个生而失聪的人,由于无法发展其听觉,因而很难成为一个音乐家。这说明(　　)

A. 遗传素质具有可塑性

B. 遗传素质的差异性对人的发展有一定的影响

C. 遗传素质的成熟程度制约着人的发展过程及其阶段

D. 遗传素质为人的身心发展提供生理前提,使人的发展成为可能

8. (　　)不仅是我国古代最早的教育专著,而且也是世界上最早的教育专著。

A.《学记》　　B.《论语》　　C.《师说》　　D.《劝学篇》

9. "新官上任三把火""开门红""下马威"体现的是社会知觉偏差中的(　　)

A. 首因效应　　B. 晕轮效应　　C. 近因效应　　D. 投射效应

10. 小周是一个品学兼优的好孩子。张老师因要求小周参加自己的培训班被拒绝,就在期末操行评定上给了小周差评。由此可见,张老师侵犯了小周的(　　)

A. 受教育权　　B. 人身自由权　　C. 财产权　　D. 隐私权

11. CIPP评价模式包含(　　)、输入评价、过程评价和成果评价。

A. 模式评价　　B. 内容评价　　C. 目标评价　　D. 背景评价

12. 以下关于学生在教育过程中地位的描述,正确的是(　　)

A. 学生是可以随意涂抹的白纸,在师生关系中处于从属地位

B. 学生是教育过程的中心,在师生关系中,教师处于辅助地位

C. 全部的教育教学都只要符合学生的兴趣爱好即可

D. 学生既是认识的客体,同时又是认识的主体

13. 在德育过程中起主导作用的是(　　)

A. 教育者　　B. 受教育者　　C. 教育内容　　D. 教育方法

14. 下列哪项工作是班主任的工作重点(　　)

A. 对学生进行思想品德教育

B. 教育学生努力学习,完成学习任务

C. 指导学生课余生活,关心学生身体健康

D. 做好家长工作,争取社会有关方面的配合

15. 最早应用"启发式"教学的中外教育家分别是(　　)

A. 孔子、苏格拉底　　B. 孔子、亚里士多德

C. 孟子、柏拉图　　D. 朱熹、苏格拉底

16. 看到天上的白云,根据它的变动,人们不由自主地把它想象为一群羊、一团棉花。这种想象属于(　　)

A. 无意想象　　B. 有意想象　　C. 再造想象　　D. 幻想

17. "全面系统地掌握感性资料,并在此基础上,把整个问题分解为局部,使矛盾充分暴露,再通过比较分析,找出主要矛盾。"这句话描述的是问题解决过程中的(　　)阶段。

A. 发现问题　　B. 明确问题　　C. 提出假设　　D. 检验假设

18. 新教师王老师在上入职后的第一节课时,尽管在教学内容和时间上做了很充分的准备,但是由于紧张,她的教学过程显得匆忙,语速快,也没有关注到学生,最后没有按时下课。你认为王老师今后在教师能力素养方面应首先提高(　　)

A. 组织教育和教学能力　　B. 语言表达能力

C. 组织管理能力　　D. 自我调控能力

19. 教学过程的"三要素说"认为,构成教学过程的基本要素有(　　)

A. 学生、教学目的、教学过程　　B. 学生、教学方法、教学环境

C. 教师、学生、教学内容　　D. 教师、学生、教学评价

20. 让学生以自己的水平和速度进行学习的一种教学模式是(　　)

A. 个别化教学　　B. 指导教学

C. 合作教学　　D. 情境教学

21. 教师在履行教育义务的活动中,最主要、最基本的道德责任是在正面要(　　)

A. 依法执教　　B. 教书育人　　C. 爱岗敬业　　D. 团结协作

22. 化学课上,李老师通过展示学生收集的关于燃料的资料,引导学生辩证思考燃料带给人类的便利和危害,树立环境保护意识。李老师采用的德育途径是(　　)

A. 班主任工作　　B. 社会实践活动

C. 学科教学　　D. 课外与校外活动

23. 下列说法中,最接近内发论思想的是(　　)

A. 仁义礼智,非由外铄我也,我固有之也,弗思耳矣

B. 生而同声,长而异俗,教使之然也

C. 一个人的身心发展是内外因素在个体实践活动中相互作用的结果

D. 最初的心灵像一块白板,一切观念和记号都来自后天的经验

24. 在学习"20 以内数的进位加法和退位减法"时,教师要求学生准确计算出得数,并能够认识与记忆 20 以内数的加减法口诀。这属于教学目标中的(　　)

A. 情感态度与价值观　　B. 思维与智慧

C. 知识与技能　　D. 过程与方法

25. 最美教师张丽莉在失控的汽车冲向学生时,一把推开好几个学生,自己却被车轮碾轧,造成双腿高位截肢。这最能体现《中小学教师职业道德规范》中的(　　)

A. 爱岗敬业　　B. 关爱学生　　C. 教书育人　　D. 为人师表

26. 教育法律责任不包括(　　)

A. 行政法律责任　　B. 民事法律责任

C. 刑事法律责任　　D. 政治法律责任

27. 奥苏贝尔认为学生的学习主要是(　　)

A. 机械学习和有意义学习　　B. 有意义的发现学习

C. 有意义的接受学习　　D. 接受学习和发现学习

28. 为保证中小学生享有充足的睡眠时间,促进学生身心健康发展,2021 年 3 月教育部办公厅下发《关于进一步加强中小学生睡眠管理工作的通知》。通知中明确了中小学生睡眠管理要求。下列选项中不符合要求的是(　　)

A. 小学生每天睡眠时间应达到 10 小时

B. 初中生每天睡眠时间应达到 9 小时

C. 初中生晚上就寝时间一般不晚于 21:00

D. 高中生每天睡眠时间应达到 8 小时

29. 人们在探索未知事物时表现出的兴趣、好奇心和求知欲,科学研究中面临新问题时的惊讶、怀疑、困惑和对真理的确信,问题得以解决并有新的发现时的喜悦和幸福感,这些都是人们在探索活动和求知过程中产生的(　　)

A. 道德感　　B. 优惠感　　C. 理智感　　D. 美感

30. 在给学生讲解"鱼"的概念时,教师先给学生举了鲤鱼的例子,帮助学生总结概括"鱼"的本质特征,然后又举了鲸鱼的例子,帮助学生除掉"鱼"多余的无关特征。该教师先后运用了概念教学中的(　　)

A. 正例与反例　　B. 反例与正例　　C. 变式与比较　　D. 比较与变式

二、判断题(判断下列各题的正误,并在题后括号内打"√"或"×"。本大题共 10 小题,每小题 1 分,共 10 分)

31. 教师最基本的权利是管理学生权。(　　)

32. 学生在受到挫折后,表现出与自己年龄和身体不相称的幼稚行为,这种挫折反应称为逃避。(　　)

33. 多血质的高级神经活动过程特征是强、不平衡、不灵活。(　　)

34. 教师是最活跃的教育力量,教师的行为是形成师生关系的主导因素。(　　)

35. 需要转化成动机不需要条件。(　　)

36. 我国现行教育目的体现的价值取向是社会本位的教育目的论。(　　)

37. 班主任做好班级工作的前提和基础是转化后进生。(　　)

38.《中共中央 国务院关于全面加强新时代大中小学劳动教育的意见》中规定,高等学校必须安排劳动月,集中落实各学年劳动周要求。(　　)

39. 就我国现阶段基础教育课程现状而言,必修课程一般只包括国家课程。(　　)

40. 教师职业道德适用的针对性表现为教师职业道德对教育善恶的体现和专门要求。(　　)

三、多项选择题(下列每小题列出的选项中至少有两项是符合题意的,请将其代码填在括号内。错选、多选或未选均不得分。本大题共 5 小题,每小题 3 分,共 15 分)

41. 教师可以采用多种形式和方法,促进自身的专业发展,主要有(　　)

A. 观摩和分析优秀教师的教学活动　　B. 开展微格教学

C. 进行专门训练　　D. 进行教学反思

42. 有经验的教师都清楚,唤起学生的注意并不难,难的是保持学生注意稳定于整个教学过程之中。在实际教学过程中,教师应该(　　)

A. 在教学过程中时刻保持随意注意,运用随意注意提高学习对学生的吸引力

B. 用教学方式和学习方式的多样性保持学生注意

C. 以适当的教学速度,帮助学生上课保持注意

D. 注重教学内容难易适度,避免过难、过易的内容削弱学生注意力

43. 创造思维是在一般思维的基础上发展起来的,是后天培养训练的结果。为培养学生创造思维的品质和能力,教师应该(　　)

A. 激发好奇心、求知欲,培养创造动机

B. 重视集中思维和发散思维的培养

C. 培养与发展学生的直觉思维的能力

D. 培养学生具有创造精神的良好个性

44. 教育传承文化的功能有哪几种表现形式(　　)

A. 传递　　B. 保存　　C. 活化　　D. 改造

45. 下列选项中符合现代教育制度的发展趋势的有(　　)

A. 加强学前教育并重视其与小学教育的衔接

B. 强化普及义务教育,延长义务教育年限

C. 普通教育与职业教育朝着相互渗透的方向发展

D. 学历教育与非学历教育的界限日益明晰

四、填空题(在下列每小题的空格中填上正确答案。错填、不填均不得分。本大题共 10 小题,每个空格 1 分,共 10 分)

46. 学生主观能动性最基本的表现是________。

47. 教学活动就其本质而言,是一种特殊的________。

48. ________是课程计划中每门学科以纲要的形式编写的、有关学科教学内容的指导性文件,是课程计划的分学科展开。

49. 探究学习是一种以________为依托的学习,是学生通过主动探究解决问题的过程。

50. 卢梭的代表作________,集中体现了他的自然教育思想,卢梭的自然教育思想对现代的教育有着很好的借鉴作用和启示。

51. 维果斯基提出儿童在成人、同伴的帮助下达到的水平与他独立完成作业过程中所能达到的水平之间的差距叫________。

52. 学生在英语学习中对相似的单词不能加以正确区分的现象属于刺激的________。

53. ________是意志行动最重要的特征。

54. 我国义务教育的特征包括强制性、免费性、________、公共性和基础性。

55. 班杜拉认为强化分为直接强化、自我强化和________强化三种。

五、简答题(本大题共 3 小题,每小题 5 分,共 15 分)

56. 贯彻集体教育和个别教育相结合原则的要求有哪些?

57. 影响学习迁移的主要因素有哪些?

58. 什么是心智技能?简述其特点。

六、材料分析题(本大题共 2 小题,每小题 10 分,共 20 分)

59. 某初中二年级期中考试结束之后,老师召集几名考得不太理想的学生谈话。小乐来到老师办公室,满脸笑意。对老师的每一句话都积极附和,并表示一定按照老师的要求做,努力克服缺点,向学习好的同学看齐。但在以后的学习中,小乐的老问题还是经常出现。小强还没等老师说完,就满脸涨红,急切地插话,说老师判卷有问题,认为老师偏心,老师对自己有看法等,咋咋呼呼,没完没了。小旭对待老师的谈话却一个字也不回答,只是偶尔点点头,看到老师说完了,连个道别都没

有,就蔫蔫地走了。小冬进门之后默默地站在一旁,满脸的忧伤,天塌了似的,老师说了半天,他一点反应也没有,不知道是听进去了还是没有听进去。

问题:

(1)请分别指出小乐、小强、小旭、小冬的气质类型。(2分)

(2)老师该如何结合他们的气质类型特点,对他们进行教育管理。(8分)

60. 李老师是一个比较年轻的数学老师,他的思维比较超前,注重学生自我学习、发现学习的培养与开发,每次授课之前他都要求学生自己预习并做大量的练习,课上就学生普遍存在的问题进行集中讲授。

李老师所教班级的学生差异化明显,有的孩子领悟能力强,能够达到老师的要求,有些孩子在外面上辅导班,对老师布置的任务也能够顺利完成,而有的孩子把老师留的任务告诉了家长,在家长的指导下勉强完成了任务,但也有相当一部分孩子领悟能力差,达不到要求,每次都受到李老师的批评,久而久之,孩子产生了负面情绪,家长也不堪重负,抱怨连连,而且班里孩子的数学成绩两极分化越来越明显。

问题:

(1)请结合教育理念,对李老师的做法进行评价。(6分)

(2)如何针对个体差异进行因材施教?(4分)

真题试卷

2022年湖南省长沙市开福区教师招聘考试综合知识(上午场)真题试卷(一)

答案速查

1~5	BABDB	6~10	CBDAD	11~15	ABADC	16~20	ADADB
1~5	ABCD BCD ABD ABD ACD			6~10	CD CD ABC ABCD BC		

一、单项选择题

1. B 【解析】本题考查教学活动的本质。教学活动就其本质而言,是一种特殊的认识活动。教学过程中有两类不同性质的活动(教和学),但教学过程的主要矛盾是学生与其所学的知识之间的矛盾,因此,学生的认识活动是教学中最主要的活动,教学过程是一种认识过程。

2. A 【解析】本题考查南洋公学的创办人。盛宣怀创办的南洋公学是中国近代最早的新型师范学校,标志着中国师范教育的开始。

3. B 【解析】本题考查学校管理的内容。教学工作管理是学校管理的核心。教学工作管理是学校管理工作中最基本最经常的管理工作,是学校一切管理工作的中心。

4. D 【解析】本题考查教育研究方法。教育叙事研究是抓住人类经验的故事性特征进行研究并用故事的形式呈现研究结果的一种研究方式。它所关注的是在一定的场景和实践中所发生的故事,以及主人公是如何思考、筹划、应对、感受、理解这些故事的。即教育主体叙述教育教学中的真实情境的过程,是通过讲述教育故事,体悟教育真谛的一种研究方法。题干表述体现了叙事研究法。

5. B 【解析】本题考查教科书的编排方式。螺旋式教科书结构是指把同一课题内容按深度、广度的不同层次安排在教科书的不同阶段重复出现,使得每一次重复都将原有的知识、方法、经验进一步加深拓广,逐级深化。因此,当教学过程中的内容从简单到复杂,重复出现时,宜采用螺旋式。

6. C 【解析】本题考查气质。气质是依赖人的生理素质或身体特点的人格特征。气质是表现在心理活动的强度、速度、灵活性与指向性等方面的一种稳定的心理特征,即我们平时说的脾气、禀性。题干中的好动、冲动、活泼、沉稳均是描述个体脾气、禀性的词语,故体现的是气质。

7. B 【解析】本题考查德育原则。长善救失原则指在德育工作中,教育者要善于依靠、发扬学生自身的积极因素,调动学生自我教育的积极性,克服消极因素,以达到长善救失的目的。题干中的教师根据学生的情况积极组织活动,让学生发扬优点、改正缺点,做到了长善救失。

8. D 【解析】本题考查教师职业道德。教师的职业道德素养要求教师忠于人民的教育事业;热爱学生;团结协作;为人师表(良好的道德修养)。陶行知的教育信条体现的就是教师崇高的职业道德。

9. A 【解析】本题考查教学反思。课堂教学是教学反思的出发点和归宿。教学反思把课堂教学作为认识的主体,教师对课堂教学进行全面的冷静思考和总结,从而促进课堂教学最优化,使教师、学生得到充分地发展。

10. D 【解析】本题考查个体身心发展的规律。个体身心发展的个别差异性,是指个体之间的身心发展以及个体身心发展的不同方面之间,存在着发展程度和速度的不同。个体身心发展的差异性要求贯彻因材施教的原则。

11. A 【解析】本题考查动机冲突的分类。

分类	定义	典例
双趋冲突	从都很喜爱的两个事物中仅择其一的心理状态	鱼与熊掌不可兼得
双避冲突	从希望回避的两种事物中必取其一的心理状态	进退维谷
趋避冲突	对同一目的兼具好恶的矛盾心理	既想当班干部又怕耽误时间影响学习
多重趋避冲突	对含有吸引与排斥两种力量的多种目标予以选择时所发生的冲突	大学毕业生就业中的选择困难

故答案选 A 项。

12. B 【解析】本题考查教学模式。暗示教学模式是指运用暗示手段激发个人心理潜力，提高学习效率的一种教学模式。它由保加利亚心理治疗医生洛扎诺夫提出。暗示教学模式利用情境因素组织教学，能使学生在轻松愉快的环境中接受知识。

13. A 【解析】本题考查德育方法。陶冶教育法是教师利用环境和自身的教育因素，对学生进行潜移默化的熏陶和感染，使其在耳濡目染中受到感化的德育方法。题干中的"润物细无声"，比喻在不知不觉中让人受益，因此体现的是陶冶教育法。

14. D 【解析】本题考查中小学生常见的心理问题。中小学生常见的心理问题包括儿童多动综合征、学习困难、焦虑症和考试焦虑、儿童厌学症、恐怖症、强迫症等。其中，强迫症是一种以反复出现强迫观念、强迫意向或强迫行为等强迫症状为主要表现，以有意识的自我强迫与有意识的自我反强迫同时存在为特征的神经症。儿童正常的强迫行为包括反复玩弄手指、摇头、走路时喜欢反复数栏杆等。题干中的小明爱数台阶属于强迫行为。故本题选 D 项。

15. C 【解析】本题考查过度学习。一般来说，材料越多，要平均诵读的次数和时间也越多，若不及时复习，就很容易遗忘。对学习材料的学习程度也在一定程度上影响遗忘，学习程度太小或太大，都不利于对知识的记忆。实验证明，过度学习达到 50%，即学习的熟练程度达到 150% 时，学习的效果最好。故 10 遍可以达到熟记时，为了让记忆效果最佳，他应该背 10×150% =15 遍。

16. A 【解析】本题考查学习迁移的种类。A 项同化性迁移是指不改变原有的认知结构，直接将原有的认知经验应用到本质特征相同的一类事物中去。原有认知结构在迁移过程中不发生实质性的改变，只是得到某种充实。B 项顺应性迁移指将原有认知经验应用于新情境中时，需调整原有的经验或对新旧经验加以概括，形成一种能包容新旧经验的更高一级的认知结构，以适应外界的变化。C 项重组性迁移指重新组合原有认知系统中某些构成要素或成分，调整各成分间的关系或建立新的联系，从而应用于新情境。D 项一般迁移称非特殊迁移、普遍迁移，是指一种学习中所习得的一般原理、原则和态度对另一种具体内容学习的影响，即原理、原则和态度的具体应用。题干中将新学习的知识纳入已有的知识结构中符合同化性迁移的内涵(原有认知结构不发生实质性的改变)。故答案选 A 项。

17. D 【解析】本题考查变式。变式，就是变换使用不同形式的直观材料或事例说明事物的属性，使本质属性保持不变而非本质属性或有或无，以便突出本质属性。例如，在生物课中介绍"果实"的概念时，不要只选可食的果实(如苹果、西红柿、花生等)，还要选择一些不可食的果实(如橡树籽、棉籽等)，这样才有利于学生看到一切果实都有"种子"这一关键属性，而舍弃"可食性"等无关特征。故教师在课堂教学中利用变式的目的是使学生理解本质特征与非本质特征。

18. A 【解析】本题考查教师职业角色的特点。教师职业的最大特点在于职业角色的多样化。

19. D 【解析】本题考查建构主义学习理论。建构主义强调学习情境的创设，认为知识的意义建构不可能凭空产生，它是以丰富的学习情境为载体。情境教学能启发学生利用自己已有的知识结构中的经验去理解、同化和建构新的知识，赋予新的知识以某种意义。建构主义教学理念认为，学生与学习环境的交互作用，对于学习内容的理解起着关键的作用。这种交互作用包括学生与情境、学生与教师、学生与学生之间的互动。故题干中倡导创设教学情境，注重学生间互动，属于建构主义的观点。

20. B 【解析】本题考查班级管理的方式。班级民主管理是指，班级成员在服从班集体正确的决定和承担责任的前提下，参与班级全程管理的一种管理方式。

目标管理强调在目标的引导下，实施学生的自我管理。平行管理强调把对集体和个人的管理结合起来。常规管理强调通过制定和执行规章制度来管理班级。

二、多项选择题

1. ABCD 【解析】本题考查综合实践活动的内容。综合实践活动课程的内容主要包括：信息技术教育、研究性学习、社区服务与社会实践以及劳动与技术教育。

2. BCD 【解析】本题考查卡特尔的智力形态论。美国心理学家卡特尔根据因素分析的结果，按心智能力功能上的差异，将人的智力分为流体智力和晶体智力两种不同的形态。其中，流体智力的特点包括：(1)受先天遗传因素的影响较大，主要表现为对新奇事物的快速辨认、记忆、理解等，如记忆广度。故 A 项错误，B 项正确。(2)对不熟悉的事物，能以迅速准确的反应来判断其彼此间的关系。(3)流体智力的发展与年龄有密切的关系。一般人在20岁以后,流体智力的发展达到顶峰,30岁以后随着年龄的增长而降低。故C项正确。(4)流体智力属于人类的基本能力,受教育文化的影响较少。故D项正确。因此,本题选B、C、D三项。

3. ABD 【解析】本题考查学科中心课程理论。学科中心课程理论认为知识是课程的核心,主张课程要分科设置,分别从有关科学中选取一定的材料,组成不同学科,分科进行教学。代表人物有夸美纽斯、斯宾塞、巴格莱、布鲁纳、赫尔巴特等。杜威是学生中心课程理论的代表人物。

4. ABD 【解析】本题考查专家型教师和新手型教师的区别。专家型教师和新手型教师有如下差异:(1)课时计划的差异。(2)课堂教学过程的差异。(3)课后评价的差异。在课后评价时,专家型教师和新手型教师关注的焦点不同。新手型教师的课后评价要比专家型教师更多地关注课堂中发生的细节;而专家型教师则更多地谈论学生对新教材的理解情况和课堂中值得注意的活动。(4)其他差异。故答案选A、B、D三项。

5. ACD 【解析】本题考查班主任工作的内容与方法。班主任工作的内容与方法包括:(1)了解和研究学生;(2)组织和培养班集体;(3)协调校内外各种教育力量;(4)学习指导、学习活动管理和生活指导、生活管理;(5)组织课外、校外活动和指导课余生活;(6)建立学生档案;(7)操行评定;(8)班主任工作计划与总结;(9)个别教育工作;(10)班会活动的组织;(11)偶发事件的处理。故本题选ACD三项。

6. CD 【解析】本题考查技能。技能按其本身的性质和特点,可分为操作技能和心智技能。操作技能与心智技能相比,具有以下一些特点:(1)动作对象的客观性,操作技能活动的对象是物质性客体或肌肉;(2)动作进行的外显性,操作技能的执行是通过外部显现的肌肉运动实现的;(3)动作结构的展开性,操作活动的每个动作必须切实执行,不能合并、省略。故B项错误,C、D两项正确。在操作技能形成的认知阶段,学习者通过指导者的语言讲解或观察动作示范,了解和领会技能的要求、基本程序,掌握组成技能的局部动作的阶段。故操作技能不一定要通过语言在头脑中反映。A项错误。

7. CD 【解析】本题考查学习水平分类。根据学习情境由简单到复杂、学习水平由低到高的顺序,心理学家加涅把学习分为八类:(1)信号学习;(2)刺激—反应学习;(3)连锁学习;(4)言语联结学习(言语联想学习);(5)辨别学习;(6)概念学习;(7)规则或原理学习;(8)解决问题的学习。故答案选C、D两项。

8. ABC 【解析】本题考查思维的基本形式。思维的基本形式有:概念、判断、推理。概念是人脑对客观事物本质特征的认识。判断是指认识概念与概念之间的联系,它是事物之间的联系和关系在人脑中的反映。推理是由一个或几个相互联系的已知判断推出合乎逻辑的新判断的思维形式,是根据已有的知识推出新的结论的思维活动。

9. ABCD 【解析】本题考查影响个体身心发展的主要因素。影响人的身心发展的因素是多方面的。遗传素质是人的身心发展的物质前提,环境为个体的发展提供了多种可能,而教育(学校教育)作为特殊的环境对人的身心发展起主导作用,个体主观能动性是人的身心发展的内因和动力。这些因素彼此关联、相互配合,共同发挥作用,促进人的身心发展。

10. BC 【解析】本题考查影响课堂管理的因素。影响课堂管理的因素包括:(1)教师的领导风格。(2)班级规模。班级的大小是影响课堂管理的一个重要因素。(3)班级的性质。(4)对教师的期望。故答案选B、C两项。

2022年湖南省教师招聘考试教育基础知识真题试卷(精编)(二)

答案速查

1~5	CDCBB	6~10	BAADB	11~15	CCABB	16~20	DACDC
21~25	AAADA	26~30	CDCBA	31~35	ADDBC	36~40	BCDDA
41~45	ABDBD	46~50	CBCAD	51~55	CDDDB	56~60	BBCAB
61~65	DBCBB	1~5	ABCD ABCD BC AC BCD		6~10	ABD BCD AD ACD ABC	
1~5	×××××	6~10	√√√√×	11~15	×√√××		

一、单项选择题

1. C 【解析】本题考查《中华人民共和国义务教育法》。根据《中华人民共和国义务教育法》第二十七条规定，对违反学校管理制度的学生，学校应当予以批评教育，不得开除。

2. D 【解析】本题考查时政热点。2022 年 6 月 8 日，习近平来到宜宾学院考察调研时对同学们说，幸福生活是靠劳动创造的，大家要保持平实之心，客观看待个人条件和社会需求，从实际出发选择职业和工作岗位，热爱劳动，脚踏实地，在实践中一步步成长起来。

3. C 【解析】本题考查学习迁移的种类。正迁移也叫"助长性迁移"，是指一种学习对另一种学习的促进作用。题干中珠算学习对心算学习有促进作用，因此属于正迁移。

4. B 【解析】本题考查注意的品质。注意的品质包括注意的稳定性、注意的广度(范围)、注意的分配和注意的转移。

5. B 【解析】本题考查《中华人民共和国教育法》。《中华人民共和国教育法》第六十七条规定，教育对外交流与合作坚持独立自主、平等互利、相互尊重的原则，不得违反中国法律，不得损害国家主权、安全和社会公共利益。

6. B 【解析】本题考查《中华人民共和国教育法》。《中华人民共和国教育法》第六条规定，国家在受教育者中进行爱国主义、集体主义、中国特色社会主义的教育，进行理想、道德、纪律、法治、国防和民族团结的教育。

7. A 【解析】本题考查儿童中心论。儿童中心论认为教育的目的在于促进儿童的成长，因此教育要从学生的兴趣和需要出发，整个教育过程要围绕儿童进行，其代表人物有法国的卢梭和美国的杜威。

8. A 【解析】本题考查教师职业道德的特点。教师职业道德的特点之一是教师职业道德的教育专门性(适用的针对性)。教师职业道德适用的针对性表现为教师职业道德对教育善恶的体现和专门要求，这是教师职业道德的一个基本特点。可以说，教师职业道德是关于教育领域是非善恶的道德，它的一切理论都是围绕教师职业展开的。它不仅告诉人们教师职业何以为善的道理，而且指出了教师职业如何为善的途径。

9. D 【解析】本题考查人的发展的规律性。人的发展变化既体现出量的积累，又表现出质的飞跃。当某些代表新质要素的量积累到一定程度时，就会导致质的飞跃，即表现出发展的阶段性。不平衡性表明人的发展存在关键期。整体性表明学生是一个整体的人，教学要促进学生整个身心的发展。个别差异性表明学生之间存在差异性，教学要因材施教。

10. B 【解析】本题考查课程目标制定的依据。社会因素是制约课程目标的重要因素。要为设计课程目标提供明确的依据，就需要深入考察社会生活领域。为考察社会因素对课程目标的制约，泰勒介绍了一种可行的社会因素考察方案，主张从健康、家庭、娱乐、职业、宗教、消费、公民等方面考察社会因素，以便为课程目标提供具体的标准。概括地说，社会政治、经济、文化的发展趋势、时代特征及其对人的素质要求，是设计课程目标的现实依据。

11. C 【解析】本题考查布置课外作业的要求。布置课外作业要求下课前，教师要讲明作业的要求、完成的时限，对较难作业做必要的提示。切忌下课后，匆匆布置作业，以免学生因不明确作业的要求而影响作业的质量和完成。

12. C 【解析】本题考查美育的原则。美育的活动性原则是指，对学生进行美育应该通过审美活动，让学生在活动中去感受美、鉴赏美、创造美，受到美的熏陶。这是审美教育区别于其他教育的主要标志。

13. A 【解析】本题考查班集体的发展阶段。一个班从刚组建的群体发展为坚强的集体，要经历一个发展过程，大致分为三个阶段:组建阶段、核心初步形成阶段、集体自主活动阶段。其中，在组建阶段，班组织从形式上建立起来了，但同学间互不了解，缺乏凝聚力和活动能力，对班主任有很大的依赖性，需要班主任亲自指导和监督才能开展活动。

14. B 【解析】本题考查教师劳动的价值。教师劳动的价值具有模糊性。因为一个学生的成长与进步，是由遗传、家庭、社会、教师以及学生个人努力等多种因素作用的结果，人们很难准确地指出学生的变化是由哪方面的因素引起的。正是这种模糊性，很难使教师的劳动得到明确的评价。

15. B 【解析】本题考查人的发展的规律性。人的发展的个别差异性强调，尽管正常人的发展要经历一些共同的基本阶段，但个别差异仍然非常明显，每个人的发展优势、发展速度与高度往往是千差万别的。不同的学生喜欢或擅长的科目不同,体现了人的发展的个别差异性。

16. D 【解析】本题考查教育的经济功能。教育的经济功能是指,教育通过传授生产经验、科学知识,培养各个层次、各种类型的劳动者和专门人才,均有助于发挥人的劳动积极性与创造性,强有力地推动生产发展,显著地提高劳动生产率,能够产生巨大的经济效益。

17. A 【解析】本题考查教学过程的中心环节。在教学过程中,不能让学生的认识停留在感性上,而要引导他们把所感知的材料同书本知识联系起来,进行思维加工,把握事物的本质和规律,上升到理性认识。因此,理解教材是教学过程的中心环节。

易错提示:关于教学过程的中心环节,一种说法是领会知识,还有一种说法是理解教材。这两种说法在本质上是一致的。领会知识包括感知教材和理解教材,一般来说,学生在教学中的认知往往是从感知教材入手的,它是理解教材的基础,"感觉只解决现象问题,理论才解决本质问题",理解教材需要引导学生在学习上爬坡,在认识上飞跃,从感性上升到理性。因此,更进一步说,理解教材是教学过程的中心环节。

18. C 【解析】本题考查讲授法的形式。讲授法的形式可分为讲读、讲述、讲解和讲演四种。讲读是读(教科书)与讲的结合,边读边讲,亦称串讲。讲述是教师向学生描绘学习的对象、介绍学习的材料、叙述事物产生变化的过程。讲解是教师向学生对概念、原理、规律、公式等进行解释、论证。讲演则是教师在中学高年级采用的一种教学方法,它要求教师不仅要系统全面地描述事实,而且要通过深入分析、推理、论证来归纳、概括科学的概念或结论。题干中的教师论证了勾股定理,属于讲授法中的讲解。

19. D 【解析】本题考查综合实践活动的生成性特征。综合实践活动注重学生的积极参与和亲身经历,让学生在活动过程中不断地形成自身良好的思想意识、情感、态度、价值观和品行,不断地发展动手能力、综合实践能力和创造性,所以,综合实践活动具有生成性,富有生成性的教育价值。

20. C 【解析】本题考查布鲁纳的认知—发现学习理论。布鲁纳认为学习包括三种几乎同时发生的过程,这三种过程是:新知识的获得、知识的转化、知识的评价。他还认为,发现是教育儿童的主要手段,学生掌握学科的基本结构的最好方法是发现学习。

21. A 【解析】本题考查气质类型的观察指标。气质类型包括多血质、胆汁质、黏液质和抑郁质。其中,胆汁质的观察指标是:有强烈的情绪色彩;各项课外活动积极参与;完成作业匆忙;工作效率高;学习的理解能力和接受能力很快,但不求甚解;喜欢与同学争辩;容易激动;喜欢在公开场合表现自己;表情丰富;喜欢看小说和电影。

22. A 【解析】本题考查如何创设和谐的课堂心理氛围。为了创设和谐的课堂心理氛围,教师可以在以下几个方面做出努力。(1)对学生多表现出接受、尊重和关爱。(2)建立没有威胁性的课堂气氛。(3)让学生对课堂教学产生控制感。(4)引导学生在班级中建立集体感。故答案选 A 项。

23. A 【解析】本题考查《中华人民共和国教师法》。根据《中华人民共和国教师法》第二十三条规定,考核应当客观、公正、准确,充分听取教师本人、其他教师以及学生的意见。

24. D 【解析】本题考查有效教学的 QAIT 模式。美国教育心理学家斯莱文提出的有效教学的 QAIT 模式,说明了高质量课程的主要特征。Q 代表教学质量(Quality of instruction),A 代表教学适当性(Appropriate levels of instruction),I 代表诱因(Incentive),T 代表时间(Time)。

25. A 【解析】本题考查影响学习动机形成的因素。影响学习动机形成的主观因素包括需要与目标结构、成熟与年龄特点、性格特征与个别差异、志向水平与价值观和焦虑程度等。其中,志向水平与价值观对学习动机的影响表现为,学生的理想与志向水平影响着其学习动机和目标结构的形成,一般地说,理想、志向水平越高,学习动机就越强,且越具有持久性。世界观、人生观和价值观直接影响着个体对事物的价值判断,进而影响着是否把该事物作为目标物以及对该目标物追求的强烈程度。题干中学生认为读书没有价值而难以产生学习动力,体现了学生的志向水平与价值观对学习动机形成的影响。

26. C 【解析】本题考查韦纳的归因理论。根据韦纳的归因理论,当个体将成功归因于能力和努力等内部因素时,会产生骄傲、自豪感,增强自信心和动机水平。(具体参见张大均主编的《教育心理学》)

27. D 【解析】本题考查惩罚。负惩罚又称移除性惩罚(取消性惩罚),是指在行为后移去满意刺激,以减少行为的发生。例如,老师要求学生"不写完作业就不能出去玩",用"出去玩"这个满意刺激的移除来减少学生"不写作业行为"的发生。题干中张老师在学生甲扰乱课堂纪律的行为发生后,移除了次日参加学校春游活动这一满意刺激,以减少学生甲扰乱课堂纪律的行为,属于负惩罚,故选D项。

28. C 【解析】本题考查学习迁移。学习迁移也称训练迁移,是指一种学习对另一种学习的影响,或习得的经验对完成其他活动的影响。C项中小提琴的学习对二胡学习的影响体现了迁移,故选C项。

29. B 【解析】本题考查课堂纪律的种类。课堂纪律一般可分为教师促成的纪律、集体促成的纪律、任务促成的纪律和自我促成的纪律四类。其中,集体促成的纪律是指在集体舆论和集体压力的作用下形成的群体行为规范。

30. A 【解析】本题考查爬山法策略。爬山法是采用一定的方法逐步降低初始状态和目标状态的距离,以达到问题解决的一种方法,与手段—目的分析法类似。两者的不同之处在于,手段—目的分析法包括这样一种情况,即有时人们为了达到目的,不得不暂时扩大目标状态与初始状态的差距,以便最终达到目标。题干中电工在寻找电路断点,对电路进行逐步测试时,不需要暂时扩大目标状态与初始状态的差距,因此属于爬山法,选A项。

31. A 【解析】本题考查创造性活动的阶段。沃拉斯认为,创造性活动主要由准备、酝酿、明朗和验证四个阶段构成。其中,准备阶段是创造过程的基础阶段,包括积累知识、提出问题、调查研究、收集资料、分析别人的经验和数据等。这一阶段的任务,主要是在积累知识的过程中检查和清理问题,确定创造的方向和目标,从主观和客观条件上做好必要的准备。题干中小王分析其他人制作榫卯结构物品的经验数据,说明他处于创造性活动的准备阶段。

32. D 【解析】本题考查《中华人民共和国教师法》。根据《中华人民共和国教师法》第二十五条规定,教师的平均工资水平应当不低于或者高于国家公务员的平均工资水平,并逐步提高。建立正常晋级增薪制度,具体办法由国务院规定。B项正确。第二十六条规定,中小学教师和职业学校教师享受教龄津贴和其他津贴,具体办法由国务院教育行政部门会同有关部门制定。A项正确。第二十八条规定,县、乡两级人民政府应当为农村中小学教师解决住房提供方便。C项正确。第二十九条规定,教师的医疗同当地国家公务员享受同等的待遇;定期对教师进行身体健康检查,并因地制宜安排教师进行休养。医疗机构应当对当地教师的医疗提供方便。故D项错误。

33. D 【解析】本题考查《中小学教育惩戒规则(试行)》。根据《中小学教育惩戒规则(试行)》第四条规定,实施教育惩戒应当符合教育规律,注重育人效果;遵循法治原则,做到客观公正;选择适当措施,与学生过错程度相适应。

34. B 【解析】本题考查教育热点。"双减"文件是指中共中央办公厅、国务院办公厅印发的《关于进一步减轻义务教育阶段学生作业负担和校外培训负担的意见》。故本题选B项。

35. C 【解析】本题考查教育热点。《关于进一步减轻义务教育阶段学生作业负担和校外培训负担的意见》中指出,提升学校课后服务水平,满足学生多样化需求。保证课后服务时间。学校要充分利用资源优势,有效实施各种课后育人活动,在校内满足学生多样化学习需求。引导学生自愿参加课后服务。课后服务结束时间原则上不早于当地正常下班时间;对有特殊需要的学生,学校应提供延时托管服务;初中学校工作日晚上可开设自习班。学校可统筹安排教师实行"弹性上下班制"。

36. B 【解析】本题考查《中小学教师资格定期注册暂行办法》。《中小学教师资格定期注册暂行办法》第二条规定,教师资格定期注册是对教师入职后从教资格的定期核查。中小学教师资格实行5年一周期的定期注册。定期注册不合格或逾期不注册的人员,不得从事教育教学工作。

37. C 【解析】本题考查教育热点。"五项管理"指的是中小学生作业、睡眠、手机、读物、体质管理。其中,《关于进一步加强中小学生睡眠管理工作的通知》明确了学生睡眠时间要求。根据不同年龄段学生身心发展特点,小学生每天睡眠时间应达到10小时,初中生应达到9小时,高中生应达到8小时。学校、家庭及有关方面应共同努力,确保中小学生充足睡眠时间。

38. D 【解析】本题考查教育的质的特点。教育不是盲目、自发的活动,而是一种自觉的、有目的的活动,A项说法正确。教育是一种激励与教导受教育者自觉学习和自我教育的活动,B项说法正确。教育是教育者引导受教育者学习、传承、践行人类经验的互动活动,C项说法正确。教育是有目的地引导受教育者能动地学习与自我教育以促进其身心发展的活动,D项说法错误。

39. D 【解析】本题考查德育的作用。德育是引导学生领悟社会主义思想观点和道德规范,组织和指导学生的道德实践,培养学生的社会主义品德的教育。它集中体现了我国教育的价值取向和社会政治性质,在学生的全面发展中起着定向和动力的作用。

40. A 【解析】本题考查学期教学进度计划的编制要求。学期教学进度计划是教师根据该学期所用的学科课程标准、教科书和学校的学期教学总要求,结合任课班的学生的具体情况来编制的。首先,要确定学期学科教学所要实现的目的与任务;其次,要按周安排教材章节或课题的教学进程,包括教学时数、教材纲要、确定要进行的参观或实验等重要的实际活动;最后,要提出教学研究与改革的设想与举措等。

41. A 【解析】本题考查操行评定相关知识。为了写好操行评定,班主任在工作中要注意积累每个学生的材料。在评定前,可征求有关教师和团队干部的意见;或让学生做自我鉴定,以供参考。然后,由班主任考虑学生的实际表现和各方面意见写成。

42. B 【解析】本题考查教育的社会制约性。社会经济政治制度制约教育的目的和内容。教育目的是一个社会的经济政治制度对教育的权益要求的集中体现。在阶级社会中,统治阶级总是利用其政权力量来制定教育的目的、制度和方针、政策,规定学校教育的课程与内容,确保学校教育能够培养出他们所需要的人才,为推进其经济政治制度服务。只有在社会主义社会中,教育才能为全体人民服务,反映人民的意愿和需要,致力于办好人民满意的教育。故题干所述反映了社会经济政治制度对教育的影响,选B项。

43. D 【解析】本题考查道德行为。道德行为是道德形成的最终环节,是指个体在一定的道德意识支配下表现出来的对他人和社会的有道德意义的活动。它是个体道德认知的外在表现,是实现道德动机的手段。道德行为是衡量道德品质的重要标志。

44. B 【解析】本题考查教师的权利。教育教学权是指教师享有进行教育教学活动、开展教育教学改革和实验的权利。这是教师为履行教育教学职责必须具备的最基本权利。

45. D 【解析】本题考查知觉的品质。知觉的选择性是指当面对众多的客体时,知觉系统会自动地将刺激分为对象和背景,并把知觉对象优先地从背景中区分出来。教师用红色字体标注重点,是为了让同学们将重点优先区分出来,体现的是知觉的选择性。

46. C 【解析】本题考查情绪的分类。依据情绪发生的强度、持续性和紧张度的不同,可以把情绪状态划分为激情、心境、应激三种。其中,心境是一种微弱的、持续时间较长的,带有弥漫性的情绪状态。心境一经产生就不只表现在某一特定对象上,而是在相当长的一段时间内,使人的整个心理活动都染上某种情绪色彩,影响人的整个行为表现,成为情绪生活的背景。“感时花溅泪,恨别鸟惊心”体现的是心境。

47. B 【解析】本题考查焦虑症。焦虑症是以与客观威胁不相适应的焦虑反应为特征的神经症。学生中常见的焦虑反应是考试焦虑。考试焦虑是一种复杂的情绪现象,是在一定的应试情境下,受个体认知评价能力、人格倾向与其他身心因素制约,以担忧为基本特征,以防御或逃避为行为方式,通过一定程度的情绪反应所表现出来的心理状态。其表现是:随着考试临近,心情极度紧张;考试时注意力不集中,知觉范围变窄,思维刻板,出现慌乱,无法发挥正常水平。题干中宁宁的表现说明其存在考试焦虑。

48. C 【解析】本题考查教育法律责任。教育法律责任分为行政法律责任、民事法律责任、刑事法律责任和违宪责任。

49. A 【解析】本题考查思维的种类。发散思维,也叫求异思维、分散思维、辐射思维,是指人们解决问题时,思路朝着各种可能的方向扩散,从而求得多种答案。故“一题多解、一物多用”等属于发散思维的表现。

50. D 【解析】本题考查动机冲突。趋避冲突是指对同一目的兼具好恶的矛盾心理。题干中小明想提高成绩但是怕吃苦,是对学习兼具好恶的矛盾心理,属于趋避冲突。

51. C 【解析】本题考查情绪的功能。情绪的组织功能是指,情绪和情感这种特殊的心理活动,对其他心理过程而言是一种监测系统,是心理活动的组织者。积极的情绪和情感具有调节和组织作用;消极的情绪和情感则有干扰、破坏作用。题干中人们容易记忆感兴趣的事物,不容易记忆不喜欢的事物,体现了情绪的组织功能。

52. D 【解析】本题考查马斯洛的需要层次理论。尊重需要是在生理、安全、归属与爱的需要得到基本满足后产生的对自己社会价值追求的需要,包括自尊和受到别人的尊重两个方面。具体表现为认可自己的实力与成就、自信、独立、渴望赏识与评价、重视威望和名誉等。题干中老师对学生的鼓励体现了对学生实力的认可以及对学生的赏识,这使学生获得自信,满足了学生的尊重需要。

53. D 【解析】本题考查赫尔巴特的教育思想。赫尔巴特提出了教学四阶段论,即明了、联合(联想)、系统、方法。

54. D 【解析】本题考查师生关系的内容。师生关系的内容包括:(1)师生在教育内容的教学上结成授受关系;(2)师生在人格上是平等的关系;(3)师生在社会道德上是互相促进的关系。

55. B 【解析】本题考查 2008 年修订的《中小学教师职业道德规范》。2008 年修订的《中小学教师职业道德规范》中关于“为人师表”方面所规定的具体职业行为要求有以下几点:(1)坚守高尚情操,知荣明耻;(2)严于律己,以身作则;(3)衣着得体,语言规范,举止文明;(4)关心集体,团结协作,尊重同事,尊重家长;(5)作风正派,廉洁奉公;(6)自觉抵制有偿家教,不利用职务之便谋取私利。故选 B 项。

56. B 【解析】本题考查义务教育的特征。义务教育作为一项教育制度,具有不同于其他教育制度和教育工作的独特属性。具体来讲,义务教育具有国家强制性、普及性和免费性三个特征。国家强制性是义务教育最本质的特征。普及性是义务教育的基本特征。免费性是义务教育的重要特征。

57. B 【解析】本题考查影响个体身心发展的主要因素。社会环境是人发展的外部条件,为个体的发展提供了多种可能,如机遇、条件和对象。题干中班主任“把小明的座位调到成绩较好的同学旁边”,给小明提供了一个良好的学习环境,这属于影响个体身心发展的环境因素。

58. C 【解析】本题考查教育目的的概念。教育目的是各级各类学校培养人才的总要求,而各级各类学校又有自己培养人才的特殊要求,因此教育目的在学校教育范围内形成了自身的层次结构。

59. A 【解析】本题考查影响个体身心发展的主要因素。遗传素质是人的身心发展的物质前提,环境为个体的发展提供了多种可能,而教育作为特殊的环境对人的身心发展起主导作用,个体主观能动性是人的身心发展的内部动力和决定因素。

60. B 【解析】本题考查古代社会教育的特征。古代东西方教育的共同特征之一是,教育与生产劳动的分离和对立。阶级社会里,教育与生产实践相分离而成为统治阶级的特权。奴隶社会时期,出现了脑力劳动从体力劳动中的第一次分离,出现了教育从生产劳动中的第一次分离。学校轻视体力劳动,造成整个社会的体脑分离,并最终形成“劳心者治人,劳力者治于人”的对立局面。

61. D 【解析】本题考查影响个体身心发展的主要因素。学校教育在人身心发展中起主导作用。

62. B 【解析】本题考查教师劳动的特点。教师劳动具有创造性。教师劳动的创造性主要表现在以下三个方面:(1)因材施教。(2)教学方法上的不断更新。“教学有法,教无定法”是对教师劳动创造性的最好注脚。(3)教师需要“教育机智”。

63. C 【解析】本题考查教学评价的功能。教学评价是指以教学目标为依据,通过一定的标准和手段,对教学活动及其结果给予价值上的判断。教学评价的功能包括:诊断功能、反馈调节功能、区分和鉴别功能、激励功能、导向功能、育人功能。故本题选 C 项。

64. B 【解析】本题考查教学过程的中心环节。教学过程大致分为以下五个阶段:激发学习动机、领会知识、巩固知识、运用知识、检查知识。其中,领会知识是教学过程的中心环节。

65. B 【解析】本题考查德育的途径。德育途径包括:思想品德课(思想政治课)与其他学科教学,社会实践活动,课外校外活动,共青团、少先队组织的活动,校会、班会、周会、晨会、时事政策的学习,班主任工作。学校以教学为主,因此,思想品德课之外的其他各科教学是德育最经常、最基本、最有效的途径。

二、多项选择题

1. ABCD 【解析】本题考查《中华人民共和国教师法》。根据《中华人民共和国教师法》第二十二条规定,学校或者其他教育机构应当对教师的政治思想、业务水平、工作态度和工作成绩进行考核。教育行政部门对教师的考核工作进行指导、监督。

2. ABCD 【解析】本题考查教育心理学的研究方法。教育心理学的研究方法包括实验法、观察法、调查法、个案研究法、教育经验总结法等。其中,调查法包括口头调查(谈话法)和书面调查(问卷法)两种形式。故答案选 A、B、C、D 四项。(具体参见左银舫主编的《教育心理学》)

3. BC 【解析】本题考查下位学习。下位学习包括派生类属学习和相关类属学习。

4. AC 【解析】本题考查程序性知识。程序性知识即操作性知识或过程性知识,是个体难以清楚陈述、只能借助于某种作业形式间接推测其存在的知识,是一套办事的操作步骤。程序性知识是关于事物"做什么"和"怎么做"的知识,包括各种动作技能、心智技能等。

5. BCD 【解析】本题考查教师的义务。《中华人民共和国教师法》第八条规定,教师应当履行下列义务:(一)遵守宪法、法律和职业道德,为人师表;(二)贯彻国家的教育方针,遵守规章制度,执行学校的教学计划,履行教师聘约,完成教育教学工作任务;(三)对学生进行宪法所确定的基本原则的教育和爱国主义、民族团结的教育,法制教育以及思想品德、文化、科学技术教育,组织、带领学生开展有益的社会活动;(四)关心、爱护全体学生,尊重学生人格,促进学生在品德、智力、体质等方面全面发展;(五)制止有害于学生的行为或者其他侵犯学生合法权益的行为,批评和抵制有害于学生健康成长的现象;(六)不断提高思想政治觉悟和教育教学业务水平。故 B、C、D 三项属于教师的义务。A 项属于教师的权利。

6. ABD 【解析】本题考查教育时政。《中国教育现代化 2035》提出了推进教育现代化的八大基本理念:更加注重以德为先,更加注重全面发展,更加注重面向人人,更加注重终身学习,更加注重因材施教,更加注重知行合一,更加注重融合发展,更加注重共建共享。

7. BCD 【解析】本题考查德育相关知识。广义的德育泛指所有有目的、有计划地对社会成员在政治、思想与道德等方面施加影响的活动,包括社会德育、社区德育、学校德育和家庭德育等方面。因此,德育存在于社会的每一个角落,无所不在、无时不有。B、C、D 三项说法正确。

德育是各个社会共有的社会、教育现象,具有社会性,与人类社会共始终。A 项说法错误。

8. AD 【解析】本题考查班级授课制。班级授课制的缺点包括:(1)不利于学生主体性的发挥;(2)不利于培养学生的探索精神、创造能力和实际操作能力;(3)不能很好地适应教学内容和教学方法的多样化;(4)不利于因材施教,难以满足学生个性化的学习需要;(5)不利于学生之间真正的交流和启发。故本题选 A、D 两项。

班级授课制有利于教师发挥主导作用,有利于学生学习系统知识。B、C 两项说法错误。

9. ACD 【解析】本题考查隐性课程。隐性课程亦称潜在课程、自发课程,是学校情境中以间接的、内隐的方式呈现的课程。隐性课程具有弥散性、自发性、普遍性和持久性的特点,广泛存在于学校、家庭和社会教育中。A、D 两项说法正确。隐性课程的表现形式有观念性隐性课程、物质性隐性课程、制度性隐性课程、心理性隐性课程,因此隐性课程广泛存在于学校环境之中,有利于发挥学校环境的教育功能,可以促进学校教育良好的课程环境形成。C 项说法正确。

显性课程主要通过课堂教学而获得知识和技能,而隐性课程主要通过学校环境(包括物质环境、社会环境和文化影响等)而得到知识、态度和价值观。B 项说法错误。

10. ABC 【解析】本题考查 2008 年修订的《中小学教师职业道德规范》。2008 年修订的《中小学教师职业道德规范》提出,教师爱岗敬业的要求有:(1)忠诚于人民教育事业,志存高远,勤恳敬业,甘为人梯,乐于奉献。(2)对工作高度负责,认真备课上课,认真批改作业,认真辅导学生。(3)不得敷衍塞责。A、B、C 三项符合爱岗敬业的表述。D 项符合爱国守法的表述。

三、判断题

1. × 【解析】本题考查教育法规与教育政策的联系。教育政策是制定教育法规的依据,教育法规是教育政策的具体化、条文化和定型化。

2. × 【解析】本题考查意志的品质。意志的坚韧性是指一个人在行动中坚持决定,百折不挠地克服重重困难去达到行动目的的品质。意志的自觉性是指一个人清晰地意识到自己行动的目的和意义,并且能够主动地支配自己的行动,使之符合既定目的的意志品质。题干所述内容是指个体可以不被外界舆论干扰自己的行动目的,体现的是意志的自觉性。

3. × 【解析】本题考查《中华人民共和国教育法》。根据《中华人民共和国教育法》第三十二条规定,学校及其他教育机构中的国有资产属于国家所有。

4. × 【解析】本题考查学习策略。元认知策略包括计划策略、监控策略和调节策略。其中,调节策略是指在学习过程中根据对认知活动监视的结果,找出认知偏差,及时调整策略或修正目标。例如:学习者测验时跳过某个难题先做简单的题目等。

5. × 【解析】本题考查学习迁移。根据迁移内容的不同,可分为一般迁移和具体迁移。其中,一般迁移也称非特殊迁移、普遍迁移,是指一种学习中所习得的一般原理、原则和态度对另一种具体内容学习的影响,即原理、原则和态度的具体应用。例如,获得基本的运算技能、阅读技能后将其运用到各种具体的学科学习中。

6. √ 【解析】本题考查课程计划。在基本内容上,课程计划主要是指教学科目的设置(课程设置)、学科顺序(课程开设顺序)、课时分配(教学时数)、学年编制和学周安排。其中,开设哪些科目(课程设置)是课程计划的中心和首要问题。

7. √ 【解析】本题考查教师职业道德。对于教师而言,关爱学生是教师专业素养的灵魂,是职业道德的核心。故题干说法正确。

8. √ 【解析】本题考查教育公平。教育公平是社会公平的重要基础,教育公平的关键是机会公平。

9. √ 【解析】本题考查我国教育目的的理论基础。马克思阐述了关于人的全面发展学说,这一学说是我国确立教育目的的理论依据和基础。

10. × 【解析】本题考查教学方法的指导思想。历史上积累起来的众多的教学方法,按其总的指导思想的不同,可以分为启发式和注入式两大类。启发式和注入式教学不是一种具体的教学方法,而是教学方法的两种对立的指导思想。

所谓注入式,是指教师从主观出发,无视学生认识的客观规律及他们的知识基础和理解能力,否认学生在学习中的主观能动性,把学生单纯地看成是接受知识的"容器"和储存信息的"仓库",教师主观地决定教学过程,向学生灌注现成的知识结论。启发式是与注入式相对立的一种指导思想,它是指教师从学生的实际出发,依据学习的客观规律,运用各种具体方法,充分调动学生学习的主动性、积极性。故题干说法错误。

11. × 【解析】本题考查《教师资格条例》。《教师资格条例》第二十条规定,参加教师资格考试有作弊行为的,其考试成绩作废,3 年内不得再次参加教师资格考试。

12. √ 【解析】本题考查教育法规的体系结构。教育法规体系的纵向结构,是指由不同层级的教育法律文件组成的等级、效力有序的纵向体系。由于制定机关的性质和法律地位不同,上下层次的教育法规之间具有从属关系。我国教育法律体系的纵向结构为:(1)我国《宪法》中有关教育的条款。(2)教育基本法律。(3)教育单行法律。(4)教育行政法规。(5)地方性教育法规。(6)教育规章。其中,教育行政法规是行政法规的形式之一,是由最高国家行政机关(国务院)依据《中华人民共和国宪法》和教育法律制定的关于教育行政管理的规范性文件,其效力低于《中华人民共和国宪法》和教育法律。

13. √ 【解析】本题考查时间知觉。时间知觉是对事物发展的延续性、顺序性的知觉,具体表现为对时间的分辨、对时间的确认、对持续时间的估量、对时间的预测。在不同的心理状态下,人们对时间的估计有很大差别。研究表明,在悲伤的情绪下,人们在时间估计方面会出现高估现象;在欢快的情绪下,在时间估计方面会出现低估现象。

14. × 【解析】本题考查《中小学班主任工作条例》。《中小学班主任工作条例》中第十四条规定:班主任工作量按当地教师标准课时工作量的一半计入教师基本工作量。各地要合理安排班主任的课时工作量,确保班主任做好班级管理工作。故题干说法错误。

15. × 【解析】本题考查教师职业道德修养的内容。职业正义感是一种最基本、最高尚的道德情感。故题干说法错误。

四、简答题(参考答案)

1. 简述影响学习迁移的主要因素。

研究表明,学习迁移并不是在任何情况下都能发生的,它会受到一系列的主客观条件的制约。(1)学习材料的特点。(2)原有的认知结构。(3)对学习情境的理解。(4)学习的心理准备状态(心向)。(5)学习策略的水平。(6)智力与能力。(7)教师的指导。

(共 5 分。答案完整得满分;答出"学习材料特点""原有认知结构""学习情境""心向"等关键词 4 个以上可得 3 分)

2. 简述学校教学工作的基本环节。

学校教学工作包括五个基本环节(即基本程序):备课、上课、作业的布置与反馈、课外辅导和学业成绩的检查与评定。

(共 5 分。每个环节 1 分,答案完整得满分)

3. 简述哪些情形造成学生伤害事故,学校已履行了相应职责,行为并无不当,无法律责任?

《学生伤害事故处理办法》第十二条规定,因下列情形之一造成的学生伤害事故,学校已履行了相

应职责,行为并无不当的,无法律责任:
(一)地震、雷击、台风、洪水等不可抗的自然因素造成的;
(二)来自学校外部的突发性、偶发性侵害造成的;
(三)学生有特异体质、特定疾病或者异常心理状态,学校不知道或者难于知道的;
(四)学生自杀、自伤的;
(五)在对抗性或者具有风险性的体育竞赛活动中发生意外伤害的;
(六)其他意外因素造成的。

(共5分。答案完整得满分;答出"自然因素""外部侵害""学校不知道或难于知道的学生因素"等关键词3个以上可得3分)

4. 简述教师应如何根据记忆规律有效组织学生进行复习?

有效组织复习的方法有:(1)复习时机要得当。①及时复习;②合理分配复习时间;③间隔复习;④循环复习。(2)复习方法要合理。①分散复习与集中复习相结合;②复习方法多样化;③运用多种感官参与复习;④尝试回忆与反复识记相结合。(3)复习次数要适当。(4)重视对记忆品质的培养。(5)注意用脑卫生。

(共5分。答案完整得满分;答出"复习时机""复习方法""复习次数""记忆品质""用脑卫生"等关键词可得3分)

5.《中华人民共和国家庭教育促进法》是我国首次就家庭教育进行专门立法,该法的实施认为学校教育应该如何助力家校社共同教育?

《中华人民共和国家庭教育促进法》第三十九条规定,中小学校、幼儿园应当将家庭教育指导服务纳入工作计划,作为教师业务培训的内容。

第四十条规定,中小学校、幼儿园可以采取建立家长学校等方式,针对不同年龄段未成年人的特点,定期组织公益性家庭教育指导服务和实践活动,并及时联系、督促未成年人的父母或者其他监护人参加。

第四十一条规定,中小学校、幼儿园应当根据家长的需求,邀请有关人员传授家庭教育理念、知识和方法,组织开展家庭教育指导服务和实践活动,促进家庭与学校共同教育。

第四十二条规定,具备条件的中小学校、幼儿园应当在教育行政部门的指导下,为家庭教育指导服务站点开展公益性家庭教育指导服务活动提供支持。

第四十三条规定,中小学校发现未成年学生严重违反校规校纪的,应当及时制止、管教,告知其父母或者其他监护人,并为其父母或者其他监护人提供有针对性的家庭教育指导服务;发现未成年学生有不良行为或者严重不良行为的,按照有关法律规定处理。

(共5分。答案完整得满分,少答一条扣1分,答错法律不得分)

6. 简述影响教学方法选择的依据有哪些?

(1)教学目的和任务的要求;(2)课程性质和特点;(3)每节课的重点、难点;(4)学生年龄特征;(5)教学时间、设备、条件;(6)教师业务水平、实际经验及个性特点。

此外,教学方法的选择与运用还受教学手段、教学环境等因素的制约。

(共5分。答案完整得满分;答出"教学目的""课程特点""重难点""学生特点""教学条件""教师水平""教学手段"等关键词可得3分)

7. 简述劳动教育的实施途径有哪些?

(1)独立开设劳动教育必修课;
(2)在学科专业中有机渗透劳动教育;
(3)在课外校外活动中安排劳动实践;
(4)在校园文化建设中强化劳动文化。

(共5分。答案完整得满分,少答1点扣1分;答出"必修课""学科教学""课外校外活动""校园文化"等关键词可得4分)

8. 简述影响问题解决的因素。

影响问题解决的因素包括:(1)问题情境;(2)定势与功能固着;(3)原型启发;(4)已有知识经验;(5)情绪与动机。此外,个体的认知结构、个性特征以及问题的特点等也会影响问题解决。

(共5分。答案完整得满分;答出"问题情境""定势""功能固着""原型启发""已有知识经验""情绪与动机"等关键词可得4分)

五、论述题(参考答案)

1. 试述影响自我效能感的因素。

自我效能感的影响因素包括:

(1)个人自身行为的成败经验。这一效能信息源对自我效能感的影响最大。一般来说,成功经验会提高效能期望,反复的失败会降低效能感。当然,成败经验对效能期望的影响还要取决于个体对成败的归因方式。如果把成功归于外部、不可控的因素就不会增强自我效能;把失败归于外部、不可控的因素也不一定就降低自我效能。因此个体的归因方式直接影响自我效能的形成。

(2)替代经验。个体的许多效能期望是来源于对他人的观察,如果看到一个与自己一样或不如自己的人成功,自己的效能感就会提高。

(3)言语暗示。他人的言语暗示能提高自己的效能感,但缺乏经验基础的言语暗示效果是不牢固的。

(4)情绪唤醒。班杜拉发现,高水平的情绪唤醒使成绩降低而影响自我效能感。自我效能感与情绪状态之间存在相互影响。

上述四种因素对效能期望的作用依赖于个体的认知和评价,人要对与能力有关的因素和非能力因素对成败的作用加以权衡。

(共5分。答案完整得满分,少答一条扣1.5分;答出"自身成败经验""替代经验""言语暗示""情绪唤醒""个体的认知和评价"等关键词可得3分)

2. 教学中如何贯彻启发性原则?

(1)加强学习的目的性教育,调动学生学习的主动性。

(2)设置问题情境,启发学生独立思考,培养学生良好的思维方法和思维能力。

(3)让学生动手,培养学生独立解决问题的能力,鼓励学生将知识创造性地运用于实际。

(4)发扬教学民主。它包括:建立民主、平等的师生关系和生生关系,创造民主、和谐的教学气氛,鼓励学生发表不同见解,允许学生向教师质疑,等等。

(共5分。答案完整得满分,少答1点扣1.5分;答出"调动学生学习主动性""启发学生独立思考""发扬教学民主"等关键词可得3分)

2021年湖南省湘潭市市直教师招聘考试教育综合知识真题试卷(三)

答案速查

1～5	BCDAB	6～10	ABBDA	11～15	ADDBA	16～20	CDBAC
21～25	ABABA	26～30	ABABA				

一、单项选择题

1. B 【解析】本题考查文化对教育发展的影响。文化影响教育目的的确立。例如,我国古代封建社会的主流文化是以儒学为核心的伦理型文化,这种文化反映在人才培养上,就强调教育目的是"在明明德,在亲民,在止于至善"。

2. C 【解析】本题考查道德情感。直觉的道德情感是指由于对某种具体的道德情境的直接感知而迅速发生的情感体验。题干中小唐看到垃圾箱满了会去倒掉,属于直觉的道德情感。

3. D 【解析】本题考查有关教育目的确立的理论。社会本位论认为教育的目的是为社会培养合格的成员和公民,使受教育者社会化,社会价值高于个人价值。题干中这句话的意思是古代的君主在建立国家、统治百姓时,总是把教育放在首要的位置,反映了教育与政治的关系,体现了社会本位论。

4. A 【解析】本题考查课程设计的过程模式。过程模式认为,教师是学生的学习伙伴、学生行为的引导者,鼓励学生进行自由自主的活动,主张教育过程留给学生足够的活动空间。教育的功能在于发展学生的潜能,使他们能够自主而有能力地行动。

5. B 【解析】本题考查教学方法。实验法是指教师引导学生使用一定的仪器和设备,进行独立操作,引起某些事物和现象产生变化,从而使学生获得直接经验,培养学生技能和技巧的教学方法。学生在教师的指导下,借助显微镜获取知识,这种教学方法属于实验法。

演示法强调教师做实验,学生看。参观法强调组织学生进行实地考察、研究。实践法指让学生通过参加社会实践活动获取知识。

6. A 【解析】本题考查班级群体的心理功能。班级群体的心理功能有以下几个:(1)归属功能;(2)认同功能;(3)支持功能;(4)塑造功能。其中,认同功能是指个体对群体的认同,是个体自愿接受其影响并与之融为一体的心理基础,也是使班级群体保持内在整体性的心理基础。题干中小何转入新班级后,自愿接受新班级的学习和纪律并与之融为一体体现了班级群体的认同功能。

7. B 【解析】本题考查遗忘的原因。明明知道某件事,但就是不能回忆出来的现象称为"舌尖现象"或"话到嘴边现象"。从信息加工的观点看,遗忘是一时难以提取出需要的信息,遗忘之所以发生是因为编码不准确,失去了检索线索或线索错误。一旦有了正确的线索,经过搜寻,所需要的信息就能提取出来,这就是遗忘的提取失败理论。题干中小娴明明对诗句很熟悉却背不下来,属于舌尖现象。

8. B 【解析】本题考查注意的分类。有意注意也称随意注意,是有预先目的、必要时需要意志努力、主动地对一定事物所发生的注意。题干中小英对新课的学习属于有目的、有意志努力、主动的注意,即有意注意。

9. D 【解析】本题考查动机冲突。多重趋避冲突是指对含有吸引与排斥两种力量的多种目标予以选择时所发生的冲突。题干中跑步和网球两种选择,对小兰来说都既吸引又排斥,故属于多重趋避冲突。

10. A 【解析】本题考查情绪的分类。应激是由出乎意料的紧迫情况所引起的急速而高度紧张的情绪状态。当人们遇到突然出现的事件或意外发生危险时,为了应付瞬息万变的紧急情况,就得果断地采取决定,迅速地做出反应。应激正是在这种情境中产生的内心体验。题干中小甜面对突发情况做出紧急反应的情绪状态属于应激。

11. A 【解析】本题考查埃里克森的人格发展阶段理论。根据埃里克森的人格发展阶段理论,12~18岁这一阶段的发展任务是培养自我同一性,体验忠诚的实现。

12. D 【解析】本题考查加涅对学习结果的分类。智慧技能指运用符号或概念与环境交互作用的能力。智慧技能的学习要解决“怎么做”的问题。题干中小元学会计算圆柱的体积,属于智慧技能的学习。

13. D 【解析】本题考查消退。消退是指条件刺激形成以后,如果得不到强化,条件反应会逐渐减弱,直至消失的现象。题干中教师采用不理睬的手段减少学生的捣乱行为,属于消退的应用。

14. B 【解析】本题考查学习动机的分类。自我提高内驱力是指个体因自己的胜任或工作能力而赢得相应地位的需要。自我提高内驱力并非直接指向学习任务本身,而是把成就看作赢得地位与自尊心的根源,属于外部动机。题干中小东努力学习是为了赢得威望,故属于自我提高内驱力。

15. A 【解析】本题考查动机的功能。激活功能是指,动机是个体能动性的一个主要方面,它具有发动行为的作用,能推动个体产生某种活动,使个体由静止状态转向活动状态。题干中强调学习动机可以促使学生产生学习行为,故体现的是激活功能。

16. C 【解析】本题考查教师权利。获得报酬权又称报酬待遇权,是教师的基本物质保障权利。包括:按时获取工资报酬权;享受国家规定的福利待遇权;寒暑假期的带薪休假权。题干中学校以周老师所带班级的考试成绩不佳、升学率低为由扣发周老师的奖金,侵犯了周老师的报酬待遇权。

17. D 【解析】本题考查教师违法(侵权)行为。隐私包括个人私生活、个人日记、照片、储蓄及财产状况、生活习惯及通讯秘密等。隐私权是指公民生活中不愿为他人公开或知悉的个人秘密的不可侵犯的人身权利。学校和教师侵犯学生隐私的表现形式有:故意隐匿、毁弃或者非法开拆学生信件,披露、宣扬学生自身及家庭成员的资料,提供学生成绩的方式不适当等。题干中教师未经学生同意擅自向校外培训机构提供学生的个人信息,侵犯了学生的隐私权。

18. B 【解析】本题考查《中华人民共和国教育法》。根据《中华人民共和国教育法》第七十一条规定,违反国家财政制度、财务制度,挪用、克扣教育经费的,由上级机关责令限期归还被挪用、克扣的经费,并对直接负责的主管人员和其他直接责任人员,依法给予处分;构成犯罪的,依法追究刑事责任。题干中的校长挪用公款的行为致使多名人员伤亡,已经构成犯罪,应依法追究其刑事责任。

19. A 【解析】本题考查新课程背景下的评价观。新课程背景下的评价观强调参与与互动、自评与他评相结合,实现评价主体的多元化。题干中,某校建立的多个主体共同参与的评价制度体现了评价主体多元化。

20. C 【解析】本题考查新课程改革的具体目标。密切课程内容与生活和时代的联系的要求包括:改变课程内容“繁、难、偏、旧”和过于注重书本知识的现状,加强课程内容与学生生活以及现代社会和科技发展的联系。题干中,选择语文课文时,删减旧内容,增加具有时代精神的内容,体现了密切课程内容与生活和时代的联系的目标。

二、判断题

21. A 【解析】本题考查马克思主义教育学的代表人物及其著作。克鲁普斯卡娅的《国民教育与民主主义教育》是最早以马克思主义为基础探讨教育学问题的著作。

22. B 【解析】本题考查品德的心理结构。品德的心理结构包括道德认知、道德情感、道德意志和道德行为。其中,道德认知是指对于行为规范及其意义的认识,是人的认识过程在道德上的表现。道德意志是个体自觉地调节道德行为,克服困难,以实现预定道德目标的心理过程。故题干说法错误。

23. A 【解析】本题考查教育目的的功能。教育目的的导向功能是指教育目的一经确立,就成为人们行动的指南。教育目的为教育活动指明了方向。它不仅为受教育者指明了发展方向,预定了发展结果,也为教育工作者指明了工作方向和奋斗目标。教育政策的制定、教育制度的确立、教育内容的取舍、教育方法和手段的选择、教育效果的评价,都是以教育目的为依据和前提的。

24. B 【解析】本题考查课程内容的组织方式。课程内容的纵向组织是指按照知识的逻辑序列,从已知到未知、从具体到抽象等先后顺序组织编排课程内容。课程内容的横向组织强调以学生发展阶段需要探索的,社会和个人最关心的问题为依据组织课程内容,构成一个一个相对独立的专题。

25. A 【解析】本题考查感觉。感觉是人脑对直接作用于感觉器官的客观事物的个别属性的反映。感觉是一种最简单的心理现象,是认识的起点。可以说感觉是一切知识和经验的基础,是人正常心理活动的必要条件。

26. A 【解析】本题考查自我意识的发展阶段。个体自我意识的发展经历了从生理自我到社会自我,再到心理自我的过程。

27. B 【解析】本题考查高级神经活动类型。活泼型(灵活型)的高级神经活动过程为强、平衡、灵活,对应多血质;安静型(不灵活型)的高级神经活动过程为强、平衡、不灵活,对应黏液质。

28. A 【解析】本题考查有意义学习。根据学习内容与学习者原有知识的关系不同,奥苏贝尔将学习分为机械学习和有意义学习两种。机械学习是指当前的学习没有与已有知识建立某种有意义的联系;有意义学习是指当前的学习与已有知识建立起实质性的、有意义的联系。

29. B 【解析】本题考查耶克斯—多德森定律。"耶克斯—多德森定律"表明,动机不足或过分强烈都会影响学习效果。在比较容易的任务中,行为效果(工作效率)随着动机的提高而上升;随着任务难度的增加,动机的最佳水平有逐渐下降的趋势。故在解决困难和复杂的任务时,其动机水平宜控制在较低水平。

30. A 【解析】本题考查教师申诉制度。《中华人民共和国教师法》第三十九条规定,教师对学校或者其他教育机构侵犯其合法权益的,或者对学校或者其他教育机构作出的处理不服的,可以向教育行政部门提出申诉,教育行政部门应当在接到申诉的三十日内,作出处理。

三、简答题(参考答案)

31. 简述建构主义学习理论的学习观。

建构主义在学习观上强调学习的主动建构性、社会互动性和情境性三方面。

(1)学习的主动建构性是指学生能够主动地对已有知识经验进行综合、重组和改造,从而用以解释新信息,并最终建构属于个人意义的知识内容。

(2)社会互动性主要表现为:学习是通过对某种社会文化的参与而内化相关的知识和技能、掌握有关工具的过程,这一过程常常需要通过一个学习共同体的合作互动来完成。

(3)学习的情境性主要指学习、知识和智慧的情境性,认为知识是不可能脱离活动情境而孤立存在的。只有通过实际应用活动,知识才能真正被理解。

(共6分。每点2分,学习观表述正确1分,具体阐释准确、充分3分)

32. 简述新课程改革背景下的教学观。

(1)全面发展的教学观。教学重结论更要重过程,教学关注学科更要关注人。

(2)交往与互动的教学观。教学不只是教师教学生学的过程,更是师生交往、积极互动、共同发展的过程。

(3)开放与生成的教学观。教学不只是课程传递和执行的过程,更是课程创生与开发的过程。

(共6分。每点2分,教学观表述正确1分,具体阐释准确、充分1分)

四、论述题(参考答案)

33. 试述教师应如何在教学过程中贯彻理论联系实际原则。

(1)重视书本知识的教学,在传授知识的过程中注重联系实际;(2)重视引导和培养学生运用知识的能力;(3)加强教学的实践性环节,逐步培养与形成学生综合运用知识的能力,进行“第三次学习”;(4)正确处理知识教学与能力训练的关系;(5)补充必要的乡土教材。

(共7分。答案完整得满分;答出“联系实际”“运用知识”“实践性”“知识教学与能力训练”“乡土教材”等关键词可得4分)

34. 课堂纪律是指为保障或促进学生的学习而设置的行为标准及施加的控制。试述教师可以通过哪些方式来维持课堂纪律。

(1)建立有效的课堂规则。课堂规则是课堂成员应遵守的课堂基本行为规范和要求。积极、有效的课堂规则有以下特点:①由教师和学生充分讨论,共同制定;②尽量少而精,内容表述多以正面引导为主。

(2)合理组织课堂教学。教师应做到:①增加学生参与课堂的机会;②保持紧凑的教学节奏,合理布置学业任务;③处理好教学活动之间的过渡。

(3)做好课堂监控。教师应能及时预防或发现课堂中出现的一些纪律问题,并采取言语提示、目光接触等方式提醒学生注意自己的行为。

(4)培养学生的自律品质。促进学生形成和发展自律品质,是维持课堂纪律的最佳策略之一。教师应做到:①要对学生提出明确的要求,加强课堂纪律的目的性教育;②引导学生对学习纪律持有正确、积极的态度,产生积极的纪律情感体验,进行自我监控;③集体舆论和集体规范是促使学生自律品质形成和发展的有效手段,教师应对其加以有效利用。

(共8分。每点2分,理论依据准确、充分1分,具体阐述清晰、合理1分)

五、案例分析题(参考答案)

35. (1)①曹老师没有做到了解和研究学生,主动与学生沟通。曹老师听到学生抱怨她讲的东西太难,无法理解,却没有主动与学生沟通,深入了解学生无法理解的原因。

②曹老师没有树立正确的学生观。学生是发展的人,具有发展的潜能。曹老师觉得学生太笨了,没有看到学生的发展潜能。学生是学习的主体,教师要尊重学生的主体性,激发学生学习的积极性和主动性。曹老师每节课都尽心讲授,她只注重教,没有做到关注学生。

③曹老师没有做到发扬教育民主,平等对待学生。学生在私下抱怨曹老师讲的东西太难,却不敢当面跟曹老师反映,说明曹老师的管理方式是专制型,学生都畏惧曹老师。

④曹老师没有正确处理师生矛盾。曹老师听到学生的抱怨后,既没有与学生主动沟通,也没有自我反思,而是在该班教学时敷衍了事。

(共7分。至少指出三方面原因,原因准确1分,结合材料阐述合理、充分1分;卷面整洁1分)

(2)①依据教学目的和教学任务选择教学方法。教师应依据不同的教学目的和教学任务选择不同的教学方法,以更好地落实教学目的和教学任务。

②了解和研究学生,根据学生的年龄和特征等来选择教学方法。曹老师应该根据该班学生的特点来选择教学方法,使该班学生能够听懂她讲的东西。

③力求实现教学方法和教学效果的完美统一。教师要学会科学全面地评估教学方法,并能有效地进行调控,根据实际情况灵活选择,逐步摸索出适合自身和学生特点的有效方法,以取得良好的教学效果。

④充分考虑教学的客观条件。客观条件是选择教学方法的必要前提和基础。有些教学方法要求有充裕的时间,如讨论法、发现法;有些教学方法需要一定的设备,如实验法。有些客观条件是经过努力可以改变的,有些则是难以改变的,这就需要教师灵活选择和处理教学方法,以弥补客观条件的不足。

(共8分。每点2分,理论依据准确、充分1分,具体阐述清晰、合理1分)

2021年湖南省郴州市永兴县教师招聘考试教育理论知识真题试卷(四)

答案速查

1~5	DADBB	6~10	CDBDB	11~15	BABBC
16~20	ACD ABCD AB ABCD ACD			21~25	AC ABCD BD ABC BC
26~30	√××√×	31~35	√√√√×	36~40	√×××√

一、单项选择题

1. D 【解析】本题考查教育时政。《关于进一步加强中小学生睡眠管理工作的通知》中规定，明确学生睡眠时间要求。根据不同年龄段学生身心发展特点，小学生每天睡眠时间应达到 10 小时，初中生应达到 9 小时，高中生应达到 8 小时。学校、家庭及有关方面应共同努力，确保中小学生充足睡眠时间。

2. A 【解析】本题考查教育的形态。根据教育的形式化程度，教育可划分为非形式化教育和形式化教育。非形式化教育是指在生产劳动和社会生活中进行的教育，没有固定的教育者和受教育者，也没有稳定的教育内容、活动场所和设施。形式化教育主要指定型的实体化教育，是学生在有组织的教育机构中所接受的教育，包括古代的学校教育和社会教育机构。

   根据教育的正规程度，教育可划分为正规教育和非正规教育。正规教育主要指学校教育，是学生在有组织的教育机构中所受到的教育，在有些情况下也可以称为制度化教育。非正规教育是对有组织的教育机构以外的所有教育活动的统称。

3. D 【解析】本题考查“六学二馆”。“六学”包括：国子学、太学、四门学、律学、书学、算学。“二馆”包括：崇文馆、弘文馆。

4. B 【解析】本题考查《学记》。“豫时孙摩”是《学记》总结了长期教育、教学中的经验教训后概括出的规律，包含四条原则：(1)“豫”是预防，即预防性原则，“禁于未发之谓豫”，要在不良倾向尚未发作前就采取预防措施；(2)“时”是及时，即及时施教原则，“当其可之谓时”，要把握教学的最佳时机，适时进行；(3)“孙”是指循序，即循序渐进原则，“不陵节而施之谓孙”，教学要遵循一定的顺序进行；(4)“摩”指观摩，即学习观摩原则，“相观而善之谓摩”，学习中要相互观摩，取长补短。故本题选 B 项。

5. B 【解析】本题考查夸美纽斯的教育思想。夸美纽斯从他的民主主义的“泛智”思想出发，提出了普及教育的思想。提出“把一切事物教给一切人”“一切男女青年都应该进学校”。

6. C 【解析】本题考查教学模式。引导—发现式教学模式是以问题解决为中心，注重学生独立活动，着眼于思维能力和意志力培养的教学模式。它是依据杜威、布鲁纳等人的教学理论，并结合我国一些教育工作者的教学成果归纳而成的一种教学模式。

7. D 【解析】本题考查联觉。一种感觉兼有另一种感觉的心理现象叫联觉。在日常生活中各种感觉现象经常联系在一起，由此产生了联觉，如红色给人以热烈、紫色给人以高贵、蓝色给人以安静、黑色给人以沉重的感觉等。

8. B 【解析】本题考查建构主义学习理论。建构主义学习理论认为，学习者个人的认知发展与学习过程关系紧密，知识的建构需要特定的情景和他人的引领，通过利用一定的渠道创设特定的学习氛围。这个学习氛围应该包括情境、协作、会话、意义建构四大要素。

9. D 【解析】本题考查晕轮效应。晕轮效应是指当我们认为某人具有某种特征时，就会对他的其他特征做相似判断。例如，学生认为外表有魅力的老师教学能力强。题干中学生认为外表邋遢的教师教学能力不强，属于受晕轮效应的影响。

10. B 【解析】本题考查记忆的分类。情绪记忆是指个体以曾经体验过的情绪或情感为内容的记忆。题干中小明记得第一次春游时的激动心情，属于情绪记忆。

11. B 【解析】本题考查遗忘的原因。压抑说认为，遗忘是由于情绪或动机的压抑作用引起的，如果压抑被解除，记忆就能恢复。该理论是弗洛伊德在给病人催眠时发现的。

12. A 【解析】本题考查自我效能感的影响因素。自我效能感的影响因素包括个人自身行为的成败经验、替代经验、言语暗示(言语劝说)和情绪唤醒。其中，人自身行为的成败经验对自我效能感的影响最大。一般来说，成功经验会提高效能期望，反复的失败会降低效能感。故失败经验不能提高个人自我效能感。

13. B 【解析】本题考查西方主要的心理学流派。格式塔心理学明确指出：构造主义把心理活动分割成一个个独立的元素进行研究并不合理，因为人对事物的认识具有整体性，心理、意识不等于感觉元素的机械总和。(具体参见沈环、周彦良主编的《心理学教程》)

14. B 【解析】本题考查思维的一般过程。概括是人脑把事物间共同的、本质的特征抽象出来加以综合的过程。

15. C 【解析】本题考查冲动型学生的培养。冲动型的学生难以耐心细致地对问题进行分析，因此他们在阅读、推理之类的任务中常常处于不利地位。为了帮助冲动型学生克服其缺点，教师应当有意识地对其进行训练。例如，当他们在课堂上回答完问题之后，教师紧跟着再多问几个为什么，促使其进一步思考；在进行课堂练习时，教师可以引导其比较学习材料的构成成分，注意并分析视觉刺激。

二、多项选择题

16. ACD 【解析】本题考查课程内容的表现形式。课程是学校教育的核心，涉及教学过程中教师“教什么”和学生“学什么”的问题，它规定以什么样的教育内容来培养新一代，是学校教育的基础。目前在我国，中小学课程主要由课程计划、课程标准、教材三部分组成。

17. ABCD 【解析】本题考查自然教育理论。卢梭认为教育的任务应该使儿童“归于自然”，这是其自然主义教育的核心。裴斯泰洛齐认为教育的目的在于按照自然的法则全面地、和谐地发展儿童的一切天赋力量。福禄贝尔提倡幼儿中心主义，尊重儿童的天性。杜威倡导“儿童中心”“活动中心”“经验中心”。

18. AB 【解析】本题考查班课教学组织形式。针对课堂教学的时空局限以及给学生发展带来的负面效应，人们设计与实施了一系列辅助的班课教学组织形式，主要有课外教学和现场教学两种。课外教学是指教师组织学生在课室之外进行教学。现场教学是指教师组织学生到生产、工作、活动现场或其他现场进行教学。

复式教学和全纳教学是特殊的班课教学组织形式。复式教学是把两个或两个以上不同年级的学生编在一个教室里，由一位教师分别用不同的教材，在一节课里对不同年级的学生进行教学的一种特殊组织形式。全纳教学是把具有身心障碍的特殊学生编入普通班级中，与普通学生共同学习的教学组织形式。

19. ABCD 【解析】本题考查影响群体对个体活动的因素。群体对个人活动可以起到促进作用，也可以起阻碍作用。具体起何种作用，取决于四个因素：一是活动的难易；二是竞赛动机的激发；三是被他人评价的意识；四是注意的干扰。（具体参考李国强、罗求实、赵艳红主编的《教育心理学》）

20. ACD 【解析】本题考查后进生的转化工作。要做好后进生的转化工作，首先要求老师要有“四心”，即信心、耐心、热心、细心。其次，利用后进生的特长，树立他们的信心。最后，在班上要营造互助班风，充分发挥班级先进力量的作用，反对对后进生的歧视。对于后进生的转化，班主任应以“教育为主，批评为辅”。故本题选 ACD 三项。

21. AC 【解析】本题考查运用无意注意的规律组织教学。在教学过程中，教师要善于利用有关刺激物的特点组织学生的注意。包括：(1)创造良好的教学环境。(2)注重讲演、板书技巧和教具的使用。如在讲课过程中，教师应该音量适中，语音、语调做到抑扬顿挫，遇到重点、难点还要加强语气，伴以适当的手势和表情。(3)注重教学内容的组织和教学形式的多样化。因此 AC 项当选。

22. ABCD 【解析】本题考查启发式策略。启发式策略指依据经验或直觉选择解法，即基于一定的经验，根据现有问题状态与目标状态之间的内在联系，采用较少搜索而找到解决问题途径的一种策略，包括手段—目的分析法、爬山法、逆推法（逆向工作法）、类比法（类比思维法）等。

23. BD 【解析】本题考查认知同化论的教学观。认知同化论者主张学校教学应该以教师讲授知识，学生接受知识为主要形式的有意义的接受学习，即讲解式教学。讲解式教学的原则有逐渐分化原则和整合协调原则，奥苏贝尔就如何贯彻“逐渐分化”和“整合协调”的原则，提出了具体应用的技术：设计先行组织者。（具体参见路海东、倪牟双主编的《现代学习理论与学习心理分析》）

24. ABC 【解析】本题考查影响学习迁移的因素。影响学习迁移的因素包括学习材料的特点、原有的认知结构、对学习情境的理解、学习的心理准备状态、学习策略的水平、智力与能力和教师的指导等。

25. BC 【解析】本题考查胆汁质。胆汁质的人情绪体验强烈，爆发迅猛，平息快速，思维灵活但粗枝大叶，精力旺盛，争强好斗，勇敢果断，为人热情直率、朴实真诚，表里如一，行动敏捷，生气勃勃，刚毅顽强；但这种人遇事经常欠思量，鲁莽冒失，易感情用事，刚愎自用。

三、判断题

26. √ 【解析】本题考查教育的本质属性。教育的具体而实在的规定性体现在：(1)教育是人类所特有的一种有意识的社会活动；(2)教育是人类有意识地传递社会经验的活动；(3)教育是以人的培养为直接目标的社会实践活动。

27. × 【解析】本题考查影响人的身心发展的因素。遗传素质是人的身心发展的物质前提。人的主观能动性从综合的意义上把主体与客体、个体与社会、人的内部世界与外部世界联系起来,成为推动人本身发展的决定性因素。故题干说法错误。

28. × 【解析】本题考查我国现行学校教育制度的结构。从层次结构上来看,我国现行学校教育包括学前教育、初等教育、中等教育和高等教育四个层次。

29. √ 【解析】本题考查 CIPP 评价模式。CIPP 评价模式是美国教育评价家斯塔弗尔比姆倡导的课程评价模式。该模式包括四个步骤:(1)背景评价;(2)输入评价;(3)过程评价;(4)成果评价。其中,过程评价主要是通过描述实际过程来确定或预测课程计划本身或实施过程中存在的问题,从而为决策者提供如何修正课程计划的有效信息。

30. × 【解析】本题考查班主任了解学生的方法。谈话法指班主任通过与学生面对面谈话来深入了解学生情况的基本方法。故题干所述班主任在课余时间和学生聊天,以了解学生的办法是谈话法。

31. √ 【解析】本题考查品德评价法。品德评价法是通过对学生品德进行肯定或否定的评价而予以激励或抑制,促使其品德健康形成和发展的德育方法。它包括奖励、惩罚、评比和操行评定等。

32. √ 【解析】本题考查教师的发展。教师的发展,特别是指自己的专业发展。一个能够自觉地发展自己专业水平的教师,才能不断适应教育实践给自己提出的新要求。

33. √ 【解析】本题考查练习。集中练习是指将练习时段安排得很近,中间没有休息或只有短暂的休息。分散练习是指用较长的休息时段将练习时段分隔开。一般地说,分散练习对连续动作技能学习的效果较好,不易疲劳。

34. √ 【解析】本题考查精加工策略。精加工策略是指把新信息与头脑中的旧信息联系起来从而增加新信息意义的深层加工策略。常用的精加工策略有记忆术;做笔记;提问;生成性学习;运用背景知识,联系客观实际等。

35. × 【解析】本题考查影响学习迁移的因素。影响学习迁移的因素包括:(1)学习材料的特点。学习对象之间的共同因素是学习迁移产生的客观必要条件,但不是唯一的条件。(2)原有的认知结构。(3)对学习情境的理解。(4)学习的心理准备状态。(5)学习策略的水平。(6)智力与能力。(7)教师的指导。

36. √ 【解析】本题考查程序性知识。程序性知识即操作性知识,是个体难以清楚陈述、只能借助于某种作业形式间接推测其存在的知识,是一套办事的操作步骤。程序性知识是关于事物"做什么"和"怎么做"的知识,包括各种动作技能、心智技能等。程序性知识主要以产生式和产生式系统进行表征。

37. × 【解析】本题考查附属内驱力。附属内驱力是指个体为了获得长者们(如家长、教师)的赞许或认可而表现出把工作、学习做好的一种需要,是一种间接的学习需要,属于外部动机。

38. × 【解析】本题考查加涅对学习结果的分类。按加涅的分类,智慧技能由低级到高级包括辨别、具体概念、定义性概念、规则和高级规则五级水平。在这五级水平中,每一级智慧技能的学习要以低一级智慧技能的获得为前提,最复杂的智慧技能则是把许多简单的技能组合起来而形成。具体概念和定义性概念合称概念学习。故规则学习需要以概念学习的获得为前提。

39. × 【解析】本题考查小学生想象的发展。小学低年级学生仍以无意想象为主。中、高年级学生才能够初步控制自己的想象。

40. √ 【解析】本题考查埃里克森的人格发展阶段理论。根据埃里克森的人格发展阶段理论,6 ~ 11 岁这一阶段的发展任务是培养勤奋感,体验能力的实现。

2021 年湖南省长沙市教师招聘考试教育综合知识真题试卷(精编)(五)

答案速查

1 ~ 5	BCCDA	6 ~ 10	CBADC	11 ~ 15	BDCAB	16 ~ 20	ADADA
21 ~ 25	CBABC	26 ~ 30	CCCAD	31 ~ 35	DACAB	36 ~ 40	ADBAA
41 ~ 45	CDADB	46 ~ 50	CACBC	51 ~ 55	ADBAD	56 ~ 60	DCBCA
61 ~ 65	CCDDD	66 ~ 70	CDCDB	71 ~ 75	CDACB		

76 ~ 80	AC ACD BC AD ABC	81 ~ 85	AC BCD ABD ABC AB		
86 ~ 90	ABCD ACD BCD ACD ABCD	91 ~ 95	√×√√×	96 ~ 100	√√××√

一、单项选择题

1. B 【解析】本题考查教育的起源。心理起源说认为教育起源于日常生活中儿童对成人的无意识模仿。这一起源说把人类有意识的教育行为混同于无意识模仿,导致了教育的生物学化,否认了教育的社会属性。

2. C 【解析】本题考查孔子的教育思想。文、行、忠、信是孔子倡导的教学内容。

3. C 【解析】本题考查教学反思。教学反思是指教师以自己的教学活动为意识对象,对自己的教育理念、教学行为、决策以及由此所产生的结果进行认真地自我审视、评价、反馈、控制、调节、分析的过程。教学反思技能的训练方法包括撰写反思日记、征询学生的反馈意见、观摩教学、课堂实录、合作讨论、文献检索、案例分析、行动研究等。其中,征询学生的反馈意见指教师在授课之后,深入到学生中去,对授课对象进行访谈,了解学生对教学内容的掌握、对教学效果的评价。通过特定的问题与学生进行沟通和交流,找出一些实际存在的问题,把握学生的学习程度,了解学生的知识结构,制定出相应的教学预案。因此,题干所述说明周老师的教学反思能力较好。

4. D 【解析】本题考查我国中小学主要的德育原则。教育影响的一致性和连贯性原则是指,在德育工作中,教育者应主动协调多方面教育力量,统一认识和步调,有计划、有系统、前后连贯地教育学生,发挥教育的整体功能,培养学生正确的思想品德。题干中对各级学校的学生进行思想品德教育,注重教育内容的相互衔接,体现了教育影响的一致性和连贯性原则。故本题选 D 项。

5. A 【解析】本题考查防御机制。常见的挫折防御机制可分为建设性防御、替代性防御、掩饰性防御、逃避性防御、攻击性防御五大类。其中建设性防御机制是一种具有升华作用的防御机制。它是指个体在遭遇挫折后将痛苦转化为一种建设性力量,把精力和情感投入到有意义的活动中,不让自己长久地沉浸在受挫的苦恼中的一种方式。题干中小曹将自己打人的冲动转化为有意义的锻炼和体育运动,这属于建设性防御机制。

6. C 【解析】本题考查灵感。在创造想象的过程中,新形象的产生往往带有突然性,这种突然出现新形象的状态称为灵感。灵感是想象者在长期生活实践中勤于积累经验的结果。

7. B 【解析】本题考查学习策略。学习的元认知策略是指个体为实现最佳的认知效果而对自己的认知活动所进行的调节和控制,包括计划策略、监控策略和调节策略。题干中小郑制定学习计划并自我监督,体现了元认知策略。

8. A 【解析】本题考查群体对个体的作用。社会干扰也叫社会抑制,是指当他人在场或与他人一起从事某项工作时,个体行为效率下降的现象。题干中当老师在身边的时候,学生做题效率降低,属于典型的社会抑制。

9. D 【解析】本题考查《新时代中小学教师职业行为十项准则》。《新时代中小学教师职业行为十项准则》中"传播优秀文化"即带头践行社会主义核心价值观,弘扬真善美,传递正能量;不得通过课堂、论坛、讲座、信息网络及其他渠道发表、转发错误观点,或编造散布虚假信息、不良信息。题干中的教师带领学生应援娱乐明星问题即违反了传播优秀文化的准则。

10. C 【解析】本题考查心智技能的形成阶段。冯忠良将心智技能的形成分为原型定向、原型操作和原型内化三个阶段。其中原型操作是依据智力技能的实践模式,把学生在头脑中已建立起来的活动程序计划以外显的操作方式付诸实施,获得完备的动觉映像的过程。

11. B 【解析】本题考查教育的词源。"教育"一词最早见于《孟子·尽心上》中的"得天下英才而教育之,三乐也"。故本题选 B。

12. D 【解析】本题考查气质类型。胆汁质的人情绪体验强烈,爆发迅猛,平息快速,思维灵活但粗枝大叶,精力旺盛,争强好斗,勇敢果断,为人热情直率,朴实真诚,表里如一,行动敏捷,生气勃勃,刚毅顽强;但这种人遇事经常欠思量,鲁莽冒失,易感情用事,刚愎自用。从题干中对于李明的描述可以看出,李明属于胆汁质的气质类型。

13. C 【解析】本题考查知识直观的类型。在实际的教学过程中,主要有三种直观方式,即实物直观、模像直观和言语直观。其中模像直观指观察与教材相关的模型与图像(如图片、图表、幻灯片、电影、录像、电视等),形成感知表象。因此,题干所述直观教学类型为模像直观。

14. A 【解析】本题考查师生关系的内容。师生在教育内容的教学上结成授受关系。具体表现在：(1)从教师与学生的社会角色规定的意义上看，教师是传授者，学生是受授者；(2)学生在教学中主体性的实现，既是教育的目的，也是教育成功的条件；(3)对学生的指导、引导的目的是促进学生的自主发展。

15. B 【解析】本题考查我国目前中小学主要的教学原则。直观性原则是指在教学活动中，教师应尽量利用学生的多种感官和已有的经验，通过各种形式的感知，使学生获得生动的表象，从而比较全面、深刻地掌握知识。对教学中的直观性原则，古今中外教育家都做过非常精辟的阐述。中国古代教育家荀况说过，“不闻不若闻之，闻之不若见之”“闻之而不见，虽博必谬”，提出了在学习中不仅要“闻之”更要“见之”，才能“博而不谬”。乌申斯基也指出：“一般来说，儿童是依靠形式、颜色、声音和感觉来进行思维的。”故题干中乌申斯基所说的话要求我们在教学中要遵循直观性原则。

16. A 【解析】本题考查动机冲突。动机冲突分为双趋冲突、双避冲突、趋避冲突和多重趋避冲突四种。其中，双趋冲突是指从自己同时都很喜爱的两个事物中仅择其一的心理状态，例如鱼与熊掌不可兼得。

17. D 【解析】本题考查社会知觉偏差。晕轮效应是指当我们认为某人具有某种特征时，就会对他的其他特征做相似判断，例如学生认为外表有魅力的老师教学能力强。题干中青少年认为形象美好的人同样拥有其他美好品质，反之亦然，这属于典型的晕轮效应。

18. A 【解析】本题考查学习的分类。下位学习包括派生类属学习和相关类属学习。其中派生类属学习是指新观念是认知结构中原有观念的特例或例证，新知识只是旧知识的派生物。这种学习比较简单，只需要经过具体化过程即可完成。题干中，新学习的“直角三角形”是原本学习的“三角形”的例证，因此属于派生类属学习。

19. D 【解析】本题考查教师劳动的特点。连续性是指时间的连续性。教师的劳动没有严格的交接班时间界限，这个特点是由教师劳动对象的相对稳定性决定的。广延性是指空间的广延性。教师没有严格界定的劳动场所，课堂内外、学校内外都可能成为教师劳动的空间，这个特点是由影响学生发展因素的多样性决定的。题干中“没有明显的时间和空间界限”体现的就是教师劳动的连续性和广延性。

20. A 【解析】本题考查师生关系的内涵。师生关系是指教师和学生在教育教学活动中为完成一定的教育任务，以“教”和“学”为中介而形成的一种特殊的社会关系，包括彼此所处的地位、作用和态度等。师生关系是教育活动过程中人与人关系中最基本、最重要的关系。

21. C 【解析】本题考查《学记》的教学思想。《学记》指出：“大学之教也，时教必有正业，退息必有居学。”这强调的是正课学习与课外练习必须兼顾，课内与课外相结合，相互补充，也即说明了教学活动和课外活动的关系。

22. B 【解析】本题考查注意的品质。注意的分配是指人在进行两种或多种活动时能把注意指向不同对象的现象。例如，学生在课堂上一边听课，一边记笔记。

23. A 【解析】本题考查中小学生常见的心理问题。抑郁症是以持久的心境低落为特征的神经症。个体有过度的抑郁反应，通常伴随有严重的焦虑感。其表现为：(1)情绪消极、悲观、颓废、淡漠、失去满足感和对生活的乐趣；(2)消极的认知倾向，低自尊、无能感，对未来没有期望；(3)缺乏动机、被动、缺乏热情；(4)肢体疲劳、失眠、食欲不振。

24. B 【解析】本题考查赫尔巴特的教学阶段理论。赫尔巴特把教学理论建立在心理学的基础上，提出了教学的四阶段论，即明了、联合(联想)、系统、方法。

25. C 【解析】本题考查最近发展区。维果斯基认为，儿童有两种发展水平：一是儿童的现有水平，即由一定的已经完成的发展系统所形成的儿童心理机能的发展水平；二是可能达到的发展水平。这两种水平之间的差异，就是最近发展区。也就是说，最近发展区是儿童在有指导的情况下，借助成人的帮助所能达到的解决问题的水平与独自解决问题所达到的水平之间的差异，实际上是两个邻近发展阶段间的过渡状态。

26. C 【解析】本题考查教学工作的基本环节。教学工作的基本环节包括：备课、上课、作业的布置与反馈、课外辅导和学业成绩的检查与评定。其中，上课是整个教学工作的中心环节，是教师教和学生学的最直接体现，是提高教学质量的关键。故本题选C项。备课是教师教学的起始环节，是上好课的先决条件，备好课是教好课的前提。课外辅导是上课的必要补充，是适应学生个别差异、贯彻因材施教的重要措施。

27. C 【解析】本题考查教师角色。教师所扮演的角色之一是“学生楷模”的角色。教师要担当学生的楷模是指教师是学生的成人榜样,教师对于学生不仅是社会道德准则的传递者,更重要的是社会道德准则的体现者。也就是说,教师应该是社会行为规范的代表,教师必须具有比较高尚的道德品格,是学生模仿的榜样。因此,教师也往往被人们誉为“人类灵魂的工程师”。这不仅是对教师的赞誉,也是社会对教师的职业期待。

28. C 【解析】本题考查学习迁移的类型。根据迁移的性质和结果,可分为正迁移、负迁移和零迁移。正迁移也叫“助长性迁移”,是指一种学习对另一种学习的促进作用。题干中学生学习鲸、蝙蝠的概念后有利于哺乳动物概念的学习,属于正迁移。负迁移也叫“抑制性迁移”,是指一种学习对另一种学习产生的阻碍作用。水平迁移也叫横向迁移,是指先前学习内容与后继学习内容在难度、复杂程度和概括层次上属于同一水平的学习活动之间产生的影响。一般迁移也称非特殊迁移、普遍迁移,是指一种学习中所习得的一般原理、原则和态度对另一种具体内容学习的影响,即原理、原则和态度的具体应用。

29. A 【解析】本题考查教育的质的特点。教育的质的特点有:(1)有目的地培养人的活动。教育的首要任务是促进年青一代体、智、德、美、行(实践智慧与能力)的全面发展,使他们从生物人逐步成长为社会人,进而成为适应与促进社会生活各个方面发展需要的人。(2)教育者引导受教育者传承经验的互动活动。(3)激励与教导受教育者自觉学习和自我教育的活动。(具体参见王道俊、郭文安主编的《教育学》)

30. D 【解析】本题考查个体活动在人的发展中的作用。个体活动在人的发展中的作用表现为:(1)个体活动是人的发展的决定因素;(2)个体活动制约着环境影响的内化与主体的自我建构;(3)个体通过能动的活动选择、建构着自我的发展。

31. D 【解析】本题考查教育的政治功能。教育的政治功能之一是教育是形成社会舆论、影响政治时局的重要力量。古今中外,通过学校制造舆论影响政治的不乏其例,例如,我国现代的五四运动和“一二·九”运动,便发端于学校,扩展到社会,进而形成全国性的政治运动。

32. A 【解析】本题考查社会本位论的观点。社会本位论者认为,教育的根本目的是由社会发展的需要所决定的,至于人的潜能与个性的需要是无关紧要的。其主要观点有:(1)个人的一切发展都有赖于社会;(2)教育除了满足社会需要以外并无其他目的;(3)教育的结果或效果是以其社会功能发挥的程度来衡量的。故A项属于社会本位论的观点。个人本位论的观点有:(1)教育目的是根据个人发展的需要制定的,而不是根据社会的需要制定的;(2)个人价值高于社会价值;(3)人生来就有健全的潜在本能,教育的基本职能就在于使这种潜能得到发展。故B、C、D三项属于个人本位论的观点。

33. C 【解析】本题考查活动课程的特点。活动课程的特点有:(1)重视儿童的兴趣、需要、能力和阅历,以及儿童在学习中的自我指导作用与内在动力;(2)注重引导儿童从做中学,通过探究、交往、合作等活动使学生的经验得到改组与改造,智能与品德得到养成与提高;(3)强调解决问题的动态活动的过程,注重教学活动过程的灵活性、综合性、形成性,因人而异的弹性,以及把课程资源作为解决问题的工具,反对预先确定目标的观念。C项说法错误,当选。

34. A 【解析】本题考查教科书的编写方式。直线式和螺旋式是教科书编写的两种基本的组织方式,它们各有利弊,分别适用于不同性质的学科、不同年级的学生。对理论性较强、学生不易理解和掌握的内容,尤其对低年级的儿童来说,采用螺旋式来组编较适合;对一些理论性、难度或操作性相对较低的学科知识,采用直线式组编则较适合。

35. B 【解析】本题考查教学的任务相关知识。教学的任务之一是发展体力、智力、能力和创造才能。所谓创造才能,对学生来说,主要是指能够运用自己已有的知识、智能、灵感、态度与意志去探索、发现、建构他尚未知晓的新的知识或方法的能力,也就是创新。(具体参见王道俊、郭文安主编的《教育学》)

36. A 【解析】本题考查教学过程的中心环节。传授/接受教学中学生掌握知识的基本阶段包括:(1)引起学习动机;(2)感知教材;(3)理解教材;(4)巩固知识;(5)运用知识;(6)检查知识、技能和技巧。其中,理解教材是教学过程的中心环节。

37. D 【解析】本题考查启发性原则相关知识。启发性原则是指在教学活动中,教师要调动学生的主动性和积极性,引导他们通过独立思考、积极探索,生动活泼地学习,自觉地掌握科学知识,提高分析问题和解决问题的能力。当代倡导的“发现法”或“探究学习”,均传承、弘扬与发展了启发教学的思想。

38. B 【解析】本题考查常用的德育方法。明理教育法是通过引导学生摆事实、讲道理,经过思想情感上的沟通与互动,让他们悟明道德真谛,自觉践行的方法。明理教育法包括讲理、沟通、报告、讨论、参观等。(具体参见王道俊、郭文安主编的《教育学》)

39. A 【解析】本题考查班级上课制的优点。班级上课制的优点之一是能促进学生的社会化与个性化。其中促进学生的社会化表现为:班级上课使一个班的学生,长期在一起学习、交往、生活,形成了互爱、互尊、互助、民主平等、和谐亲密的人际关系,过着既丰富多彩又制度化的班组生活,有力地促进学生的社会化。

40. A 【解析】本题考查教师主导作用发挥得好坏的根本标志。教师主导作用是针对能否引导学生积极学习与上进而言的。学生的主动性、反思性、创造性发挥得怎样,学习的效果怎样,是衡量教师主导作用发挥得好坏的根本标志。

41. C 【解析】本题考查形成性评价的目的。形成性评价是在教学进程中,对学生的知识掌握和能力发展所做的比较经常而及时的测评,包括对学生的提问、书面测验、作业批改等。其目的不注重于成绩的评定,而是使师与生都能及时获得反馈信息,更好地改进教与学,以促进教师和学生的发展、提高。

42. D 【解析】本题考查操行评语的要求。操行评语,要实事求是,抓主要问题,有针对性,能反映学生思想品德发展的全貌、特点和趋向;要充分肯定学生的进步,指明其主要缺点和努力的方向,不可罗列现象、主次不分;文字要简明、贴切,使人一看就明白,切忌空洞、抽象、一般化,严防用词不当,伤害学生的情感,造成家长的误解。

43. A 【解析】本题考查教师做好教育工作的前提。热爱教育事业是教师做好教育工作的前提,是教师职业道德的基础,也是教师劳动积极性和创造性的源泉。

44. D 【解析】本题考查教师专业标准的基本理念。我国中小学教师专业标准的基本理念包括:(1)师德为先;(2)学生为本;(3)能力为重;(4)终身学习。

45. B 【解析】本题考查皮亚杰的认知发展理论。皮亚杰认为智力的本质是适应。儿童的认知是在已有图式的基础上,通过同化、顺应和平衡,不断从低级向高级发展。

46. C 【解析】本题考查埃里克森的人格发展阶段理论。勤奋感对自卑感阶段的特征为儿童发展出面对不同任务时的胜任感,尤其在学习上;否则,儿童会认为自己没有能力,不可能成功。

47. A 【解析】本题考查学习的实质。学习不是本能活动,而是后天习得的活动,是由经验或实践引起的。

48. C 【解析】本题考查当事人中心疗法。罗杰斯是当事人中心疗法的创始人。采用当事人中心疗法时,对于如何扮演优良治疗者角色的问题,罗杰斯提出了三个基本条件:(1)真诚一致;(2)无条件积极关注;(3)同理心。

49. B 【解析】本题考查 SQ3R 学习法。SQ3R 学习法包括:S 即 Survey(浏览);Q 即 Question(问题);3R 即 Read(阅读)、Recite(背诵)、Review(复习)。

50. C 【解析】本题考查操作技能的形成。复杂运动技能的形成,一般要经历四个主要阶段:认知阶段、分解阶段、联系定位阶段和自动化阶段。其中在分解阶段时,传授者把整套动作分解成若干局部动作,学习者则初步尝试,逐个学习。由于初学,学习者注意的范围狭小,虽然分解后的动作较简单,容易掌握,但在前后两个动作的交替和过渡上则比较困难,因而导致学习者出现动作忙乱、紧张呆板、不协调、顾此失彼等现象。如儿童初学写字时,往往头部过低,身体歪斜,握笔太紧,用力过大。

51. A 【解析】本题考查规范学习的特点。规范学习是一种让学生学会“做人”的学习,具有感情性、实践性、约束性和延迟性的特点。其中规范学习的情感性是指规范学习整个过程都伴随着情感过程,它是规范学习区别于一般的知识和技能学习的本质特征。

52. D 【解析】本题考查气质类型。抑郁质的观察指标包括:(1)感情不易变化;(2)学习时不愿和许多人在一起;(3)学习容易感到疲倦;(4)做作业花费时间多,怕教师提问;(5)喜欢复习过去学过的知识;(6)对新知识接受能力差,但弄懂之后就很难忘记;(7)不爱表现自己,在陌生人面前怕羞;(8)感情比较脆弱,容易神经过敏;(9)遇到挫折会很痛苦;(10)爱看感情细腻、富有描写心理活动的小说和电影。因此,题干所述是抑郁质的观察指数。

53. B 【解析】本题考查教育时政。习近平总书记在北京大学座谈会上指出,要把立德树人的成效作为检验学校一切工作的根本标准。

54. A 【解析】本题考查《中华人民共和国教育法》。《中华人民共和国教育法》第七十六条规定,学校或者其他教育机构违反国家有关规定招收学生的,由教育行政部门或者其他有关行政部门责令退回招收的学生,退还所收费用,A 项错误;对学校、其他教育机构给予警告,可以处违法所得五倍以下罚款,B 项正确;情节严重的,责令停止相关招生资格一年以上三年以下,直至撤销招生资格、吊销办学许可证,C 项正确;对直接负责的主管人员和其他直接责任人员,依法给予处分;构成犯罪的,依法追究刑事责任。D 项正确。故本题选 A 项。

55. D 【解析】本题考查《中华人民共和国教师法》。《中华人民共和国教师法》第十七条规定,学校和其他教育机构应当逐步实行教师聘任制。教师的聘任应当遵循双方地位平等的原则,由学校和教师签订聘任合同,明确规定双方的权利、义务和责任。

56. D 【解析】本题考查《中华人民共和国教师法》。《中华人民共和国教师法》第二十五条规定,教师的平均工资水平应当不低于或者高于国家公务员的平均工资水平,并逐步提高。建立正常晋级增薪制度,具体办法由国务院规定。

57. C 【解析】本题考查个体身心发展的规律。个体身心发展的个别差异性,是指个体之间的身心发展以及个体身心发展的不同方面之间,存在着发展程度和速度的不同。题干所述即说明人的发展具有个别差异性。

58. B 【解析】本题考查文化知识对人的发展的价值。文化知识蕴含着有利于人的发展的多方面价值:(1)它促进人的认识的发展。所谓"秀才不出门,能知天下事",主要是指借助于学习知识来达到了解、认识天下事的目的。(2)它促进人的精神的发展。(3)它促进人的能力的发展。(4)它促进人的实践的发展。

59. C 【解析】本题考查以人为本的教育观。以人为本的教育观强调人的发展与社会发展是互动的。人越全面发展,社会的物质文化财富就会创造得越多,人民的生活就越能得到改善;而物质条件越充分,又越能推进人的全面发展。这是两个相互结合、相互促进的永无止境的历史过程。故 C 项说法错误。

60. A 【解析】本题考查德育的作用。德育是引导学生领悟社会主义思想观点和道德规范,组织和指导学生的道德实践,培养学生的社会主义品德的教育。它集中体现了我国教育的价值取向和社会政治性质,在学生的全面发展中起着定向和动力的作用。(具体参见王道俊、郭文安主编的《教育学》)

61. C 【解析】本题考查讲授法的形式。讲授法的形式可分为讲读、讲述、讲解和讲演四种。讲读是读(教科书)与讲的结合,边读边讲,亦称串讲。讲述是教师向学生描绘学习的对象、介绍学习的材料、叙述事物产生变化的过程。讲解是教师向学生对概念、原理、规律、公式等进行解释、论证。讲演则是教师在中学高年级采用的一种教学方法,它要求教师不仅要系统全面地描述事实,而且要通过深入分析、推理、论证来归纳、概括科学的概念或结论。

62. C 【解析】本题考查科尔伯格的品德发展阶段理论。处于好孩子的道德定向阶段的儿童的价值是以人际关系的和谐为导向,顺从传统的要求,符合大众的意见,谋求大家的称赞。

63. D 【解析】本题考查消退。消退是指条件刺激形成以后,如果得不到强化,条件反应会逐渐减弱,直至消失的现象。对儿童的攻击动作不予理睬,使它们得不到强化而逐渐减少,这属于消退法。

64. D 【解析】本题考查强化。强化是采用适当的强化物而使机体反应频率、强度和速度增加的过程。强化有正强化和负强化之分。正强化也称积极强化,是通过呈现想要的愉快刺激来增强反应频率;负强化也称消极强化,是通过消除或中止厌恶、不愉快刺激来增强反应频率。孩子哭闹后,家长让步给予玩具,是对孩子的哭闹反应给予愉快刺激,这属于正强化。

65. D 【解析】本题考查知识与智能的关系。(1)智能的发展依赖于知识的掌握情况。A 项正确。(2)知识的掌握又依赖于智能的发展水平。B 项正确。(3)知识与智能的辩证关系。一个人知识的多少并不能标志其智能发展水平的高低。因为,从知识的掌握到促进智能的发展是一个复杂的过程。智能不仅与掌握知识的多少有关,而且与掌握知识的质量、方法及运用知识解决问题的能力有关。教学中不能只抓知识教学或只重视智能发展。C项正确,D项错误。故本题选D项。

66. C 【解析】本题考查归因训练。归因训练的过程一般分为四个阶段:(1)了解学生的归因倾向;(2)创设情境,让学生在活动中取得成败体验,特别是要让学生体验到努力就能取得成功;(3)让学生对自己的成败进行归因;(4)引导学生进行积极归因,即增强学生对下一次活动成功的期待,引起良性的情绪体验,并由此对下一次成就行为产生有积极影响的归因方式。

67. D 【解析】本题考查精加工策略。精加工策略是指把新信息与头脑中的旧信息联系起来从而增加新信息意义的深层加工策略。它常被描述成一种理解记忆的策略,其要旨在于建立信息间的联系。

68. C 【解析】本题考查上位学习与下位学习的比较。上位学习遵循从具体到一般的归纳概括过程,属于发现学习。A项正确。上位学习对学生获得基本概念和一般原理与规则具有重要意义。B项正确。下位学习对新学知识效率高。C项错误。下位学习遵循从一般到特殊的过程,属于接受学习。D项正确。故答案选C项。

69. D 【解析】本题考查相同要素说。桑代克等人认为,迁移是非常具体的、有条件的,需要有共同的要素。只有当两个机能的因素中有相同要素时,一个机能的变化才会改变另一个机能的习得。两种情境中的刺激相似,反应也相似时,迁移才会发生。两种情境中相同要素越多,迁移的量也就越大。所以,两种学习之间要产生迁移,关键在于发现它们之间的一致性和相似性。

70. B 【解析】本题考查课堂纪律管理。根据形成途径,课堂纪律一般可分为教师促成的纪律、集体促成的纪律、任务促成的纪律和自我促成的纪律。其中自我促成的纪律又称自律,即在个体自觉努力下由外部纪律内化而成的个体内部约束力。自我促成的纪律是课堂纪律管理的最终目标,也是学生成熟水平向前迈进的标志。

71. C 【解析】本题考查创造性活动的心理过程。创造性活动主要由准备、酝酿、明朗和验证四个阶段构成。其中准备阶段是创造过程的基础阶段,包括积累知识、提出问题、调查研究、收集资料、分析别人的经验和数据等。这一阶段的任务主要是在积累知识的过程中检查和清理问题,确定创造的方向和目标,从主观和客观条件上做好必要的准备。

72. D 【解析】本题考查《中华人民共和国教师法》。《中华人民共和国教师法》第七条规定,教师享有下列权利:(1)进行教育教学活动,开展教育教学改革和实验;(2)从事科学研究、学术交流,参加专业的学术团体,在学术活动中充分发表意见;(3)指导学生的学习和发展,评定学生的品行和学业成绩;(4)按时获取工资报酬,享受国家规定的福利待遇以及寒暑假期的带薪休假;(5)对学校教育教学、管理工作和教育行政部门的工作提出意见和建议,通过教职工代表大会或者其他形式,参与学校的民主管理;(6)参加进修或者其他方式的培训。故A、B、C三项属于教师权利,D项不属于教师权利。答案选D项。

73. A 【解析】本题考查《中华人民共和国教育法》。《中华人民共和国教育法》第五十四条规定,国家建立以财政拨款为主、其他多种渠道筹措教育经费为辅的体制,逐步增加对教育的投入,保证国家举办的学校教育经费的稳定来源。

74. C 【解析】本题考查《中华人民共和国义务教育法》。《中华人民共和国义务教育法》第十九条规定,普通学校应当接收具有接受普通教育能力的残疾适龄儿童、少年随班就读,并为其学习、康复提供帮助。D项符合规定。第二十四条规定,学校应当建立、健全安全制度和应急机制,对学生进行安全教育,加强管理,及时消除隐患,预防发生事故。B项符合规定。第二十五条规定,学校不得违反国家规定收取费用,不得以向学生推销或者变相推销商品、服务等方式谋取利益。C项违反规定。第二十七条规定,对违反学校管理制度的学生,学校应当予以批评教育,不得开除。A项符合规定。故答案选C项。

75. B 【解析】本题考查《中华人民共和国未成年人保护法》。十三届全国人民代表大会常务委员会第二十二次会议对《中华人民共和国未成年人保护法》进行了修订,增加了"网络保护"和"政府保护"两章。

二、多项选择题

76. AC 【解析】本题考查教育的本质属性。教育是以人的培养为直接目标的社会实践活动。故A项说法正确。

教育是人类所特有的一种有意识的社会活动,故本能活动不属于教育,C项说法正确。

教育是一种有目的地培养人的社会活动,这是教育区别于其他事物现象的根本特征,是教育的本质属性,这也是教育的质的规定性。如果失去这一质的规定性,就不能称之为教育。例如,一个顽皮的孩子偶然把手指伸到火苗上,被灼伤,并由此获得火的有关知识的过程,不能算是受到了"教育"。这样没有明确目的的、偶然发生的外界对个体发展的影响就不能称为"教育"。故B、D项说法错误。

77. ACD 【解析】本题考查贯彻启发性原则的要求。贯彻启发性原则的要求有:(1)加强学习的目的性教育,调动学生学习的主动性;(2)设置问题情境,启发学生独立思考,培养学生良好的思维方法和思维能力;(3)让学生动手,培养学生独立解决问题的能力,鼓励学生将知识创造性地运用于实际;(4)发扬教学民主。

78. BC 【解析】本题考查自我价值理论。卡文顿提出了自我价值理论,该理论以成就动机理论和成败归因理论为基础,从学习动机的负面着眼,企图探讨"有些学生为什么不肯努力学习"的问题。卡文顿根据学生追求成功和避免失败的倾向,将学生分为四类。(1)高趋高避者,又称过度努力者。他们兼具了成功定向者和避免失败者的特点。一方面对自我能力的评价较高,另一方面这一评价又不稳定,极易受到失败经历的动摇。B项正确。(2)高趋低避者,又称成功定向者。C项正确。(3)低趋低避者,又称失败接受者。(4)低趋高避者,又称避免失败者。因此本题选B、C两项。

79. AD 【解析】本题考查多血质的特征。多血质的特征包括:感情丰富、外露但不稳定,思维敏捷,但不求甚解,活泼好动、热情大方、善于交往,但交情浅薄,行动敏捷,适应力强,容易接受新事物;他们的弱点是缺乏耐心和毅力,稳定性差,见异思迁。故选A、D两项。B项为黏液质的特征。C项为胆汁质的特征。

80. ABC 【解析】本题考查习近平总书记提出的四个"相统一"。四个"相统一"包括:(1)坚持教书和育人相统一;(2)坚持言传和身教相统一;(3)坚持潜心问道和关注社会相统一;(4)坚持学术自由和学术规范相统一。

81. AC 【解析】本题考查班级平行管理的内涵。班级平行管理是指班主任既通过对集体的管理去间接影响个人,又通过对个人的直接管理去影响集体,从而把对集体和个人的管理结合起来的管理方式。班级平行管理的理论源于马卡连柯的"平行影响"的教育思想。故本题A、C项正确,B项错误。班级常规管理是指通过制定和执行规章制度来管理班级的经常性活动,故D项错误。

82. BCD 【解析】本题考查启发性教学原则。启发性原则是指在教学活动中,教师要调动学生的主动性和积极性,引导他们通过独立思考、积极探索,生动活泼地学习,自觉地掌握科学知识,提高分析问题和解决问题的能力。孔子提出的"不愤不启,不悱不发"的教学要求以及《学记》中"道而弗牵,强而弗抑,开而弗达"的教学思想,都是这一教学原则的体现。第斯多惠也曾说:"一个坏的教师奉送真理,一个好的教师则教人发现真理。"故本题选BCD。"学不躐等"反映的是循序渐进原则,故不选。

83. ABD 【解析】本题考查课堂气氛。我国学者根据学生在课堂上表现出来的注意状态、情感状态、意志状态、定势状态与思维状态,将课堂气氛分为以下三种类型。积极的课堂气氛是恬静与活跃、热烈而深沉、宽松与严谨的有机统一。消极的课堂气氛通常是紧张拘谨、心不在焉、反应迟钝。对抗的课堂气氛是失控的气氛、学生过度兴奋、各行其是、随便插嘴、故意捣乱。教师对学生的期望是影响课堂气氛的因素之一。故A、B、D三项正确。良好的课堂纪律是课堂教学得以顺利进行的重要保障条件。故C项错误。

84. ABC 【解析】本题考查三维课程目标。新课程背景下的课堂教学,要求根据各学科教学的任务和学生的需求,从知识与技能、过程与方法、情感态度与价值观三个维度出发设计课程目标。具体到教学实践,就是要把原来目标单一(即知识与技能)的课堂转变为目标多维(即知识与技能、过程与方法、情感态度与价值观三个维度)的课堂。

85. AB 【解析】本题考查组织策略。组织策略指整合所学新知识之间、新旧知识之间的内在联系,形成新的知识结构的策略。主要的组织策略有列提纲、做图表、利用表格等。故A、B两项属于组织策略。

86. ABCD 【解析】本题考查影响人身心发展的主要因素。总体来看,影响个体身心发展的因素主要有遗传、环境、教育(学校教育)和个体主观能动性等。

87. ACD 【解析】本题考查美育。中国教育史上蔡元培先生倡导的"以美育代宗教说",是美育的超美育功能认识的一个代表。故A项正确。形成创造美的能力是美育的最高层次的任务。故C项正确。美育是培养学生正确的审美观,发展其鉴赏美、创造美的能力,培养他们的高尚情操和文明素质的教育,故D项正确。学校美育的内容包括形式教育、理想教育、艺术教育,故美育不等同于艺术教育,B项说法错误。

88. BCD 【解析】本题考查态度与品德学习的一般过程。态度与品德的形成是一个从外到内的转化过程,是社会规范的接受和内化,大致经历依从、认同和内化三个阶段。

89. ACD 【解析】本题考查实习作业法的内涵。实习作业法是学生在教师指导下进行的学科实践活动,以培养学生专业操作能力的方法。如数学的实地测量、地理的地形测绘、生物的植物栽培和动物饲养等,都是有价值的实习作业。B选项属于读书指导法的内容,故不选。

90. ABCD 【解析】本题考查品德的心理结构。品德的心理结构包括四种相辅相成的基本心理成分:道德认知、道德情感、道德意志和道德行为。

三、判断题

91. √ 【解析】本题考查昆体良的教育思想。昆体良认为,大多数的教学可以用同样大小的声音传达给全体学生,更不必说那些修辞学家的论证和演说,无论听众多少,每个人都能全部听清楚。他还说过,根据一些教师的实践,把儿童分成班级,依照他们每个人的能力,指定他们依次发言。昆体良的这些见解,是班级授课制思想的萌芽。

92. × 【解析】本题考查三维课程目标。三维课程目标中,"知识与技能"目标强调基础知识和基本技能的获得,相当于传统的"双基"教学。"过程与方法"目标突出的是让学生"学会学习",使学生获得知识的过程同时成为获得学习方法和能力发展的过程。"情感态度与价值观"目标强调在教学过程中激发学生的情感共鸣,引起积极的态度体验,形成正确的价值观。题干中形成正确的知识产权意识属于情感态度与价值观目标。

93. √ 【解析】本题考查班级管理的核心。学生的发展是班级管理的核心。班级管理的实质就是让学生的潜能得到尽可能的开发。在现代学校教育中,班级活动完全是一种培养人的实践活动,满足学生发展的需要既是班级活动的出发点,又是班级活动的最终归宿。

94. √ 【解析】本题考查态度与品德学习的一般过程。认同,即在思想、情感、态度和行为上主动接受规范,从而试图与之保持一致。认同实质上就是对榜样的模仿,其出发点就是试图与榜样一致。

95. × 【解析】本题考查知识的表征。命题是一种断续的、抽象的表征,而表象是一种连续的、模拟的表征。

96. √ 【解析】本题考查回忆的种类。按是否有预定的目的、任务和意志努力的程度,回忆可分为有意回忆和无意回忆。其中有意回忆是指有回忆任务、并做一定的意志努力、自觉追忆以往经验的回忆,例如课堂上学生回答老师的提问。

97. √ 【解析】本题考查皮亚杰的认知发展阶段理论。皮亚杰提出,在儿童思维发展的所有特征中最重要的是可逆性。

98. × 【解析】本题考查学习的分类。奥苏贝尔从两个维度对学习做了区分:从学生学习的方式上,将学习分为接受学习和发现学习;从学习内容与学习者认知结构的关系上,又将学习分为有意义学习和机械学习。接受学习的特征是把要学习的全部内容或多或少地以定论的形式呈现给学习者,不需要学习者任何形式的独立发现,只需要学习者把学习材料加以内化,把新旧材料的内容有机地结合。有意义学习是以符号为代表的新观念与学习者认知结构中原有的适当观念建立起非人为的和实质性的联系的过程,是原有观念对新观念加以同化的过程。题干所述未能体现小郭进行了有意义的接受学习。

99. × 【解析】本题考查《中华人民共和国教师法》。《中华人民共和国教师法》第八条规定,教师应当履行下列义务:(1)遵守宪法、法律和职业道德,为人师表;(2)贯彻国家的教育方针,遵守规章制度,执行学校的教学计划,履行教师聘约,完成教育教学工作任务;(3)对学生进行宪法所确定的基本原则的教育和爱国主义、民族团结的教育,法制教育以及思想品德、文化、科学技术教育,组织、带领学生开展有益的社会活动;(4)关心、爱护全体学生,尊重学生人格,促进学生在品德、智力、体质等方面全面发展;(5)制止有害于学生的行为或者其他侵犯学生合法权益的行为,批评和抵制有害于学生健康成长的现象;(6)不断提高思想政治觉悟和教育教学业务水平。故题干所述属于教师的法定义务。

100. √ 【解析】本题考查教师劳动的连续性。教师劳动的连续性是指时间的连续性。教师的劳动没有严格的交接班时间界限,这个特点是由教师劳动对象的相对稳定性决定的。

2021 年湖南省株洲市天元区教师招聘考试教育理论基础真题试卷(六)

答案速查

1~5	CDABB	6~10	CBDBA	11~15	CCADD	16~20	BBCDD
21~24	ABAB	25~29	ABD AC ABD ABD BC	30~34	ACD AB CD ACD ABC		

一、单项选择题

1. C 【解析】本题考查教育的本质属性。教育的本质属性是育人,即教育是一种有目的地培养人的社会活动。这是教育区别于其他事物现象的根本特征。题干中夸美纽斯说的话和康德的观点都说明了教育是培养人的社会实践活动。

2. D 【解析】本题考查素质教育的时代特征。作为国力竞争基础工程的教育,必须培养具有创新精神和实践能力的新一代人才,这是素质教育的时代特征。

3. A 【解析】本题考查王守仁的教育思想。王守仁提出教育要循序渐进。王守仁认为学习要有序,不可躐等,"从本原上用力,渐渐盈科而进"。从这一认识出发,他进一步提出"与人论学亦须随人分限所及",即教学要考虑学者的基础,不断加深。

4. B 【解析】本题考查教育的起源。教育的劳动起源说的主要观点可以概括为:(1)人类教育起源于其劳动或劳动过程中所产生的需要;(2)以制造和利用工具为标志的人类的劳动不同于动物的本能活动,前者是社会性的,因而教育是人类特有的一种社会活动;(3)教育产生于劳动是以人类语言意识的发展为条件的;(4)教育从产生之日起其职能就是传递劳动过程中形成与积淀的社会生产和生活经验;(5)教育范畴是历史性与阶级性的统一,而不是如一些资产阶级教育学者所说的是永恒不变的范畴。生产力与生产关系的形态以及二者之间的关系改变了,教育形态也必须发生改革。

5. B 【解析】本题考查课程类型。我国古代的"六艺"、古希腊的"七艺"和"武士七艺"(即骑马、游泳、投枪、击剑、打猎、下棋、吟诗)都可以说是最早的学科课程。学科课程的主导价值在于传承人类文明,强调使学生掌握、传递和发展人类积累下来的文化遗产。

6. C 【解析】本题考查常用的德育方法。情感陶冶法是指教育者自觉创设良好的教育情境,潜移默化地使受教育者在道德和思想情操等方面受到感染、熏陶的方法。情感陶冶法包括人格感化、环境陶冶和艺术陶冶。其中,艺术陶冶是指通过音乐、美术、舞蹈、雕塑、诗歌、影视等文学艺术活动,使学生潜移默化地受到影响。题干中的学校组织学生观看爱国主义教育影片,运用的是情感陶冶法中的艺术陶冶。

7. B 【解析】本题考查新课程改革的核心任务。学生学习方式的转变具有极其重要的意义,这是因为学习方式的转变将会牵引出思维方式、生活方式甚至生存方式的转变。学生的自主性、独立性、能动性和创造性将因此得到真正的张扬和提升。学生不仅将成为学习和教育的主人,而且还将成为生活的主人,成为独立的、积极参与社会的、有责任感的人。学习方式转变因此被看成是新课程改革的显著特征和核心任务。

8. D 【解析】本题考查现代学习方式的首要特征。主动性是现代学习方式的首要特征,它对应于传统学习方式的被动性。二者在学生的具体学习活动中表现为:"我要学"和"要我学"。"我要学"是基于学生对学习的一种内在需要,"要我学"则是基于外在的诱因和强制。只有当学习的责任真正地从教师身上转移到学生身上,学生自觉担负起学习的责任时,学生的学习才是一种真正的、有意义的学习。

9. B 【解析】本题考查三维目标的相关内容。新课程的培养目标在各科课程标准中是分层次地体现的,目标的构成及其相互关系可按三个层次分列:知识与技能——基础目标,能力(过程)与方法——核心目标,情感态度与价值观——优先目标。

10. A 【解析】本题考查罗杰斯的非指导性教学模式。罗杰斯提出了非指导性教学模式。所谓"非指导性教学",就是非操纵教学,教师不是直接地教学生,而仅仅是促进他们学习。这种教学活动把学生放在居中的位置上,把学生的"自我"看成是教学的根本要求,教师竭尽所能地创造和谐、融洽、宽松的课堂气氛,使学生在整个学习过程中都感到安全与自信,充分显露自己的潜能,朝自我实现的目标发展。

11. C 【解析】本题考查操作技能的形成。操作技能的形成分为操作定向、操作模仿、操作整合和操作熟练四个阶段。其中操作熟练是操作技能掌握的高级阶段。通过动作练习形成的活动方式对各种变化的条件具有高度的适应性,动作的执行达到高度的程序化、自动化和完善化。

12. C 【解析】本题考查动作技能的分类。动作技能可按其执行过程中,外部情境是否变化而分成封闭的动作技能和开放的动作技能。封闭的动作技能是指外部情境在本质上相同的情况下,动作能始终如一地维持。像写字、打字等动作属于封闭的动作技能。开放的动作技能是指所进行的动作随着外部情境的变化而作相应变化的技能。像打乒乓球时的接发球、抽杀等动作,篮球比赛中的运球、传球、投篮等动作都属于这类动作技能。

13. A 【解析】本题考查加德纳的多元智能理论。早期,加德纳认为,人的智力结构中存在着七种相对独立的智力。其中人际沟通智能又称人际交往智力、人际智力,指对他人的表情、说话、手势动作的敏感程度以及对此做出有效反应的能力,表现为个人觉察、体验他人的情绪与情感,并做出适当的反应。

14. D 【解析】本题考查感知规律。感知规律分为强度律、差异律、活动律和组合律。其中组合律是指空间上接近、时间上连续、形状上相同、颜色上一致的事物,其易于构成一个整体为人们所清晰地感知。

15. D 【解析】本题考查托尔曼的符号学习理论。托尔曼认为,学习的结果不是 S 与 R 的直接联结,学习是对完形的认知,是形成认知地图的过程。

16. B 【解析】本题考查理想化偏见。理想化偏见是指个体在估计事件后果时,总是认为负面后果只会出现在他人身上,自己则不会有事。题干中贾同学认为在河滩戏水时危险不会发生在自己身上,属于典型的理想化偏见。

17. B 【解析】本题主要考查自我价值论。美国教育心理学家卡文顿提出了自我价值理论。他根据学生追求成功和避免失败的倾向,将学生分为高趋低避型、低趋高避型、高趋高避型和低趋低避型四类。其中低趋高避者,又称避免失败者。这类学生有很多保护自己胜任感的策略,使用各种自我防御术,从外部寻找个人无法控制的原因来解释失败。小微将失败归咎于失眠,说明其属于低趋高避型的学生。

18. C 【解析】本题考查影响问题解决的因素。思维定势(即心向)是指重复先前的操作所引起的一种心理准备状态。在定势的影响下,人们会以某种习惯的方式对刺激情境做出反应。题干中教师给自己认为好的学生高分,差的学生低分,属于对学生的思维定势。

19. D 【解析】本题考查习近平总书记在全国高校思想政治工作会议上的讲话。习总书记强调,做人的工作有三个方面:“四个为了”做好“为谁培养人”。为人民服务,为中国共产党治国理政服务,为巩固和发展中国特色社会主义制度服务,为改革开放和社会主义现代化建设服务。“四个坚持不懈”做好“如何培养人”。坚持不懈传播马克思主义科学理论,坚持不懈培育和弘扬社会主义核心价值观,坚持不懈促进高校和谐稳定,坚持不懈培育优良校风和学风。“四个正确认识”做好“培养什么样的人”。正确认识世界和中国发展大势,正确认识中国特色和国际比较,正确认识时代责任和历史使命,正确认识远大抱负和脚踏实地。

20. D 【解析】本题考查校本培训的概念。校本培训是一种由学校自行策划、自行组织、自行实施、自行考核的教师培训模式,其核心是培训的自主化和培训的个性化,即培训完全服务于本校的实际需要,培训内容和形式完全根据本校及本校教师的特点来编制设定,培训者基本由本校的教师来担任。

21. A 【解析】本题考查教育时政。2020 年 9 月 22 日,习近平总书记主持召开教育文化卫生体育领域专家代表座谈会时强调:体育是提高人民健康水平的重要途径,是满足人民群众对美好生活向往、促进人的全面发展的重要手段,是促进经济社会发展的重要动力,是展示国家文化软实力的重要平台。

22. B 【解析】本题考查《深化新时代教育评价改革总体方案》。《深化新时代教育评价改革总体方案》中指出,坚决克服重科研轻教学、重教书轻育人等现象,把师德表现作为教师资格定期注册、业绩考核、职称评聘、评优奖励首要要求,强化教师思想政治素质考察,推动师德师风建设常态化、长效化。

23. A 【解析】本题主要考查《中共中央 国务院关于深化教育教学改革全面提高义务教育质量的意见》。《中共中央 国务院关于深化教育教学改革全面提高义务教育质量的意见》中指出,人力资源社会保障部门要依法落实教师待遇，为学校招聘教师提供支持。

24. B 【解析】本题考查教育政策的特点。教育政策不同于教育规律，它是人们主观意志的体现，因而总具有明确的指向性。（具体参见黄胜主编的《教育学新编》）

二、多项选择题

25. ABD 【解析】本题考查校园文化的相关内容。校园文化是指由全体师生员工在长期的教学实践过程中培育形成的共同遵守的道德标准、价值观念及行为规范。它以学生为主体，以校园为主要空间，以育人为导向，以精神文化、环境文化、行为文化、制度文化建设为主要内容。故 A 项说法正确，C 项说法错误。校园文化是社会整体文化的一部分，必须加以科学引导和规范，故 B 项说法正确。校园文化的作用包括：(1)校园文化是一种氛围、一种精神；(2)校园文化建设可以极大地提升学校的文化品位；(3)校园文化是一所学校综合实力的反映。故 D 项说法正确。

26. AC 【解析】本题考查师生关系相关知识。师生关系和谐健康，学生才会乐于接受教育，才有可能被培养成为符合社会发展需要的高素质人才。中学师生心理关系建立在平等和民主的基础之上。

27. ABD 【解析】本题考查蔡元培的五育并举思想。蔡元培比较系统地提出了五育并举的思想，即：军国民教育、实利主义教育、公民道德教育、世界观教育和美感教育。

28. ABD 【解析】本题考查布鲁纳的认知—发现学习理论。布鲁纳认为学习包括三种几乎同时发生的过程，这三种过程是：新知识的获得、知识的转化、知识的评价。

29. BC 【解析】本题考查知识学习的类型。奥苏贝尔根据新知识与原有认知结构的关系，将知识学习分为下位学习、上位学习和并列结合学习。其中上位学习又称总括学习，即通过综合归纳获得意义的学习，是在学生掌握一个比认知结构中原有概念的概括和包容程度更高的概念或命题时产生的。上位学习遵循从具体到一般的归纳概括过程。例如，为了让学生掌握“面积”的概念，教师以桌面、地面、墙面、操场为例证，并比较其大小，最后得出“面积就是平面图形或物体表面的大小”的定义，就属于上位学习。故 B、C 两项属于上位学习。

30. ACD 【解析】本题考查多元智能理论。多元智能理论认为，影响每个人智力的发展有三种因素：先天资质，个人成长经历和个人生存的历史文化背景。这三种因素相互影响、相互作用。

31. AB 【解析】本题考查教育时政。习近平总书记指出，要坚持不懈培育和弘扬社会主义核心价值观，引导广大师生做社会主义核心价值观的坚定信仰者，积极传播者，模范践行者。培育和弘扬社会主义核心价值观，广大师生应该深刻理解社会主义核心价值观的素质内涵、在学习和生活中自觉践行社会主义核心价值观。

32. CD 【解析】本题考查习近平总书记在学校思想政治理论课教师座谈会上的讲话。习近平总书记强调，在大中小学循序渐进、螺旋上升地开设思想政治理论课非常必要，是培养一代又一代社会主义建设者和接班人的重要保障。

33. ACD 【解析】本题考查《中华人民共和国教育法》。《中华人民共和国教育法》第三十一条规定，学校及其他教育机构的校长或者主要行政负责人必须由具有中华人民共和国国籍、在中国境内定居、并具备国家规定任职条件的公民担任，其任免按照国家有关规定办理。学校的教学及其他行政管理，由校长负责。

34. ABC 【解析】本题考查教师心理健康的标准。教师心理健康是教师心理素质的一个重要反映和指标，它既包括一般心理健康标准的共性，同时也体现教师职业的特殊性，因此，应包括：(1)对教师角色的认同；(2)良好的人际关系；(3)善于调控情绪；(4)健全的人格；(5)教育的独创性。

三、填空题

35.《普通教育学》

36. 符号学习

37. 环境

38. 直觉思维

39. 四

40. 机械识记

41. 县

42. 校长

43. 增值评价

44. 2035

四、简答题(参考答案)

45. 就深化教育教学改革、全面提高义务教育质量，中共中央、国务院提出了哪些意见？

根据《中共中央 国务院关于深化教育教学改革全面提高义务教育质量的意见》的规定可知，就深化教育教学改革、全面提高义务教育质量，中共中央、国务院提出了如下意见：
(1)坚持立德树人，着力培养担当民族复兴大任的时代新人；(2)坚持“五育”并举，全面发展素质教育；(3)强化课堂主阵地作用，切实提高课堂教学质量；(4)按照“四有好老师”标准，建设高素质专业化教师队伍；(5)深化关键领域改革，为提高教育质量创造条件；(6)加强组织领导，开创新时代义务教育改革发展新局面。

(共5分。答案完整得满分；答出“立德树人”“‘五育’并举”“提高课堂教学质量”“专业化教师队伍”“深化关键领域改革”等关键词可得3分)

46. 义务教育质量评价包括县域、学校、学生三个层面，请你简述学生发展质量评价的主要内容。
《义务教育质量评价指南》规定学生发展质量评价主要包括学生品德发展、学业发展、身心发展、审美素养、劳动与社会实践等五个方面重点内容，旨在促进学生德智体美劳全面发展，培养适应终身发展和社会发展需要的正确价值观、必备品格和关键能力。

(共5分。答案完整得满分；答出五方面重点内容可得2分，答出“德智体美劳全面发展”“正确价值观”“品格”“能力”等关键词可得2分)

47. 项目式学习活动通常包括哪几个基本环节？
项目式学习活动的基本环节包括：(1)提出驱动性问题；(2)形成具体探究问题和探究计划；(3)实施探究过程；(4)形成和交流探究结果；(5)反思评价。

(共5分。每点1分；答出“提出问题”“制定计划”“实施计划”“开展评价”等关键词可得3分)

五、论述题(参考答案)

48. 各级党委和政府可以下达升学指标或以中高考升级率考核下一级党委和政府、教育部门、学校和教师，请你对此观点作出判断和分析。
这一观点是错误的，不符合我国《深化新时代教育评价改革总体方案》。
《深化新时代教育评价改革总体方案》中明确指出：坚决纠正片面追求升学率倾向。各级党委和政府要坚持正确政绩观，不得下达升学指标或以中高考升学率考核下一级党委和政府、教育部门、学校和教师，不得将升学率与学校工程项目、经费分配、评优评先等挂钩，不得通过任何形式以中高考成绩为标准奖励教师和学生，严禁公布、宣传、炒作中高考“状元”和升学率。对教育生态问题突出、造成严重社会影响的，依规依法问责追责。
题干所述观点会对我国的教育发展造成以下危害：
(1)只注重死记硬背，忽视学生的全面发展，有害于学生的身心健康发展；
(2)导致评价学生的指标单一化，不利于学生健康成长，多方面成才；
(3)导致教育脱离为社会发展服务的轨道，危害社会风气。

(共10分。判断2分，判断观点正确本题不得分；答出“纠正片面追求升学率倾向”“不得下达升学指标”“忽视学生的全面发展”“评价学生的指标单一化”“危害社会风气”等关键内容可得5分)

49. 认知建构主义对指导学习过程，促进教学改革具有重要意义，表现在哪里？
认知建构主义对指导学习过程，促进教学改革具有重要的意义。表现在以下几个方面：
(1)建构主义在知识观上对知识的客观性和确定性质疑，强调知识的动态性。教师在教育教学过程中应当要更加重视学生的个性化特点，因材施教，并不是要对所有的学生传授完全相同的原理知识，而是要让每个学生能够按照他的知识经验建构出新的知识内容。
(2)建构主义在学习观上强调学习的主动建构性、社会互动性和情境性。建构主义认为学习就是主体对学习客体的主动探索、不断变革，从而建构对客体意义理解的过程。因此，在教学中应当注意学生的意义建构，通过适当的教学策略启发学生能够自主建构认知结构。
(3)建构主义在学生观上认为，教学不能无视学生的已有经验，而是要把儿童现有的知识经验作为新知识的生长点，引导儿童从原有的知识经验中发展出新的知识经验。因此，在教学过程中除了传统知识的传授，还应当充分发挥学生的主体地位，强调学生的自主性和能动性，使学生在学习过程中能够主动发现、分析、解决问题。
(4)建构主义在教师观上把教师看成是学生学习的帮助者、合作者。建构主义认为教学不是由教师到学生的简单转移和传递,而是在师生的共同活动中,教师通过提供帮助和支持,引导学生从原有的知识经验中“生长”出新的知识经验。因此,在教学实践中,教师应该重视学生对各种现象的理解,倾听他们的看法,洞察他们这些想法的由来,以此为依据,引导学生丰富或调整自己的理解。

(共10分。答案完整得满分;完整答出建构主义的知识观、学习观、学生观、教师观每点可得2.5分,答出关键词每点可得1.5分)

六、案例分析题(参考答案)

50. 后进生通常指那些学习积极性不高、学习成绩暂时落后、不太守纪律的学生。

后进生一般具有如下心理特征:(1)不适度的自尊心;(2)学习动机不强;(3)意志力薄弱。案例中,吴老师班上的这位男生上课不认真听讲,扰乱课堂秩序,对待作业很随意,与同学之间的关系紧张等,正是后进生的表现。

(共5分。后进生的含义描述正确2分,指出后进生的心理特征3分)

做好后进生的转化工作是班主任的工作内容之一,吴老师可以从以下几个方面展开教育工作:

(1)关心爱护,尊重人格。在具体工作中,对后进生给予应有的尊重,消除后进生的疑惧心理,在尊重他们人格的基础上,向他们伸出温暖的双手,注意倾听他们的心声及苦衷,尽量听取他们的意见,采纳他们的合理建议。吴老师在转化该生时,首先要做到尊重该生,消除其疑惧心理,给予其足够的关心爱护。

(2)培养兴趣,激发动机。要促使后进生的思想转变,就必须培养他们的学习兴趣,激发学习动机,把他们的精力引导到学习上来。要采取相应的措施,帮助他们从听懂课、会做一般的习题开始,树立学习的信心,逐步提高学习成绩,形成良好的习惯,改变自己的不良言行。吴老师在转化该生时,需要采取一定的措施来培养其学习兴趣,激发学习动机,使该生慢慢树立学习的信心,逐步喜欢学习。

(3)动之以情,晓之以理。班主任之爱是学生前进的重要源泉,是做好后进生思想转化工作的最基本要求。动之以情是后进生发生转变的动因,而晓之以理则是转变的根本保障。只有摆事实、讲道理,使后进生认识到自己错误的根源和危害,产生自觉改正的要求,使他们的心理需求与班主任的要求产生共鸣,才能使其不良思想得到真正的转化,才能使他们弃旧从新。吴老师在转化该生时,需要对之动之以情、晓之以理,使该生认识到不好好学习、不认真听讲的危害,并使该生懂得如何与同学和睦相处,从而转化该生的不良思想。

(4)发扬积极因素,克服消极因素。任何一个后进生不论他多么落后,或多或少总有一些积极因素,班主任要善于及时发现这些因素,有时甚至要夸大这些积极因素。通过教育转化活动,激发他们的上进心和自信心,对他们的点滴进步给予及时的表扬,使之成为推动他们前进的动力和良好转化的开端。吴老师在转化该生时,应该在日常学习生活中多多观察该生,发现其身上的闪光点,通过发扬该生身上的积极因素,来克服其消极因素,对其点滴进步给予及时表扬。

(5)抓反复,反复抓。对后进生的教育转化工作是一个长期的、反复的过程,不能急于求成,更不能期望一劳永逸,必须抓反复、反复抓,进行持之以恒的教育。当他们的缺点和错误再度出现时,要不急躁、不嫌弃,耐心地帮助他们分析出现反复的原因,提出转变的有力措施。吴老师在转化该生时,需要耐心细致,对其进行持之以恒的教育,不急躁、不嫌弃,不断促进该生向好的方向转化。

(共10分。每点2分,理论依据正确1分,结合案例分析合理1分)

2020年湖南省郴州市桂东县教师招聘考试教育基础知识真题试卷(七)

答案速查

6~10	CBBBC	11~15	DCDBB	16~20	ABC BD BCDE ABC ABCD
21~25	ACDE BC ABCDE CD ABCE			26~30	ABCD ACDE ABCDE BC ABCD
31~35	√×√×√	36~40	×××××		

一、填空题

1. 依法治教

2. 适龄儿童少年　强制性　免费性　普及性

3. 动机　效果　个人　社会　继承　创新

4. 自我评价法　学生评价法　社会评价法

5. 育人　德育　智育　体育　美育　劳动技术教育

二、单项选择题

6. C　【解析】本题考查人的心理的实质。心理是通过脑这一特殊物质实现的一种反映形式，而反映的对象则是客观现实，客观现实是人的心理活动内容的源泉。

7. B　【解析】本题考查心理现象的产生方式。人的心理活动，就其产生方式来说，是客观事物引起人脑反射的活动。

8. B　【解析】本题考查个体心理发展的一般规律。在心理发展过程中，当某些代表新特征的量累积到一定程度时，就会取代旧特征而处于主导地位，表现为阶段性的间断现象。思维的发展也是一个从量变到质变的过程，学生从直观动作思维到抽象思维是一个质变，体现了心理发展的阶段性，选B选项。A项顺序性是指在正常条件下，心理的发展总是具有一定的方向性和先后顺序。C项不平衡性是指心理的发展可以因进行的速度、到达的时间和最终达到的高度而表现出多样化的发展模式。一方面表现出个体不同系统在发展的速度、发展的起止时间与到达成熟时期的不同进程；另一方面也表现出同一机能特性在发展的不同时期有不同的发展速率。D项个别差异性是指任何一个正常学生的心理发展总要经历一些共同的基本阶段，但发展的速度、最终达到的水平，以及发展的优势领域等方面往往又千差万别。

9. B　【解析】本题考查负强化的内容。负强化也称消极强化，是通过消除或中止厌恶、不愉快刺激来增强反应频率。题干中教师通过撤销做家庭作业的厌恶刺激来增加学生做对题的频率就属于负强化，故选B项。A项正强化也称积极强化，是通过呈现想要的愉快刺激来增强反应频率。C、D项为干扰选项。

10. C　【解析】本题考查逃避条件作用的内容。逃避条件作用是指当厌恶刺激出现时，有机体做出某种反应，从而逃避了厌恶刺激，则该反应在以后的类似情境中发生的概率便增加的一类条件作用。在日常生活中，逃避条件作用不乏其例。例如：看见路上的垃圾后绕道走开；感觉屋内人声嘈杂时暂时离屋等。题干所述符合C项。B项回避条件作用是指当预示厌恶刺激即将出现的刺激信号呈现时，有机体也可以自发地做出某种反应，从而避免了厌恶刺激的出现，则该反应在以后的类似情境中发生的概率便增加的一类条件作用。A项消退是指条件刺激形成以后，如果得不到强化，条件反应会逐渐减弱，直至消失的现象。D项强化是采用适当的强化物而使机体反应频率、强度和速度增加的过程。

11. D　【解析】本题考查巴甫洛夫的经典性条件作用理论的主要规律。如果只对条件刺激做出条件反应，而对其他相似刺激不做反应，则出现了刺激的分化。分化能使我们对不同的情境做出不同的恰当反应，从而避免盲目行动。分辨词语的不同是刺激的分化，故选D项。C项泛化是指机体对与条件刺激相似的刺激做出条件反应。A项获得是指条件作用的获得，是通过条件刺激反复与无条件刺激相匹配，从而使个体学会对条件刺激做出条件反应的过程。B项消退是指条件反射形成以后，如果得不到强化，条件反应会逐渐减弱，直至消失的现象。

12. C　【解析】本题考查韦纳归因理论的有关内容。美国心理学家韦纳提出了成败归因理论。他把人经历过事情的成败归结为六种原因，即能力、努力程度、工作难度、运气、身心状况、外界环境。成败归因理论为改变“差生”提供了依据。

13. D　【解析】本题考查课堂管理的影响因素。影响课堂管理的因素有：(1)教师的领导风格；(2)班级规模；(3)班级的性质；(4)对教师的期望。

14. B　【解析】本题考查群体规范的内容。群体规范是约束群体内成员的行为准则，包括成文的正式规范和不成文的非正式规范。正式规范是有目的、有计划地教育的结果。非正式规范的形成则是成员们约定俗成的结果，受模仿、暗示和顺从等心理因素的制约。群体规范会形成群体压力，对学生的心理和行为产生极大的影响，还可能导致从众现象的发生。群体规范使学生保持认知、情感和行为上的一致，并为学生的课堂行为划定方向和范围，成为引导学生行为的指南。课堂中的从众现象的发生一般认为是群体规范的结果。

15. B　【解析】本题考查教师成长的阶段理论。福勒和布朗根据教师的需要和不同时期所关注的焦点问题，把教师的成长划分为关注生存、关注情境和关注学生三个阶段。处于关注生存阶段的一般是新教师，他们非常关注自己的生存适应性,最担心的问题是"学生喜欢我吗""同事们如何看我""领导是否觉得我干得不错"等。因而,可能会把大量的时间花在如何与学生搞好个人关系上,想方设法控制学生,而不是更多地考虑如何让学生获得学习上的进步。题干所述教师正处于此阶段,故选B项。处于关注情境阶段的教师关心的是如何教好每一堂课,以及班级大小、时间压力和备课材料是否充分等与教学情境有关的问题,如"内容是否充分得当""如何呈现教学信息""如何掌握教学时间"等。传统教学评价集中关注这一阶段,一般来说,老教师比新教师更关注此阶段。当教师顺利地适应了前两个阶段后,成长的下一个目标便是关注学生。教师将考虑学生的个别差异,认识到不同发展水平的学生有不同的需要,根据学生的差异采取适当的教学,促进学生发展。能否自觉关注学生是衡量一个教师是否成熟的重要标志之一。

三、多项选择题

16. ABC 【解析】本题考查陶行知与杜威的教育思想。陶行知的"生活即教育"和杜威的"教育即生活"的相同点是:(1)承认教育和生活之间存在着密切的联系,反对将教育与生活分离;(2)认为生活含有重要的教育意义;(3)承认教育对改造生活的重要作用。D、E两项均是杜威的教育思想。

17. BD 【解析】本题考查教育活动的基本规律。教育最基本的规律有两条:(1)关于教育与社会发展关系的规律,我们称之为教育的外部关系规律,教育外部诸因素指人口、政治、经济、文化;(2)关于教育和人的发展关系的规律,我们称之为教育的内部关系规律,教育内部诸因素指教师、学生、教材、设备、教学管理等。

18. BCDE 【解析】本题考查我国的学校教育制度的相关内容。从层次结构上来看,我国现行学校教育包括学前教育、初等教育、中等教育和高等教育四个层次。另外,从类型结构上来看,我国现行学校教育可划分为基础教育、职业技术教育、高等教育、成人教育和特殊教育五个大类。

19. ABC 【解析】本题考查培养学生主体性的措施。对于学生主体性的培养,一般学者认为主要从三个方面着手:(1)建立民主而和谐的师生关系,重视学生自学能力的培养;(2)重视培养学生主体参与课堂,让学生获得主体参与的体验,尤其让学生体验成功;(3)尊重学生的个性差异,对学生进行具有针对性的教育。

20. ABCD 【解析】本题考查班级管理的内容。班级管理的内容包括:班级组织建设、班级制度管理、班级教学管理和班级活动管理。故A、B、C、D四项正确。E项属于班级管理的模式。

21. ACDE 【解析】本题考查群众性活动的内涵。群众性活动是一种面向多数或全体学生的带有普及性质的活动。群众性活动的具体活动方式有:(1)集会活动;(2)竞赛活动;(3)参观、访问、游览和调查;(4)文体活动;(5)墙报和黑板报;(6)社会公益劳动。故A、C、D、E四项正确。B项属于小组活动。

22. BC 【解析】本题考查教育研究的类型。根据研究目的的不同,教育研究可分为基础研究、应用研究与开发研究。根据方法论的不同,教育研究可分为定量研究与定性研究。

23. ABCDE 【解析】本题考查影响课程变革的因素。影响课程变革的重要因素包括:政治因素、经济因素、文化因素、科技革新和学生发展。

24. CD 【解析】本题考查新课程倡导的教师角色。新课程倡导的教师角色包括:(1)从教师与学生的关系看,教师是学生学习的促进者。其内涵主要包括两个方面:教师是学生学习能力的培养者和教师是学生人生的引路人。(2)从教学与研究的关系看,教师是教育教学的研究者。(3)从教学与课程的关系看,教师是课程的开发者和建设者。(4)从学校与社区的关系看,教师是社区型开放的教师。

25. ABCE 【解析】本题考查综合实践活动的性质。综合实践活动的性质包括:(1)相对于学科课程而言,综合实践活动是一门经验性课程,不存在内在的知识逻辑和知识体系,是按主题的形式来展开设计的;(2)相对于分科课程而言,综合实践活动是一门综合性课程,包括内容综合、学习方式综合和活动时空综合三个方面;(3)综合实践活动还是一门实践性课程,强调对学生实践能力的培养;(4)综合实践活动是三级管理的课程。

26. ABCD 【解析】本题考查教学反馈的作用。教学反馈是指教师在课堂教学中,有意识地收集和分析教育教学的状况,并做出相应反应的教学行为。它是完成教学进程的重要环节,是强化和调控目标检测的重要手段,具有激励、调控、媒介和预测的作用。

27. ACDE 【解析】本题考查德育过程的构成要素。德育过程通常由教育者、受教育者、德育内容和德育方法四个相互制约的要素构成。

28. ABCDE 【解析】本题考查教学工作的基本程序。教师教学工作包括五个基本环节(即基本程序):备课、上课、作业的布置与反馈、课外辅导和学业成绩的检查与评定。

29. BC 【解析】本题考查教学方法的具体运用。演示法是指教师通过展示实物、教具和示范性的实验来说明、印证某一事物和现象,使学生掌握新知识的一种教学方法。讨论法是全班或小组成员在教师的指导下,围绕某一中心问题发表自己的看法和见解,从而进行相互学习的一种方法。题干中的教师让学生观察自己养的蚕宝宝,体现了对演示法的运用;教师让学生在全班交流学习成果,体现了对讨论法的运用。

30. ABCD 【解析】本题考查讲授法的相关知识。讲授法可分为讲读、讲述、讲解和讲演四种。故 A 项正确。运用讲授法的基本要求包括:讲授内容要有科学性、系统性和思想性,要认真组织;讲授要讲究策略和方式,要系统完整,层次分明,重点突出,符合知识的系统性和启发性教学原则的要求;教师要努力提高语言表达水平,讲究语言艺术;要组织学生听讲;要与其他教学方法配合使用。故 B、C、D 三项说法正确。衡量一种教学方法是否具有启发性,关键是看教师能否促进学生积极主动地去学习,而不是单从形式上去加以判断。将讲授法等同于注入式教学,这是错误的。故 E 项说法错误。

四、判断题

31. √ 【解析】本题考查核心课程的内涵。核心课程要求以人类基本活动为主题而编制课程系统,在实质上是活动课程的发展。(具体参看袁仕勋、吴永忠主编的《教育学新编》)

32. × 【解析】本题考查教学目标与课程目标的相关知识。教学目标是课程目标的载体,教学目标是课程目标的具体化,只有将课程目标转化为一系列具体的可操作性的教学目标时,课程目标才能得以落实,并通过一系列的教学目标的达成,使得课程目标最终得以实现。故题干说法错误。

33. √ 【解析】本题考查班级授课制的发展历程。在我国,最早采用班级授课制的是清政府于 1862 年设于北京的京师同文馆,并在癸卯学制中以法令形式确定下来,随之在全国范围内推广。

34. × 【解析】本题考查诊断性评价的具体运用。诊断性评价是在学期开始或一个单元教学开始时,为了了解学生的学习准备状况及影响学习的因素而进行的评价。诊断性评价的主要功能包括:(1)检查学生的学习准备程度;(2)决定对学生的适当安置;(3)辨别造成学生学习困难的原因。因此,诊断性评价适用于全体学生,故题干说法错误。

35. √ 【解析】本题考查量力性原则的具体运用。量力性原则,也称可接受性原则,是指教学的内容、方法、分量和进度要适合学生的身心发展,使他们能够接受,但又要有一定的难度,需要他们经过努力才能掌握,以促进学生的身心发展。这一原则是为了防止发生教学难度低于或高于学生实际程度而提出的。

36. × 【解析】本题考查德育目标的相关内容。德育目标是教育目标在受教育者思想品德方面要达到的总体规格要求,亦即德育活动所要达到的预期目的或结果的质量标准。德育目标是德育工作的出发点,它不仅决定了德育的内容、形式和方法,而且制约着德育工作的基本过程。

37. × 【解析】本题考查德育内容的相关知识。德育内容的选择依据之一是受教育者的身心发展特征。受教育者的身心发展特征,决定德育内容的深度和广度。因此,在不同的教育阶段,思想品德教育内容的重点,也会随着该阶段学生的年龄特征有所改变。

38. × 【解析】本题考查班集体的相关知识。评价一个班集体建设的好坏,不仅要看一个班集体的思想、学习、纪律、班风、舆论等方面的状况如何,要看每个同学德、智、体诸方面发展情况如何,还要看每个成员的个性是否得到健康的发展。班里的学习风气只是评价班集体好坏的一个方面,故题干说法有误。

39. × 【解析】本题考查新课程倡导的学习方式。新课程改革提倡探究学习并不是完全抛弃接受学习。只是因为传统的学习方式过分突出和强调接受和掌握,冷落和贬低发现和探究,从而在实践中导致了对学生认识过程的极端处理,使学生学习书本知识变成仅仅是接受书本知识,学生学习成了纯粹被动地接受、记忆的过程。我们批判的是教师没有正确引导学生运用传统学习方式,而不是传统学习方式本身。故题干说法过于绝对。

40. × 【解析】本题考查学生的特点。从学生自身特点看,学生具有可塑性、依赖性和向师性。其中,学生的可塑性是指学生处于长知识、长身体的时期,也是他们的品德、人格正在形成的时期,各方面尚未成熟,具有很大的发展潜力,而且尚未定型,极容易受外部环境因素的影响,具有“染于苍则苍,染于黄则黄”的特点。

五、简答题(参考答案)

41. 教学过程作为一种特殊的认识过程,其特殊性主要表现在哪些方面?

教学过程作为一种特殊的认识过程,其特殊性表现在:(1)认识对象的间接性与概括性;(2)认识方式的简捷性与高效性;(3)教师的引导性、指导性与传授性(有领导的认识);(4)认识的交往性与实践性;(5)认识的教育性与发展性。

(共5分。每点1分,答案完整得满分;答出“间接性与概括性”“简捷性与高效性”“指导性与传授性”“交往性与实践性”“教育性与发展性”等关键词可得4分)

42. 简述班集体的形成与培养过程。

(1)确定班集体的发展目标;(2)建立得力的班集体核心;(3)建立班集体的正常秩序;(4)组织形式多样的教育活动;(5)培养正确的舆论和良好的班风。

(共5分。每点1分,答案完整得满分;答出“发展目标”“班集体核心”“正常秩序”“教育活动”“正确的舆论”等关键词可得3分)

43. 简述课堂提问的基本要求。

(1)合理地设计问题;(2)面向全体学生提问;(3)目的明确,把握好时机;(4)提问的语言要准确,具有启发性;(5)提问的态度要温和自然;(6)及时进行评价和总结。

(共5分。答案完整得满分;答出“合理设计问题”“面向全体学生”“目的明确”“具有启发性”“态度要温和”“及时进行评价”等关键词可得4分;少答或答错一点扣1分)

44. 第30个教师节前夕,习近平总书记考察北京师范大学时,在勉励广大师生的讲话中提倡做“四有好老师”。简述“四有好老师”是指哪“四有”。

“四有好老师”中的“四有”是指:(1)有理想信念;(2)有道德情操;(3)有扎实学识;(4)有仁爱之心。

(共5分。答案完整得满分;少答或答错一点扣2分)

六、案例分析题(参考答案)

45. 案例中王老师和李老师的发言都是不正确的,是对素质教育认识上的误区。

(1)王老师认为素质教育就是多开展文体活动,多上文体课。这是对素质教育形式化的误解。教育培养人的基本途径是教学,学生的基本任务是在接受人类文化精华的过程中获得发展。这就决定了素质教育的主渠道是教学,主阵地是课堂。

(2)李老师认为素质教育就是不要考试,特别是不要百分制的考试。这是对考试的误解。考试包括百分制考试本身没有错,要说错的话,就是应试教育中使用者将其看作学习的目的。考试作为评价的手段,是衡量学生发展的尺度之一,也是激励学生发展的手段之一。

(共5分。整体评价1分;每点分析2分,指出具体的误区1分,阐释合理、充分1分)

46. 从表面上看,材料中的教师注重学生的个人感受,尊重学生,培养孩子的个性化阅读能力。实际上,教学流于形式,没有深入实际。造成这种现象的原因在于部分老师没有很好地把握教师主导作用与学生主体作用相统一的教学规律。教师主导作用与学生主体作用相统一(双边性规律)是指在教学中,教师的教依赖于学生的学,学生的学离不开教师的教,教与学是辩证统一的。需要指出的是,尊重儿童并非放任儿童,听任课堂自发地发展,放弃教师的职责与主导作用,而是提高了对教师教的要求,加重了教师的责任和工作量。材料中的教师一味地强调学生在教学中的主体地位与作用,过于注重课堂的活动与热烈氛围,相对忽视了教师在教学上的理智引导与规范,以致学生活泼有余,对知识的系统掌握则有不足,影响了教学质量,其危害不可忽视。

(共5分。看法1分,理论依据准确、充分2分,结合材料分析合理2分)

2020年湖南省株洲市天元区教师招聘考试教育理论基础真题试卷(八)

答案速查

1~5	BDCBB	6~10	ACADC	11~15	BADCC	16~20	AABCC
21~25	ADCBA	26~30	ABC AD ABCD BC AB	31~35	BD ABCD ACD ABCD AB		

一、单项选择题

1. B 【解析】本题考查旧中国的学制沿革相关知识。癸卯学制是中国近代教育史上第一个以法令形式公布的并在全国推行过的学校教育体系。癸卯学制首次提出了义务教育的思想观念,并把义务教育和强迫教育视为同义概念。

2. D 【解析】本题考查个体身心发展的规律相关知识。互补性是指机体某一方面的机能受损甚至缺失后,可通过其他方面的超常发展得到部分补偿。互补性要求教育应结合学生实际,扬长避短,"长善救失",重视发现学生的自身优势,促进学生的个性化发展。

3. C 【解析】本题考查课堂导入的类型。情境导入是指教师运用满怀激情的朗读、演讲或者通过音乐、动画、录像等创设有趣的学习情境,感染学生,引起学生丰富的想象和联想,使其情不自禁地进入学习情境的一种导入方法。题干中的教师运用的课堂导入方法即情境导入。

4. B 【解析】本题考查教师专业发展的关注阶段理论。福勒根据教师关注内容的不同,将教师由师范生到专业教师的成长过程分为以下四个阶段:(1)任教前关注阶段。此阶段是师资养成时期,师范生仍是扮演学生角色,对于教师角色只是想象一下,因为尚未经历教学角色,没有教学经验,所以只关注自己。不仅如此,对于给他们上课的教师,常常对其不表同情,甚至怀有敌意。(2)早期生存关注阶段。此阶段是初次实际接触教学工作,所关注的是作为教师自己的生存问题。所以,他们关注班级管理、教学内容以及指导者的评价,具有相当大的压力。故 B 项为正确选项。(3)教学情境关注阶段。此阶段所关注的是教学情境的限制以及教学过程中遇到的挫折,对他们在教学方面有相当大的要求。所以,在此阶段,他们比较重视自己的教学,所关注的是自己的教学表现,而不是学生的学习。(4)关注学生阶段。虽然许多教师在职前教育阶段表达了对学生学习、社会和情绪需求的关注,但是却没有实际的行动。直到他们亲身体验到必须面对和克服较繁重的工作时,才能关注学生。

5. B 【解析】本题考查教学评价的基本类型。形成性评价是在教学过程中为改进和完善教学活动而进行的对学生学习过程及结果的评价。依据题干描述可知,英语老师对学生的评价是在教学过程中进行的,这种评价属于形成性评价。

6. A 【解析】本题考查教师职业角色。示范者角色强调教师的言行是学生学习和模仿的榜样。学生具有可塑性和向师性的特点,教师的言谈举止、行为方式、为人处世的态度等都会对学生产生耳濡目染、潜移默化的影响,因此,教师是学生学习的最直接榜样。题干的描述反映出教师扮演了示范者的角色。

7. C 【解析】本题考查知识学习的类型。符号学习又称表征学习,是指学习单个符号或一组符号的意义。符号学习的心理机制是符号和它们所代表的事物或观念在学习者认知结构中建立相应的等值关系。学生认识了国家禁毒委员会的禁毒标志的意义,这属于符号学习。

8. A 【解析】本题考查学习策略的类型。组织策略是指整合所学新知识之间、新旧知识之间的内在联系,形成新的知识结构的策略。组织策略包括归类策略、纲要策略、利用表格等,题干所述学习策略属于组织策略。

9. D 【解析】本题考查变式的含义。变式就是变换使用不同形式的直观材料或事例说明事物的属性,使本质属性保持不变而非本质属性或有或无,以便突出本质属性。学生鉴别各种存在浮力的情境时发现,浮力作用不仅存在于漂在水面上的物体,也存在于浸入水中或者沉在水底的物体。这体现了变式在教学中的运用。

10. C 【解析】本题考查学习迁移的种类。一般迁移也称非特殊迁移、普遍迁移,是指一种学习中所习得的一般原理、原则和态度对另一种具体内容学习的影响,即原理、原则和态度的具体应用。题干所述体现了一般迁移。C 项为正确选项。垂直迁移也称纵向迁移,是指先行学习内容与后续学习内容是不同水平的学习活动之间产生的影响。A 项不符合题意。具体迁移也称特殊迁移,是指学习迁移发生时,学习者原有的经验组成要素及其结构没有变化,只是将一种学习中习得的经验要素重新组合并移用到另一种学习之中。B 项不符合题意。逆向迁移是指后继学习对先前学习产生的影响。D 项不符合题意。

11. B 【解析】本题考查感性概括的含义。感性概括是一种低级的概括形式,它只能概括事物直观的、形象的、外部的特征。这类认识虽有一定的概括性,也涉及同类事物的某些特征,但却未反映它们的本质特征。某些学生通过对长方形的观察,得出"长方形是四条边不相等的四边形"的结论。这种知识概括并未反映长方形的本质特征,故属于感性概括。

12. A 【解析】本题考查布卢姆的教学目标分类。布卢姆认为,认知领域的教学目标分为知识(识记)、领会(理解)、应用、分析、综合、评价六级。领会(理解)是指在知识记忆的基础上掌握知识,能抓住事物的实质,把握材料的主题和意义。转换、解释、推断是理解知识材料的三种形式。推断要求学生做到:了解事实与原理,解释文字资料,解释图表,转译文字资料为另一种资料形式,验证方法与过程,对所学的内容进行概述,举例说明所学过的问题等。所以,根据布卢姆的目标分类,题干所述属于认知领域教学目标中的领会层次。

13. D 【解析】本题考查抑制过程。外抑制是外界新异刺激出现,对正在进行中的条件反射产生的抑制。分化抑制是指在建立条件反射时,只对条件刺激物加以强化,对类似的刺激物不予强化,使类似刺激物引起的反应受到抑制。消退抑制是由于条件反射没有得到强化而产生的抑制,它是条件性抑制最简单、最基本的形式。超限抑制是由相对过强的刺激所引起的抑制。超限抑制使大脑皮层细胞免受超强刺激所引起的过度兴奋而损伤,因此又叫保护性抑制。刺激性的网络游戏,使人的精神高度紧张,时间一长,很可能导致"超限抑制"现象,使人除了游戏以外的"兴奋灶"大大减少,将几乎所有的注意力都集中在游戏上。所以,长期沉迷网络游戏的人会对周围事物淡漠甚至麻木,出现植物神经紊乱,表现为易出汗、急躁、粗暴、激动甚至虚脱。题干所述体现了超限抑制。

14. C 【解析】本题考查维果斯基的内化学说。维果斯基内化学说的基础是他的"工具理论"。他认为,人类的精神生产工具或"心理工具"就是各种符号。运用符号就可使心理活动得到根本改造,这种改造不仅存在于人类发展的过程中,而且也存在于个体发展的过程中。学生早年还不能使用语言这个工具来组织自己的心理活动,心理活动的形式是直接的、不随意的、低级的、自然的。学生只有掌握语言这个工具,心理活动才能转化为间接的、随意的、高级的、社会历史的。

15. C 【解析】本题考查五育之间的关系。体育是各育实施的物质前提,是人的一切活动的基础;智育是各育实施的认识基础和智力支持;德育则是各育实施的方向统帅和动力源泉;美育协调各育的发展;劳动技术教育是各育的实践基础。

16. A 【解析】本题考查素质教育相关知识。教是为了不教,不仅要让学生学会,更要让学生会学,不仅给学生知识,更要给学生打开知识大门的钥匙。在这样一个时代,我们的基础教育一定要培养学生的终身可持续发展的能力。

17. A 【解析】本题考查合作学习相关知识。新的课程改革更加注重小组合作学习,小组合作学习是为了让学生通过合作从同伴处获得有用的知识来填补自身知识和能力的不足。小组合作学习不一定要按座位就近的原则,可根据不同的教学内容采取不同的组合原则,如自由组合、前后搭配、互补组合等。所以,A 项说法错误。在小组合作学习中,教师应做到:(1)运用多种直观、形象、贴近学生生活实际的教学手段再现情境,为合作学习创设良好的学习基础;(2)学生在合作学习遇到障碍时教师要及时点拨;(3)学生合作学习暂告一段落时,引导学生总结知识,梳理思路。所以,B、C 项说法正确。合作学习固然是一种好的学习模式,但内容决定形式。不是每堂课都适合用这种形式。所以我们教师要根据具体教学内容来确定是否用这种形式,不然效果不佳。所以,D 项说法正确。

18. B 【解析】本题考查综合实践活动课程的内容。综合实践活动课程的内容主要包括:信息技术教育、研究性学习、社区服务与社会实践以及劳动与技术教育。演讲竞赛不是综合实践活动课程的内容。

19. C 【解析】本题考查素质教育相关知识。1999年颁布的《中共中央 国务院关于深化教育改革全面推进素质教育的决定》(简称《决定》)明确提出,教师"要遵循规律,积极参与教学科研,在工作中勇于探索创新;要与学生平等相处,尊重学生人格,因材施教,保护学生的合法权益。"《决定》中对教师素质的要求,既是教师师德修养的目标,又是教师教育活动中要遵循的行为准则,是学校师德建设的方向。

20. C 【解析】本题考查十九大报告相关知识。党的十九大报告指出,建设教育强国是中华民族伟大复兴的基础工程,必须把教育事业放在优先位置,加快教育现代化,办好人民满意的教育。

21. A 【解析】本题考查十九大报告相关知识。在党的十九大报告中,习近平总书记明确指出:"要全面贯彻党的教育方针,落实立德树人根本任务,发展素质教育,推进教育公平,培养德智体美全面发展的社会主义建设者和接班人。"

22. D 【解析】本题考查十九大报告相关知识。十九大报告指出,优先发展教育事业。完善职业教育和培训体系,深化产教融合、校企合作。加快一流大学和一流学科建设,实现高等教育内涵式发展。健全学生资助制度,使绝大多数城乡新增劳动力接受高中阶段教育、更多接受高等教育。支持和规范社会力量兴办教育。所以,题干中的(2)(3)(4)是我国教育事业发展的新任务、新要求。十九大报告指出,用新时代中国特色社会主义思想武装全党。弘扬马克思主义学风,推进“两学一做”学习教育常态化制度化,以县处级以上领导干部为重点,在全党开展“不忘初心、牢记使命”主题教育,用党的创新理论武装头脑,推动全党更加自觉地为实现新时代党的历史使命不懈奋斗。题干中的(1)是全面从严治党的要求,不属于我国教育事业发展的新任务、新要求。

23. C 【解析】本题考查习近平总书记在全国教育大会上的讲话。习近平总书记在全国教育大会上指出,在实践中,我们就教育改革发展提出一系列新理念新思想新观点,主要有以下几个方面,坚持党对教育事业的全面领导,坚持把立德树人作为根本任务,坚持优先发展教育事业,坚持社会主义办学方向,坚持扎根中国大地办教育,坚持以人民为中心发展教育,坚持深化教育改革创新,坚持把服务中华民族伟大复兴作为教育的重要使命,坚持把教师队伍建设作为基础工作。

24. B 【解析】本题考查办好我国教育事业的价值追求。在2018年9月的全国教育大会上,习近平总书记提出的“九个坚持”系统回答了中国特色社会主义教育的战略性、原则性、方向性问题,形成了系统科学的新时代中国特色社会主义教育理论体系。其中,坚持以人民为中心发展教育充分体现了马克思主义的人民立场和以人民为中心的发展思想,体现出我们党全心全意为人民服务的根本宗旨,彰显了人民的主体地位和人民至上的价值取向,这是教育事业发展的价值追求。

25. A 【解析】本题考查全国高校思想政治工作会议相关知识。习近平总书记在全国高校思想政治工作会议上强调,我国高等教育发展方向要同我国发展的现实目标和未来方向紧密联系在一起。推进社会主义现代化建设,实现中华民族伟大复兴的中国梦,无疑是我国发展的现实目标和未来方向。

二、多项选择题

26. ABC 【解析】本题考查教育规律相关知识。根据教育的内部关系规律,在教育过程中,要充分发挥教师的主导作用和学生的主体能动性,善于运用教育影响,以获得最佳的教育效果。故B选项正确。教育的外部规律与内部规律之间的关系可表述为:教育外部规律制约着教育内部规律的作用,教育外部规律只能通过内部规律来实现。教育是通过培养人来对社会的发展起作用的。培养人的教育活动,既要遵循教育自身的内部规律,又要受社会的经济、政治、科技和文化的制约。另一方面,社会发展所需要的人才,只能遵循教育自身的规律来培养,不能以经济的规律、政治的规律代替教育自身的规律来培养人才。故A、C两个选项正确,D选项错误。

27. AD 【解析】本题考查教学原则。直观性原则是指在教学活动中,教师应尽量利用学生的多种感官和已有的经验,通过各种形式的感知,使学生获得生动的表象,从而比较全面、深刻地掌握知识。A选项中的地理老师借助模型帮助学生了解八大行星各自的大小、形状和位置等即运用了直观性原则。巩固性原则是指教师在教学中要引导学生在理解的基础上牢固地掌握基础知识和基本技能,而且在需要的时候,能够准确无误地呈现出来,以利于知识技能的利用。B选项中的历史老师有效组织学生复习,即体现了巩固性原则。思想性(教育性)和科学性相统一的原则是指教学要以马克思主义为指导,授予学生科学知识,并结合知识教学对学生进行社会主义品德和正确人生观、科学世界观教育。D选项中的语文老师在讲到民族英雄戚继光时,高度赞扬戚继光的爱国主义精神即体现了思想性(教育性)和科学性相统一的原则。启发性原则是指在教学活动中,教师要调动学生的主动性和积极性,引导他们通过独立思考、积极探索,生动活泼地学习,自觉地掌握科学知识,提高分析问题和解决问题的能力。C选项中的数学老师让学生从周围的实物中举出一些线面平行的例子,以启发学生发现线面平行的判定定理即运用了启发性原则。

28. ABCD 【解析】本题考查依据记忆规律合理安排和组织教学的具体措施。依据记忆规律合理安排和组织教学的具体措施包括:(1)合理安排教学。具体要求为:①学校在排课时应尽可能避免把性质相近的课程排在一起,这样能减少材料相似性引起的前摄抑制、倒摄抑制对记忆的干扰；②教师要保证学生的课间休息；③教师应控制每堂课的信息投入量。(2)向学生提出具体的识记任务。(3)使学生处于良好的情绪和注意状态。(4)充分利用无意识记的规律组织教学。(5)使学生理解所学内容并把它系统化。(6)培养学生良好的记忆品质，提高其记忆能力。

29. BC 【解析】本题考查操作技能和心智技能的含义。操作技能又叫运动技能、动作技能，是通过学习而形成的合乎法则的操作活动方式。日常生活中的写字、打字、绘画，音乐方面的吹、拉、弹、唱，体育方面的田径、球类、体操，生产劳动方面的车、刨、磨等活动方式，都属于操作技能的范畴。所以，A、D项属于操作技能。心智技能也称为智力技能、认知技能，是通过学习而形成的合乎法则的心智活动方式。阅读技能、写作技能、运算技能、解题技能等都是常见的心智技能。所以，B、C项属于心智技能。

30. AB 【解析】本题考查多元智能理论的教育理念。多元智能理论的智力观认为，多元智能中的各种智力不是以整合的方式存在，而是相对独立的，各自有着不同的发展规律并使用不同的符号系统。故A项说法正确。多元智能理论的人才观认为，每个学生都有一种或数种优势智能，只要教育得法，每个学生都能成为某方面的人才，都可能获得某方面的专长。故B项说法正确。多元智能理论的教学观认为，由于不同的智力领域都有自己独特的发展过程和所依托的不同符号系统，因而不同的教学内容需要运用不同的教学技术，以适应不同的智力特点。故C项说法错误。多元智能理论主张从单一的纸笔测验走向多种多样的作品评价，从重视结果评价走向基于情景化(专题作业、作品集)的过程评价。故D项说法错误。

31. BD 【解析】本题考查三维课程目标相关知识。新课程背景下的课堂教学，要求根据各学科教学的任务和学生的需求，从知识与技能、过程与方法、情感态度与价值观三个维度出发设计课程目标。具体到教学实践，就是要把原来目标单一(即知识与技能)的课堂转变为目标多维(即知识与技能、过程与方法、情感态度与价值观三个维度)的课堂。

32. ABCD 【解析】本题考查全国教育大会相关知识。习近平在全国教育大会上强调，要在坚定理想信念上下功夫，教育引导学生树立共产主义远大理想和中国特色社会主义共同理想，增强学生的中国特色社会主义道路自信、理论自信、制度自信、文化自信，立志肩负起民族复兴的时代重任。

33. ACD 【解析】本题考查全国高校思想政治工作会议相关知识。习近平总书记在全国高校思想政治工作会议上强调，要加强师德师风建设，坚持教书和育人相统一，坚持言传和身教相统一，坚持潜心问道和关注社会相统一，坚持学术自由和学术规范相统一，引导广大教师以德立身、以德立学、以德施教。

34. ABCD 【解析】本题考查仁爱之心相关知识。教师的仁爱之心体现为真诚地尊重学生。作为一名教育者首先要相信学生，相信每个学生都能够成为有用之才。进一步而言，教师的尊重还在于学会欣赏学生，这种欣赏不是简单的赏识，更不是单向的旁观，而是让学生在获得尊重、信任的同时学会自我教育、自我完善。教师的仁爱之心体现为充分理解学生。教师的仁爱之心体现为宽容地关怀学生。

35. AB 【解析】本题考查坚持扎根中国大地办教育相关知识。坚持扎根中国大地办教育，是我国教育事业的发展道路和基本特色。

三、填空题

36.《雄辩术原理》(《论演说家的教育》或《论演说家的培养》)

37. 课程计划

38. 服从

39. 指向

40. 陈述性知识

41. 尊重

42. 促进者

43. 奉献祖国

44. 接班人

45. 学术规范

四、简答题(参考答案)

46. 在德育工作中，贯彻知行统一原则的基本要求有哪些？

(1)加强理论教育，提高学生的思想道德认识；(2)组织和引导学生参加社会实践，通过实践活动加深认识，增强情感体验，养成良好的行为习惯；(3)对学生的评价和要求要坚持知行统一的原则；(4)教育者要以身作则，严于律己，言行一致。

(共5分。答案完整得满分;答出"理论教育""参加社会实践""知行统一""言行一致"等关键词可得3分;少答或答错一点扣2分)

47. 请你简述影响问题解决的因素。

影响问题解决的因素有:(1)问题情境;(2)定势与功能固着;(3)原型启发;(4)已有知识经验;(5)情绪与动机。此外,个体的认知结构、个性特征以及问题的特点等也会影响问题解决。

(共5分。答案完整得满分;答出"问题情境""定势""功能固着""原型启发""知识经验""情绪""动机"等关键词可得3分)

五、判断对错并说明理由(参考答案)

48. 有人认为:"评价体系犹如'指挥棒',教育评价应明确评价的内容和方向,学校要考评的是升学率,而并非学生综合素质、学业负担、社会满意度"。请你对这一观点作出判断和分析。

"评价体系犹如'指挥棒',教育评价应明确评价的内容和方向"的说法正确。而"学校要考评的是升学率,而并非学生综合素质、学业负担、社会满意度"的观点错误。

错误原因:"提高教育教学质量难点之一在于评价体系的确立,评价体系犹如'指挥棒',如果不确立,后面的教学就会与目标背道而驰。"北京市教委副巡视员冯洪荣说。

《中共中央 国务院关于深化教育教学改革全面提高义务教育质量的意见》(以下简称《意见》)提出,建立以发展素质教育为导向的科学评价体系,其中包括县域义务教育质量评价标准、学校办学质量评价标准和学生发展质量评价标准。在此基础上,完善国家义务教育质量监测制度,建立监测平台,并将评价结果作为考核评价干部和地方政府履行教育职责的重要依据。

教育部副部长郑富芝表示,提高教育质量,推进素质教育一定要把"指挥棒"调好,把"牛鼻子"牵住。因此,要建立以发展素质教育为导向的科学评价体系,制定义务教育评价标准体系。通俗来讲就是要明确什么才是好的教育,要克服"唯分数、唯升学"的功利化倾向,为学生想得远一点。

冯洪荣认为,从地方到学校再到学生,《意见》建立了环环相扣的评价体系,三个层级都明确了评价的内容和方向,"比如学校要考评的是学生综合素质、学业负担、社会满意度,而并非升学率"。

(共10分。判断2分,分析8分;答出"科学评价体系""义务教育质量监测制度""克服'唯分数、唯升学'的功利化倾向"等关键内容可得5分)

六、论述题(参考答案)

49. 提问是教师通过提出精心设计的问题,实现一定的教学目标的一种教学行为。在课堂上教师应如何有效地提问?

(1)合理地设计问题;(2)面向全体学生提问;(3)目的明确,把握好时机;(4)提问的语言要准确,具有启发性;(5)提问的态度要温和自然;(6)及时进行评价和总结。

(考生可结合实际加以阐述,言之有理即可)

(共10分。答案完整得满分;答出"合理设计问题""面向全体学生""目的明确""具有启发性""态度要温和""及时进行评价"等关键词可得6~8分)

七、案例分析题(参考答案)

50. (1)①新课程倡导交往与互动的教学观。新课程强调教学是教与学的交往、互动,师生双方相互交流、相互沟通,在这个过程中,教师与学生分享彼此的思考、经验和知识,交流彼此的情感、体验与观念,丰富教学内容,求得新的发现,从而达成共识、共享、共进,实现教学相长和共同发展,彼此形成一个真正的"学习共同体"。案例中的李老师因学生有了更便捷的解法就呵斥学生,说明李老师没有与同学建立平等的人际关系,违背了新课程所倡导的交往与互动的教学观。而袁老师上课时乐意听取学生的意见,则实现了师生之间良好的交往与互动。

②新课程倡导开放与生成的教学观。新课程所倡导的教学观认为教师和学生是课程的有机构成部分,是课程的创造者和主体,他们共同参与课程开发的过程。教学成为课程内容持续生成与转化、课程意义不断建构与提升的过程。这样,教学与课程相互转化,相互促进,彼此有机融为一体。案例中的李老师呵斥有更加便捷解法的学生后,致使学生们只顾埋头抄解题步骤,生搬硬套,从没有自己的思考,说明李老师在教学时没有做到创设与生成。而袁老师鼓励学生有自己的独特解题技巧,乐意让同学们自己寻找更简洁的解题方式,则体现了教师和学生是课程的有机构成部分,是课程的创造者和主体,他们共同参与课程开发的过程,袁老师的做法正好符合

新课程所倡导的开放与生成的教学观。

（共10分。每点5分，理论依据准确、充分3分，结合案例分析合理2分）

(2)案例中的李老师没有与学生建立良好的师生关系，而袁老师则尊重学生，并与学生建立了民主的师生关系，因此，我们要向袁老师学习。在构建良好的师生关系时做到：①要尊重学生，尊重每一位学生的尊严和价值；②要民主，民主是师生关系的融化剂，是师生平等对话的前提。

（共5分。答案完整得满分；答出"尊重学生""民主"等关键词可得3分）

2019年湖南省长沙市岳麓区教师招聘考试综合知识真题试卷(九)

答案速查

1～5	ABBCB	6～10	CADDC

一、单项选择题

1. A 【解析】本题考查教育时政。2019年6月，"陶行知共享教育卫星一号"随长征十一号海射运载火箭成功进入太空预定轨道。与其他技术卫星不同，这枚卫星的主要用户为全国青少年，将为未来科学之星接触航天前沿科技，搭建起天地之间的一座"鹊桥"。

2. B 【解析】本题考查教育时政。中共中央办公厅、国务院办公厅印发的《加快推进教育现代化实施方案(2018～2022年)》指出，以习近平新时代中国特色社会主义思想为指导，全面贯彻党的十九大和十九届二中、三中全会精神，以培养社会主义建设者和接班人为根本任务，以全面加强党对教育工作的领导为根本保证，以促进公平和提高质量为时代主题。《加快推进教育现代化实施方案(2018～2022年)》提出的总体目标是：经过5年努力，全面实现各级各类教育普及目标，全面构建现代化教育制度体系，教育总体实力和国际影响力大幅提升。

3. B 【解析】本题考查传统教育和网络教育的区别。传统教育和网络教育的区别：(1)传统的学校教育是"金字塔形"的等级制教育，网络教育是"平等的"开放式教育；(2)传统学校教育的优劣标准所依据的是掌握在他人手中的"筛选制度"，而网络教育所依据的是掌握在自己手中的"兴趣选择"；(3)传统学校教育是较严格意义上的"年龄段教育"，而网络教育是"跨年龄段教育"，或者是"无年龄段教育"；(4)传统学校教育存在着时空限制，而网络教育是跨时空教育。

4. C 【解析】本题考查陈述性知识和智慧技能。陈述性知识涉及个体运用语言表述客观事物及其之间的关系，智慧技能则要将这种知识用到先前没有遇到过的事例中。学生在学习课文后能说出课文中的句子是比喻句，这表明学生能认识并用语言表述句子及其关系，学生习得的是陈述性知识；学生在没有读过的课文中能找出其中的比喻句，这表明学生能将自己所学的知识运用到其他未接触过的情景中，学生习得的是智慧技能。

5. B 【解析】本题考查常用的德育方法。陶冶教育法是教师利用环境和自身的教育因素，对学生进行潜移默化的熏陶和感染，使其在耳濡目染中受到感化的德育方法。题干中的何老师对于钱斌的关心和帮助，感化了钱斌，促进了钱斌学习的进步。这证明了陶冶教育对学生德育的重要作用。

6. C 【解析】本题考查遗忘的原因。动机压抑说认为，遗忘是由于情绪或动机的压抑作用引起的。该理论是弗洛伊德在给病人催眠时发现的。弗洛伊德认为，这些经验之所以在正常意识状态下不能被回忆，是因为回忆它们会使病人感到痛苦、不愉快，所以，这些记忆平时被压抑在无意识中。

7. A 【解析】本题考查气质类型。多血质的人以反应迅速、有朝气、活泼好动、动作敏捷、情绪不稳定为特征。题干所述表明肖华的气质类型属于多血质。

8. D 【解析】本题考查酝酿效应。当反复探索一个问题的解答而无结果时，就会把问题暂时搁置一边，经过几个小时、几天或几星期，然后再回过头来解决，这样可以很快找到解决方法，这种现象被称为酝酿效应。题干所述体现的是酝酿效应。

9. D 【解析】本题考查《学生伤害事故处理办法》。根据《学生伤害事故处理办法》第十二条规定，因学生自杀、自伤造成的学生伤害事故，学校已履行了相应职责，行为并无不当的，无法律责任。D项中的老师在发现杨某郁郁寡欢后及时给予了开导，其行为并无不当或失责，故学校不应当承担相应的法律责任。根据《学生伤害事故处理办法》第九条规定,因A、B、C三项所述情形而造成的学生伤害事故,学校应当依法承担相应的责任。

10. C 【解析】本题考查《新时代中小学教师职业行为十项准则》。《新时代中小学教师职业行为十项准则》第四条规定,教师要潜心教书育人,不得违反教学纪律,敷衍教学,或擅自从事影响教育教学本职工作的兼职兼薪行为。任老师在课堂教学中有所保留,是在敷衍教学,这种行为违反了第四条的规定。《新时代中小学教师职业行为十项准则》第十条规定,不得组织、参与有偿补课,或为校外培训机构和他人介绍生源、提供相关信息。任老师开办课后有偿补习班的行为违反了第十条的规定。

二、填空题

11.《禁止妨碍义务教育实施的若干规定》

12. 校园APP

13. 孔子

14. 情感

15. 平等

16. 复述　精加工　组织(任选其二)

17. 个体

18. 六　一

三、简答题(参考答案)

19. 学生的心理健康问题一直都深受社会的关注,学生的心理健康状况直接影响着他们的成长,学生出现心理健康问题可能会产生哪些病症,并提出对应的解决措施。

学生出现心理健康问题可能会产生的病症及其解决措施:

(1)儿童多动综合征。儿童多动综合征是小学生中最为常见的一种以注意力缺陷和活动过度为主要特征的行为障碍综合征。解决措施:①在医生指导下采用药物治疗;②行为疗法;③自我指导训练法。

(2)学习困难。学习困难,又称学习障碍,即学习技能缺乏,指在知识的获取、巩固和应用的过程中缺乏策略和技巧。解决措施:①切实关注和正确对待学困生;②深入了解分析造成学习困难的原因;③根据特点因材施教;④多方配合因势利导;⑤善于发现学困生的闪光点。

(3)焦虑症。焦虑症是以与客观威胁不相适应的焦虑反应为特征的神经症。学生中常见的焦虑反应是考试焦虑。解决措施:①采用肌肉放松、系统脱敏等方法;②采用认知矫正程序,指导学生在考试中使用正向的自我对话;③锻炼学生的性格,提高挫折应对能力;④往最好处做,不要计较最后结果;⑤考前要注意调节情绪。

(4)儿童厌学症。厌学症又称学习抑郁症,是由于人为因素造成的儿童厌恶学习的一系列症状。解决措施:①教师通过灵活多样的课堂教学活动和丰富多彩的第二课堂活动来调动学生的学习积极性;②家长需要改变自己的教养态度,采用民主型教养方式,建立和谐的家庭气氛;③纠正一些不良的社会风气,尽量避免这些风气对儿童的不良影响;④作为学生自身来说,要调整好心态,要有自信心,以坚毅的性格、乐观的态度为人处世,坚信付出必有收获;⑤要彻底遏制"厌学"的根源,还必须从根本上改造目前的应试教育体制,必须将素质教育的推广落到实处,要让教育成为大众的、快乐的科学教育。

(5)恐怖症。恐怖症是对特定的无实际危害的事物与场景的非理性的惧怕。解决措施:①系统脱敏法;②改善人际关系,营造宽松、自由的氛围,适当减轻当事人的压力。

(6)强迫症。强迫症是一种以反复出现强迫观念、强迫意向或强迫行为等强迫症状为主要表现,以有意识的自我强迫与有意识的自我反强迫同时存在为特征的神经症。解决措施:①药物治疗;②行为治疗;③建立支持性环境;④森田疗法。

(7)抑郁症。抑郁症是以持久的心境低落为特征的神经症。解决措施:①给当事人以情感支持与鼓励;②采用合理情绪疗法,调整当事人消极的认知状态;③积极行动起来,从活动中体验成功与愉快;④服用抗抑郁药物。

(8)人际交往问题。学生在人际交往方面主要存在这样一些心理问题,如恐惧心理、自卑心理、孤僻心理、嫉妒心理、逆反心理、逃避心理以及放任心理等。解决措施:①克服怕羞的毛病;②学会清除误会;③正确对待被人嫉妒和嫉妒别人;④消除厌世心理。

(9)网络成瘾。网络成瘾,又称网络成瘾综合征,临床上是指由于患者对互联网过度依赖而导致的一种心理异常症状以及伴随的一种生理性不适。解决措施:①当事人本身可采用行为疗法,通过控制上网时间和次数,形成良好的上网习惯;②教师对网络成瘾的学生可以采用认知疗法,针对网络成瘾问题本身及背后的问题,与当事人进行谈话沟通,探讨如何正确使用互联网以及网络成瘾的危害;③由于家庭功能失调造成的网络成瘾,还可以通过调整家庭成员间的关系,营造良好的家庭氛围,为矫正网络成瘾提供条件。

(10)人格障碍与人格缺陷。人格障碍是长期固定的适应不良的行为模式,这种行为模式由一些不成熟、不适当的压力应对或问题解决方式所构成。"人格障碍"一语多用于成人,对于18岁以下的儿童的类似行为表现通常称为人格缺陷、品行障碍或社会偏差行为。解决措施:①采用观察学习的方法,为当事人提供良好的行为范例;②奖励当事人的积极行为,惩罚他的消极行为;③改变家庭教养方式,创造民主的家庭氛围。

(共20分。答案完整得满分;答出"多动症""学习困难""焦虑症""强迫症""抑郁症"等关键词及其解决措施5个以上可得15分)

四、材料分析题(参考答案)

20. (1)贺某的班级管理方式偏重于专断型,缺乏民主性。在班级管理中采用体罚和取外号的方式极其不妥,侵犯了学生的生命健康权与人格尊严权,没有做到依法执教与关爱学生。此外,贺某虽承认自己管理学生的方式不对,但并没有对自己的不当行为作出道歉和处理,违背了为人师表的师德规范。

(共5分。答案完整得满分;答出"专断型""生命健康权与人格尊严权""依法执教与关爱学生""为人师表"等关键词可得3分)

(2)合理的班级管理方法应该具备以下特征:

①教育性。班级是学校的组成单位,学校的一切工作都是为了教育学生。学校对班级的管理,班主任对学生的管理,协调班级内外的各种关系。不管怎样,班级管理的任何方法都是为达到教育学生的目的服务的,具有明显的教育性。

②针对性。一个班集体中众多的学生,他们有着千差万别的个性特征,各不相同的生活经历,形形色色的家庭环境,千姿百态的思想实际和行为习惯。这样,就不可能对他们采用千篇一律的管理方法,笼统为之。同时,各种班级管理方法也有各自的特殊性和局限性。这就要求实施班级管理方法时要有针对性,做到"因材施教""一把钥匙开一把锁"。正确分析时间、地点、对象等因素的制约作用,达到合理周密地计划,有的放矢地实施。

③示范性。管理者在运用管理方法的过程中,是和被管理者——学生共同参与活动的。因此,管理者的方法措施及工作作风等,无不影响着他们的成长。此外,班级管理方法的运用过程和结果,对学生也有示范作用。

④全面性。班级管理方法系统涉及班级人员的各个方面。其中包括对全班学生的整体教育和对不同学生的特殊教育,并且通过多种渠道,对全班学生实施德、智、体、美、劳全面发展的教育。管理者的工作范围也很广泛,扩充到学生活动的一切时间和空间。校内,协调学校、教师、学生之间的关系;校外,协调学校、社会、家庭对学生的教育影响,使学生处在一个良好健康的环境中,接受教育。

⑤实践性。任何班级管理的方法都是管理者在长期的实践中,经验总结的升华。这些方法又是班级管理活动所必须具备的。所以,它的价值在于回到实践中去发挥作用,并不断得到补充和完善。随着社会的发展,受教育者身上也会不断出现新的问题。这就对班级管理者提出了更高的要求。管理者必须深入实际,分析研究新情况,在实践中,不断改进管理方法或创立新的方法,以适应新形势下班级管理的要求。

(共15分。每点3分,班级管理方法的特征1分,具体阐释合理、充分2分)

2019年湖南省湘潭市韶山市教师招聘考试教育综合知识真题试卷(十)

答案速查

1~5	BBBCD	6~10	BCDDC	11~15	BDBDA	16~20	ABCBB
21~25	ABCAA	26~30	ABBAC	31~35	ABCD BCD ABCD ABC ABCD		

一、单项选择题

1. B 【解析】本题考查教学原则。量力性原则,也称可接受性原则,是指教学的内容、方法、分量和进度要适合学生的身心发展,使他们能够接受,但又要有一定的难度,需要他们经过努力才能掌握,以促进学生的身心发展。这一原则是为了防止发生教学难度低于或高于学生实际程度而提出的。题干的描述体现的就是量力性原则。

2. B 【解析】本题考查人格的特征。人格的独特性是指一个人的人格是在遗传、成熟和环境、教育等先天与后天因素的交互作用下形成的。不同的遗传、生存及教育环境塑造了形形色色的心理特点。人与人没有完全一样的人格特点。所谓"人心不同,各如其面",正说明了人格是千差万别、千姿百态的。这就是人格的独特性。

3. B 【解析】本题考查亚里士多德的著作。亚里士多德的教育思想主要体现在他的著作《政治学》中。

4. C 【解析】本题考查德育原则。尊重信任学生与严格要求学生相结合的原则是教育者正确对待受教育者的基本情感和态度。在德育工作中尊重信任与严格要求是辩证统一的,是制约德育效果的两个相辅相成的必要条件。尊重和信任是严格要求的前提,正如苏联教育家马卡连柯所说:"要尽量多地要求一个人,也要尽可能地尊重一个人。"

5. D 【解析】本题考查埃里克森的心理社会发展理论。根据埃里克森的心理社会发展理论可知,12~18岁处于自我同一性对角色混乱阶段,青春期的学生正处于这一阶段。

6. B 【解析】本题考查学校教育的产生。奴隶社会里,出现了专门从事教育工作的教师,产生了学校教育,教育从社会活动中分化出来,成为独立的形态。

7. C 【解析】本题考查荀子的教育思想。在先秦儒家诸子中,荀子是最为提倡尊师的,他在《荀子·礼论》中说:"天地者,生之本也;先祖者,类之本也;君师者,治之本也。无天地恶生? 无先祖恶出? 无君师恶治?"他把师提到与天地、祖宗并列的地位,将教师视为治国之本。

8. D 【解析】本题考查教学评价的内容。教学评价主要包括对学生学业成绩的评价、对教师教学质量的评价以及对课程的评价。(具体参见王道俊、郭文安主编的《教育学》)

9. D 【解析】本题考查教育与生产劳动相脱离的体现。题干引文出自《孟子·滕文公上》:"或劳心,或劳力;劳心者治人,劳力者治于人;治于人者食人,治人者食于人。天下之通义也"。意为:有的人从事脑力劳动,有的人从事体力劳动;脑力劳动者统治人,体力劳动者被人统治;被统治者养活别人,统治者靠别人养活。这是通行天下的原则。体现了古代社会脑力劳动与体力劳动的分离,反映了当时的学校教育基本上是与生产劳动相脱离的。

10. C 【解析】本题考查学龄期。学龄期的年龄阶段是六七岁至十一二岁。

11. B 【解析】本题考查概括化理论。贾德在1908年所做的"水下击靶"实验,是概括化理论的经典实验。

12. D 【解析】本题考查掌握学习。掌握学习是由美国心理学家布卢姆提出来的一种适应学习者个别差异的教学方法。布卢姆认为只要给予足够的时间和适当的教学,几乎所有的学生对所学的内容都可以达到掌握的程度,学生学习能力的差异不能决定他能否学会要学的内容,而只能决定他将要花多少时间才能达到该内容的掌握程度。

13. B 【解析】本题考查言语艺术。"良言一句三冬暖,恶语伤人六月寒。"这句话指出在交往时要注意运用言语的艺术。

14. D 【解析】本题考查负强化。负强化也称消极强化,是通过消除或中止厌恶、不愉快刺激来增强反应频率。在本题中,父亲通过取消骂孩子(消除或中止厌恶、不愉快刺激)来增强孩子考出好成绩的行为频率(增强反应频率),故属于负强化。

15. A 【解析】本题考查《中华人民共和国义务教育法》。《中华人民共和国义务教育法》第二十九条规定,教师在教育教学中应当平等对待学生,关注学生的个体差异,因材施教,促进学生的充分发展。

16. A 【解析】本题考查最早出现的教学组织形式。在教学史上先后出现的影响较大的教学组织形式有个别教学制、班级授课制、分组教学和道尔顿制等。因此,个别教学是教育史上最早出现的教学组织形式。

17. B 【解析】本题考查学习策略的种类。迈克卡等人将学习策略区分为三种,并对它们之间的层次关系进行了分析。他们认为,学习策略可分为认知策略、元认知策略和资源管理策略三种。而计划策略、调节策略、监控策略都属于元认知策略。

18. C 【解析】本题考查观察学习。班杜拉认为,观察学习在人类学习中具有重要的作用。它不但可以使我们超越经由赏罚控制来学习直接经验的限制,而且可以使我们超越事先设计的学习情境的限制,随时随地进行学习。人的许多社会性行为都是通过观察学习而获得的,所以,观察学习是我们对中小学生进行品德教育的重要基础。

19. B 【解析】本题考查教师违法(侵权)行为。隐私权是指公民生活中不愿为他人公开或知悉的个人秘密的不可侵犯的人身权利。学校和教师侵犯学生隐私的表现形式有:故意隐匿、毁弃或者非法开拆学生信件,披露、宣扬学生自身及家庭成员的资料,提供学生成绩的方式不适当等。故题干中王老师的做法侵犯了学生的隐私权。

20. B 【解析】本题考查杜威的教育主张。杜威的教育理论是现代教育理论的代表,区别于传统教育"课堂中心""教材中心""教师中心"的"旧三中心论",他提出了"儿童中心(学生中心)""活动中心""经验中心"的"新三中心论"。

21. A 【解析】本题考查凯洛夫的教育成就。1939年凯洛夫主编的《教育学》被公认为世界上第一部马克思主义的教育学著作。

22. B 【解析】本题考查人本主义的代表人物。人本主义心理学是20世纪五六十年代在美国兴起的一种心理学思潮,其主要代表人物有马斯洛、罗杰斯和康布斯等。马斯洛的代表理论是需要层次理论。

23. C 【解析】本题考查态度与品德学习的一般过程。态度与品德的形成是一个从外到内的转化过程,是社会规范的接受和内化过程,大致经历三个阶段:(1)社会规范的依从;(2)社会规范的认同;(3)内化(社会规范的信奉)。

24. A 【解析】本题考查教学原则。"不积跬步,无以至千里"的意思是:行程千里,都是从一步一步开始的。循序渐进原则是指教师要严格按照科学知识的内在逻辑和学生的认知发展规律进行教学,使学生掌握系统的科学文化知识,能力得到充分的发展。故题干的表述体现了教学应该遵循循序渐进原则。

25. A 【解析】本题考查《学生伤害事故处理办法》。根据《学生伤害事故处理办法》第三十七条规定,本办法所称学校,是指国家或者社会力量举办的全日制的中小学(含特殊教育学校)、各类中等职业学校、高等学校。本办法所称学生是指在上述学校中全日制就读的受教育者。故A项说法错误。

26. A 【解析】本题考查《中华人民共和国教师法》。根据《中华人民共和国教师法》第七条、第八条规定可知,A项属于教师的义务,B、C、D项属于教师的权利。

27. B 【解析】本题考查教育时政。《国家中长期教育改革和发展规划纲要(2010~2020年)》提出,把育人为本作为教育工作的根本要求。

28. B 【解析】本题考查教育法规的纵向结构。在整个教育法律体系中,《中华人民共和国教育法》处于"母法"和"根本大法"的地位。

29. A 【解析】本题考查《中华人民共和国教育法》。根据《中华人民共和国教育法》第五十四条规定,国家建立以财政拨款为主、其他多种渠道筹措教育经费为辅的体制,逐步增加对教育的投入,保证国家举办的学校教育经费的稳定来源。

30. C 【解析】本题考查《中华人民共和国未成年人保护法》。根据《中华人民共和国未成年人保护法》第十条规定,父母或者其他监护人应当创造良好、和睦的家庭环境,依法履行对未成年人的监护职责和抚养义务。禁止对未成年人实施家庭暴力,禁止虐待、遗弃未成年人,禁止溺婴和其他残害婴儿的行为,不得歧视女性未成年人或者有残疾的未成年人。

二、多项选择题

31. ABCD 【解析】本题考查《学生伤害事故处理办法》。详见《学生伤害事故处理办法》第九条规定。

32. BCD 【解析】本题考查范例教学。瓦·根舍因提出的范例教学原则体系包括:基本性原则、基础性原则和范例性原则。

33. ABCD 【解析】本题考查学校教育的层次结构。从层次结构上来看,我国现行学校教育包括幼儿教育、初等教育、中等教育和高等教育四个层次。

34. ABC 【解析】本题考查学生的特点。学生的特点包括:学生是教育的对象;学生是自我教育和发展的主体;学生是发展中的人。在教学中,教师是主导者,学生是主体,故D项错误。

35. ABCD 【解析】本题考查《儿童权利公约》的核心精神遵循的基本原则。1989年11月20日联合国大会通过的《儿童权利公约》的核心精神,正是维护青少年儿童的社会权利主体地位。这一精神的基本原则有儿童利益最佳原则、尊重儿童尊严原则、尊重儿童观点与意见原则和无歧视原则。

三、论述题(参考答案)

36. 你认为一名合格的人民教师应具备哪些基本素养?

(1)教师的职业道德素养。①对待事业:忠于人民的教育事业。热爱教育事业是教师做好教育工作的前提,是教师职业道德的基础,也是教师劳动积极性和创造性的源泉。②对待学生:热爱学生。热爱教育事业具体体现在热爱学生上。热爱学生是教师职业道德的核心,是教师高尚道德品质的表现。③对待集体:团结协作。人的培养靠单个教师是不行的,因为人的成长要受到多方面因素的影响。人才的全面成长,是多方教育者集体劳动的结晶。这就要求教师必须与各方面协同合作,以便形成教育合力,共同完成培养人的工作。④对待自己:为人师表(良好的道德修养)。教师的言行举止、品德才能、治学态度等方面都会对学生产生潜移默化的影响,成为学生学习的对象。

(2)教师的知识素养。①政治理论修养。马列主义、毛泽东思想和邓小平理论。②精深的学科专业知识(本体性知识)。这是教师知识结构的核心,也是教师向学生传授知识的必备基础。③广博的科学文化知识。教师的知识不仅要"专",而且要"博",教师的专业知识应建立在广博的科学文化知识的基础之上。④必备的教育科学知识(条件性知识)。教育学、心理学及各科教材教法是教师首先要掌握的最为基本的教育科学知识。⑤丰富的实践知识。教师的实践性知识是基于教师个人的经验积累,在对待和处理教育问题时体现出的个人特质和教育智慧。

(3)教师的能力素养。①语言表达能力。语言,特别是口头语言,是教师向学生传递教育信息的重要工具,因此要求教师具有较强的语言表达能力。②组织管理能力。教师要进行教育活动,必须具备一定的组织管理能力。③组织教育和教学的能力。教师是教育教学过程的组织者、领导者,因此要求教师具有驾驭教育和教学的能力。④自我调控和自我反思能力(较高的教育机智)。此外,教师还应该具备教育科研能力、学习能力、观察学生的能力、创新能力以及运用现代教育技术手段的能力。

(4)职业心理健康。教师心理健康的构成是指一个优秀教师所应有的心理素质,也就是教师对内外环境及人际关系有着良好适应的条件。这些条件包括高尚的职业道德、愉悦的情绪情感、良好的人际关系、健康的人格特征等。

(共15分。答案完整得满分;答出"职业道德素养""知识素养""能力素养""职业心理健康"等关键词可得8分;少答或答错一点扣4分)

37. 假如你是一名人民教师,请就"如何全面提高义务教育质量"提出自己的看法或建议。

(1)坚持立德树人,着力培养担当民族复兴大任的时代新人。落实立德树人根本任务就是要在教育教学过程中培养德才兼备、德智体美劳全面发展的人,培养合格的社会主义建设者和接班人。全面落实立德树人的根本任务,要着力在坚定理想信念、厚植爱国主义情怀、加强品德修养、增长知识见识、培养奋斗精神、增强综合素质上下功夫。

(2)坚持"五育"并举,全面发展素质教育。素质教育是促进学生全面发展的教育。素质教育的理论依据是全面发展教育。全面发展教育是素质教育的内容或途径,素质教育是全面发展教育的目标或落实。实施素质教育必须坚持"五育"并举,突出德育实效,提升智育水平,强化体育锻炼,增强美育熏陶,加强劳动教育,促进学生生动活泼地发展。

(3)强化课堂主阵地作用,切实提高课堂教学质量。各级教育部门和学校要加强教学管理,完善作业考试辅导,促进信息技术与教育教学融合应用。教师要优化教学方式,坚持教学相长,注重启发式、互动式、探究式教学。

(4)按照"四有好老师"标准,建设高素质专业化教师队伍。"四有好老师"标准是有理想信念、有道德情操、有扎实学识、有仁爱之心。

(5)深化关键领域改革,为提高教育质量创造条件。

(6)加强组织领导,开创新时代义务教育改革发展新局面。

(考生可结合实际加以阐述,言之有理即可)

(共15分。答案完整得满分;答出"坚持立德树人""全面发展素质教育""提高课堂教学质量""建设高素质专业化教师队伍""深化关键领域改革""加强组织领导"等关键内容可得8分;少答或答错一点扣3分)

四、材料分析题(参考答案)

38. (1)客观方面,该学生产生不良行为的原因主要是家庭教育失误。该学生的父母老来得子,对其非常宠爱,因而对其采用了放纵型的教养方式,最终导致该学生任性、幼稚、自私、野蛮、无礼、独立性差。

主观方面,该学生产生不良行为主要受以下因素的影响:①缺乏正确的道德观念和道德信念;

②道德意志薄弱;③不良行为习惯的支配;④性格上的缺陷等。

(共7分。答案完整得满分;答出“放纵型教养方式”“缺乏道德观念”“道德意志薄弱”“习惯支配”“性格缺陷”等关键词可得4分)

(2)如果我是他的班主任,我将采取的措施是:①培养深厚的师生感情,消除疑惧心理和对立情绪。犯错误的学生常常在心理有一道防线,对别人存有戒心,有敌意,并心虚、敏感。且该学生正处在初中阶段,叛逆心也较强,所以此时不要急于批评他,而是要更加关心他、爱护他、信任他,使之深受感动。②培养正确的道德观念,提高其明辨是非的能力。联系生活实际,注重该学生身心发展的特点和接受能力,进行有效的说服工作,帮助学生形成正确的是非观念和是非感。③保护和利用学生的自尊心,培养集体荣誉感。充分利用集体的力量,和其他学生一起做他的思想转化工作,帮助和鼓励他培养自尊心,使其自爱、自重、自强,并在此基础上鼓励他和同学一起共同参加集体活动,培养其集体荣誉感。④锻炼其同不良诱因作斗争的意志力,巩固新的行为习惯。要有意识、有控制性地对该学生进行信任性考验,并不断演化,以锻炼其与不良诱因作斗争的意志力。在改变其不良行为习惯的同时需要帮助他建立新的良好行为习惯。

(共8分。答案完整得满分;答出“培养师生感情”“培养道德观念”“保护自尊心”“培养集体荣誉感”“锻炼意志力”“培养新的行为习惯”等关键内容并具体阐述可得6分)

2019年湖南省娄底市冷水江市教师招聘考试教育理论基础知识真题试卷(十一)

答案速查

1~5	DACAA	6~10	DCDCC	11~15	ACACB	16~20	√×√√√
21~25	×××××						

一、单项选择题

1. D 【解析】本题考查发现式教学法。发现式教学法的弱点在于,对于同样的教学内容,它的时间花费要比讲授法多出许多,这是它无法完全取代讲授法的重要原因。

2. A 【解析】本题考查学习的内涵。学习是个体在特定情境下由于练习或反复经验而产生的行为或行为潜能的相对持久的变化。但是并非所有的行为变化都是由学习产生的,如生理成熟、疲劳、药物等因素亦可引起行为的变化。B项属于本能行为;C项属于感觉适应;D项属于药物因素引起的行为变化。

3. C 【解析】本题考查组织策略。组织策略是指整合所学新知识之间、新旧知识之间的内在联系,形成新的知识结构的策略。常见的组织策略主要有:(1)列提纲;(2)利用图形;(3)利用表格;(4)概括和归纳。题干中学生采用绘制网络关系图或编制提纲的方式进行学习的策略属于组织策略。

4. A 【解析】本题考查结果期待。结果期待是指人对自己的某一行为会导致某一结果的推测。题干所述学生相信自己认真听课的这种行为可以导致获得一个好的成绩,是他对学习结果的期待。效能期待是指人对自己能够进行某一行为的能力的推测或判断,它意味着人是否确信自己能够成功地进行带来某一结果的行为。自我强化是指对自己表现出的符合或超出标准的行为进行自我奖励。替代强化是指观察者因看到榜样的行为被强化而受到强化。

5. A 【解析】本题考查符号学习。符号学习又称表征学习,是指学习单个符号或一组符号的意义。符号学习的心理机制是符号和它们所代表的事物或观念在学习者认知结构中建立相应的等值关系。符号学习包含的内容有:(1)词汇学习;(2)非语言符号(如实物、图像、图表、图形等)的学习;(3)事实性知识的学习,即学习一组符号(语言或非语言)所表示的某一具体事实。例如,历史课中历史事件和历史人物的学习,地理课中地形地貌和地理位置的学习,均属于事实性知识的学习。

6. D 【解析】本题考查注意的分类。有意后注意也叫随意后注意,是指有预定目的,但不需要意志努力的注意。它是在有意注意的基础上,经过学习、训练或培养个人对事物的直接兴趣达到的。题干中,某学生对数学很感兴趣,对该学科学习的注意力保持时间较长,这种注意属于有意后注意。

7. C 【解析】本题考查发散思维。发散思维,也叫求异思维、分散思维、辐射思维,是指人们解决同题时,思路朝着各种可能的方向扩散,从而求得多种答案。题干所述的思维方式属于发散思维。

8. D 【解析】本题考查教学过程的结构。领会知识包括使学生感知和理解教材。

9. C 【解析】本题考查动机冲突的分类。趋避冲突是指对同一目的兼具好恶的矛盾心理。

10. C 【解析】本题考查三维课程目标的内容。三维课程目标即知识与技能目标、过程与方法目标、情感态度与价值观目标。

11. A 【解析】本题考查新课程改革中教师教学行为的变化。新课程改革中,教师教学行为的变化包括:(1)在对待师生关系上,新课程强调尊重、赞赏;(2)在对待教学关系上,新课程强调帮助、引导;(3)在对待自我上,新课程强调反思;(4)在对待与其他教育者的关系上,新课程强调合作。

12. C 【解析】本题考查学生智力技能的培养。对于培养学生智力技能最具有现实意义的途径是结合教材知识教学,训练学生掌握智力活动规则和课题解答程序。

13. A 【解析】本题考查德育原则。“君子耻其言而过其行”的意思是:君子认为说得多而做得少是可耻的。“讷于言而敏于行”的意思是(君子)说话要谨慎,做事要勤快。这说明孔子强调培养人的道德行为,重视“言行一致”,体现了理论和生活相结合原则。

14. C 【解析】本题考查课堂教学语言的速度。教学语言需要快慢适当,起伏错落,疏密相间,富有鲜明的节奏感的语言。所谓快慢适当是指教学语言的标准速度,一般为每分钟 150 ~ 200 字左右。速度太快,影响学生吸收消化,没有思考的余地;过慢缺乏力度,常常会使学生困倦,激发不起思维,浪费时间,这就要求教学语言的速度不可太慢,也不可太快。

15. B 【解析】本题考查板书的类型。词语式板书通过摘录、排列教学内容中几个含有内在联系的关键词语,将教学的主要内容、结构集中地展现出来。题干中的板书将不同时期的关键字词摘录出来,属于词语式板书。

二、判断题

16. √ 【解析】本题考查埃里克森的人格发展阶段理论。埃里克森的人格发展阶段理论将人格发展分为八个阶段。其中,6 ~ 11 岁(童年期)儿童面临的危机是勤奋感对自卑感,本阶段的发展任务是培养勤奋感。

17. × 【解析】本题考查一个好的研究课题具备的特点。一个好的研究课题必须具备的特点包括:(1)选题必须有价值;(2)选题必须有科学的现实性;(3)选题必须明确具体;(4)选题必须新颖,有独创性;(5)选题必须有可行性。

18. √ 【解析】本题考查研究型课程的内涵。研究型课程注重培养学生的探究态度和能力。

19. √ 【解析】本题考查接受学习和发现学习。布鲁纳是认知—发现学习理论的创始人,奥苏贝尔是有意义接受学习理论的创始人。

20. √ 【解析】本题考查个性心理特征。性格是个性特征中最具核心意义的心理特征。

21. × 【解析】本题考查当前课程评价发展的基本特征。当前课程评价发展的基本特征之一是:重视发展,淡化甄别与选拔,实现评价功能的转变。评价不再是为了选拔和甄别,不是“选拔适合教育的儿童”,而是如何发挥评价的激励作用,关注学生成长与进步的状况,并通过分析指导,提出改进计划来促进学生的发展。

22. × 【解析】本题考查教学过程的结构。形成技能、技巧是运用知识的中心环节。

23. × 【解析】本题考查影响智力发展的因素。遗传因素和环境因素是影响智力形成与发展的两大因素。(1)遗传因素是智力发展的自然前提,它提供了智力发展的可能性。(2)环境和教育是智力发展的外部条件,它制约个体智力发展的现实性,人只有通过后天良好环境的熏陶、学校教育和社会实践活动,才能使智力发展的可能性变为现实性。性别不影响智力的发展,故题干所述有误。

24. × 【解析】本题考查知识的掌握和能力的发展的关系。知识、技能的掌握和能力的发展不同步。两个具有同等知识水平的人,不一定具有同等水平的能力。知识多了,能力不一定就高。教师在教学中不仅要向学生传授知识,更要注重培养和发展学生的能力。

25. × 【解析】本题考查智育的具体任务。智育的具体任务有:(1)向学生系统传授科学文化知识,为学生各方面发展奠定良好的知识基础;(2)培养训练学生,使其形成基本技能;(3)培养和发展学生的智力才能,增强学生各个方面能力;(4)培养学生良好的学习品质和热爱科学的精神。智育的根本任务是培育或发展学生的智慧,尤其是智力。

三、填空题

26. 探究学习

27. 钻研教材　了解学生　设计教法
28. 发现问题
29. 道德情感
30. 心理
31. 班风
32. 自我提高
33. 培养全面发展的新人
34. 提取
35. 思维力
36. 直接强化　替代强化　自我强化
37. 夸美纽斯　《大教学论》
38. 创造性
39. 抑郁质
40. 操作性知识

四、简答题(参考答案)

41. 教学技能在教学中的作用是什么?

(1)教学技能是提高教学效果的手段;(2)教学技能是衡量教师专业成熟度的重要尺度;(3)教学技能是实现教师人生价值的前提基础。

(共5分。答案完整得满分;答出"提高教学效果""衡量教师专业成熟度""实现教师人生价值"等关键内容可得3分;少答或答错一点扣2分)

42. 建构主义学习理论的基本观点有哪些?

(1)建构主义知识观:建构主义在一定程度上对知识的客观性和确定性质疑,强调知识的动态性。

(2)建构主义学习观:建构主义在学习观上强调学习的主动建构性、社会互动性和情境性三方面。

(3)建构主义学生观:建构主义非常强调学习者本身已有的经验结构,认为学习者在学习新信息、解决新问题时往往可以基于相关的经验,依靠其认知能力形成对问题的解释。

(4)建构主义教师观:建构主义把教师看成是学生学习的帮助者、合作者。建构主义认为教学不是由教师到学生的简单的转移和传递,而是在师生的共同活动中,教师通过提供帮助和支持,引导学生从原有的知识经验中"生长"出新的知识经验。

(共5分。答案完整得满分;答出"知识的动态性""主动建构性""社会互动性""情境性""已有的经验结构""学生学习的帮助者、合作者"等关键词可得3分;少答1点扣1分)

43. 当前课程评价发展的基本特点是什么?

(1)重视发展,淡化甄别与选拔,实现评价功能的转变;(2)重综合评价,关注个体差异,实现评价指标的多元化;(3)强调质性评价,定性与定量相结合,实现评价方法的多样化;(4)强调参与与互动、自评与他评相结合,实现评价主体的多元化;(5)注重过程,终结性评价与形成性评价相结合,实现评价重心的转移。

(共5分。每点1分,答案完整得满分;答出"评价功能的转变""评价指标的多元化""评价方法的多样化""评价主体的多元化""评价重心的转移"等关键词可得3分)

44. 课堂提问的基本要求有哪些?

(1)合理地设计问题;(2)面向全体学生提问;(3)目的明确,把握好时机;(4)提问的语言要准确,具有启发性;(5)提问的态度要温和自然;(6)及时进行评价和总结。

(共5分。答案完整得满分;答出"合理设计问题""面向全体学生""目的明确""具有启发性""态度要温和""及时进行评价"等关键词可得4分;少答或答错一点扣1分)

五、案例分析题(参考答案)

45. (1)①归属与爱的需要,也称社交需要,是指每个人都有被他人或群体接纳、爱护、关注、鼓励及支持的需要。尊重需要是在生理、安全、归属与爱的需要得到基本满足后产生的对自己社会价值追求的需要,包括自尊和受到别人的尊重两个方面。②在上述材料中,王同学家庭关系破裂,这会导致其归属与爱的需要缺失;李同学受到班主任的公开辱骂,其尊重需要没有得到满足。③根据马斯洛的需要层次理论,这两种需要均属于缺失需要,对于我们适应社会来说却有重要的积极意义。较低级的需要至少必须部分满足之后才会出现对较高级需要的追求。王、李两位同学均因为低级需要的缺失而使得学习动机降低,学习成绩下降。

(共2分。答案完整得满分;少答1点扣1分,答错不得分)

(2)对于王同学,要满足其归属与爱的需要。教师和家长要尽可能地给学生以爱,要为学生创造一个良好和善的学习环境;要重视师生之间的交互作用,要让王同学在集体中受到欢迎和接纳,得到友情、友谊。

对于李同学,要满足其尊重需要。首先,班主任应对其伤害李同学的行为给予公开道歉,并在以后的教育教学中尊重学生的人格尊严。其次,要使李同学有成功和获得赞许的机会,使他从中获得成功的体验,同时要重视和珍惜他的每一点进步和每一次成功。

(共3分。答案完整得满分;答出"欢迎和接纳""公开道歉""尊重人格""获得成功的体验"等关键词可得2分)

46. (1)在"动物学校"中,所有的动物都要学习跑步、跳跃、爬行、飞行、游泳这五种课程,但显然这些课程并不适合于所有的动物。由此可见"动物学校"存在的问题主要有:

①违背了新课程改革"为了每位学生的发展"的核心理念。"动物学校"只开设了跑步、跳跃、爬行、游泳、飞行五门课程。许多鼠类动物子弟没有到"动物学校"学习,因为学校拒绝增开挖掘课。这就违背了"为了每位学生的发展"的理念。

②课程设置存在问题。首先,课程结构的设置不能有效促进各种动物的个性发展,而是要动物去适应课程;其次,课程内容统一设置,不注重各种动物的选择与需求。

③违背了新课程所倡导的"立足过程,促进发展"的课程评价。"动物学校"对所有学生的评价都依据五门功课的总成绩,因此各门成绩都普普通通的泥鳅成了成绩最高的学生,而在某门课程上表现优异的学生却成绩不佳。由此可见,动物学校的评价没有结合各种动物学习过程的实际情况来综合给出合理的评价。

④违背了新课程倡导的师生关系。在对待师生关系上,新课程强调尊重、赞赏。动物学校的老师一味地按照自己的方式来严格要求学生,对于表现出色的动物也没有给予表扬,不利于良好师生关系的建立。

(共8分。每点2分,理论依据准确、充分1分,结合材料分析合理1分)

(2)违背的教育教学规律:

①违背了教师主导作用与学生主体作用相统一的教育规律。②违背了因材施教的教学原则。

(共2分。每点1分,答案完整得满分)

(3)解决方法:

①遵循"为了每位学生的发展"的核心理念,遵循以人为本的理念,在课程的设置上,要更加综合,体现整体性、开放性、动态性,培养学生综合的视角和综合的能力,以适应科学技术既分化又综合的现实。

②在课程内容的选择上,要努力与社会生活相联系,与学生已有的经验相联系,加强教学内容的"生活化",使学习更有意义。

③在教学评价上,倡导发展评价观,重视学习的过程性评价,通过评价发挥促进学习的作用而不是检查验收的作用。

④在教学中遵循因材施教原则。因材施教原则是指教师在教学中,要从课程计划、学科课程标准的统一要求出发,面向全体学生,同时又要根据学生的个别差异,有的放矢地进行有差别的教学,使每个学生都能扬长避短,获得最佳的发展。

⑤在教学中要遵循教师主导作用与学生主体作用相统一的规律(双边性规律)。在教学中,教师的教依赖于学生的学,学生的学离不开教师的教,教与学是辩证统一的。

(共5分。每点1分,答案完整得满分;答出"以人为本""教学内容的'生活化'""过程性评价""因材施教原则""双边性规律"等关键词可得3分)

预测试卷

湖南省教师招聘考试教育基础知识预测试卷(十二)

答案速查

1~5	CBCBB	6~10	BDADC	11~15	CACDA	16~20	CCADA
21~25	BCBDD	26~30	ACBCD	1~5	ABD ABD AB ACD ACD		
6~10	ACD ABD ACD AB ABCD			1~5	×××√√	6~10	×××√√

一、单项选择题

1. C 【解析】教育的历史性是指不同时期的教育有不同的历史形态、特征。题干所述中国现代的教育理念与封建时期的教育理念的不同即教育的历史性的体现。

2. B 【解析】心理学是研究心理现象及其发生发展规律的科学,心理现象又称心理活动。心理学兼有自然科学和社会科学的性质,是一门中间(边缘)科学。

3. C 【解析】教师的教育科学知识主要包括三个方面:(1)学生身心发展知识;(2)教与学的知识;(3)学生成绩评价的知识。学生的年龄特征属于学生身心发展知识。故选C项。

4. B 【解析】诱导是由兴奋过程引起或加强抑制过程,以及由抑制过程引起或加强兴奋过程。前者是负诱导,后者是正诱导。互相诱导可能是同时性的,也可能是相继性的。高考前小王夜里很晚睡觉到第二天参加高考,在时间上有先后顺序,表明诱导是相继的。高考前小王从凌晨三点半平复心情进入睡眠到第二天在考场上精神抖擞,出色地答完试卷,这表明抑制消除后出现兴奋加强,属于正诱导。所以,题干所述体现了相继正诱导。

易错提示:考生容易混淆正诱导与负诱导。此知识点可以简单记为:结果为兴奋,则为正诱导;结果为抑制,则为负诱导。

5. B 【解析】1922年,在北洋军阀统治下,留美派主持的全国教育会联合会以美国学制为蓝本,颁布了“壬戌学制”。由于是采用美国式的六三三分段法,即小学六年、初中三年、高中三年,因此又称“新学制”或“六三三学制”。

6. B 【解析】探究式教学的基本程序是:问题—假设—推理—验证—总结提高,即首先创设一定的问题情境,提出问题,然后组织学生对问题进行猜想和做假设性的解释,再设计实验进行验证,最后总结规律。

7. D 【解析】教师是教育教学活动的设计者。精心地进行教学设计,需要教师全面把握教学的任务、教材的特点、学生的特点等要素。教师在进行教学前对教学设计进行构思,体现了教师的设计者角色。

8. A 【解析】要素主义课程理论的主要观点包括:(1)课程的内容应该是人类文化的“共同要素”,首先要考虑的是国家和民族的利益;(2)学科课程是向学生提供经验的最佳方法;(3)重视系统知识的传授,以学科课程为中心。A项正确。

9. D 【解析】场依存型的学生对客观事物的判断常以外部线索为依据,其态度和自我认知易受周围环境或背景(尤其是权威人士)的影响,往往不易独立地对事物做出判断,而是人云亦云,从他人处获得标准。场依存型学生喜欢有严密结构的教学。所以,对于场依存型的学生,教师在教学过程中,要给学生提供一些明确的指导和讲授。

10. C 【解析】布鲁纳认为,教学的目的不是去理解学科所有内容,而是理解学科的基本结构。任何知识结构都可以借助动作、图像和符号三种表象形式来呈现。为使学习者更容易理解教材的一般结构,教师应以最佳的知识结构进行传授。

11. C 【解析】微格教学又称微型教学,是一种运用现代教育技术来培养师范生教学技能,训练和提高在职教师专业水平的方法。它以少数的学生为对象,在较短的时间内(5~20分钟),尝试做小型的课堂教学,并把这种教学过程摄制成录像,课后再进行分析。故题干描述的是微格教学的定义。

12. A 【解析】说服教育法的方式有两类:一是运用语言文字进行说服教育的方式,如讲解、报告、谈话、讨论、辩论、读书指导等;二是运用事实进行说服教育的方式,主要包括参观、访问和调查。题干所述属于运用事实进行说服教育的方式。

13. C 【解析】习得性无助感指由于连续的失败体验而导致个体产生的对行为结果感到无力控制、无能为力的心理状态。一个总是失败并把失败归于内部的、稳定的和不可控的因素(即能力低)的学生会形成一种习得性无助的自我感觉。

14. D 【解析】形式运算阶段思维的特征有:(1)命题之间的关系;(2)假设—演绎推理;(3)类比推理;(4)抽象逻辑思维;(5)可逆与补偿;(6)反思能力;(7)思维的灵活性;(8)形式运算思维的逐渐发展。故题干所述为形式运算阶段。

15. A 【解析】制约课程的因素包括:(1)社会需求:一定历史时期社会发展的要求及提供的可能;(2)学科知识水平:一定时代人类文化及科学技术发展水平;(3)学习者身心发展的需求:学生的年龄特征、知识与技能的基础及其可接受性。此外,课程理论也是制约课程的因素。

16. C 【解析】书面材料分析法即借助学生的成绩表、作业、日记等书面材料对学生进行了解的方法。班主任通过学生的成绩单了解学生的学习情况,这种研究方法属于书面材料分析法。

17. C 【解析】用具体事物作为条件刺激而建立的条件反射系统叫作第一信号系统，是人和动物共有的；用语词作为条件刺激而建立的条件反射系统叫作第二信号系统，是人类特有的。狗听到主人叫它的名字就会跑过去，这是后天学习的结果，并非本能反应，A、B两项排除。题干中强调动物的反射活动，这属于第一信号系统。故本题选C项。

> **易错提示：**考生容易混淆第一信号系统和第二信号系统。区分二者的关键在于引起条件反射的刺激物是什么。第一信号系统以具体事物为刺激物，人和动物共有；第二信号系统以语词为刺激物，是人独有的，经过语言中枢参与而具有一定的意义。

18. A 【解析】直接兴趣是由认识事物本身的需要引起的，如对看电视、小说的兴趣；间接兴趣是由认识事物的目的和结果引起的，如科学家可能对繁杂的数据处理没有兴趣，只对研究结果有兴趣。题干中小石对数学本身不感兴趣，但因为想当数学课代表便努力学习属于间接兴趣。

19. D 【解析】英国心理学家斯皮尔曼首先提出了智力的二因素论。他认为，智力包括两种因素：一般因素（即G因素）和特殊因素（即S因素）。G因素代表一个人普遍而概括化的能力，参与所有的智力活动。一个人智力的高低取决于G因素的数量。S因素代表一个人的特殊能力，只在某些特殊方面（如绘画、唱歌等）表现出来。故本题选D项。

20. A 【解析】依据情绪发生的强度、持续性和紧张度的不同，可以把情绪状态划分为激情、心境、应激三种。心境是一种微弱的、持续时间较长的，带有弥漫性的情绪状态。心境一经产生就不只表现在某一特定对象上，而是在相当长的一段时间内，使人的整个心理活动都染上某种情绪色彩，影响人的整个行为表现，成为情绪生活的背景。题干中小明因为被表扬，很长一段时间心情很舒畅，这属于心境。

21. B 【解析】宋代理学家朱熹对“不愤不启，不悱不发”的解释是：“愤者，心求通而未得之意；悱者，口欲言而未能之貌；启，谓开其意；发，谓达其辞。”

22. C 【解析】赫尔巴特把道德教育理论建立在伦理学的基础上，把教学理论建立在心理学的基础上，可以说是奠定了科学教育学的基础。所以题干所述教育家为赫尔巴特。

23. B 【解析】理解水平的提问（理解提问）可用来检查学生对事物本质和内部联系的把握程度，帮助学生组织所学的知识，弄清它们的含义。提问常用的关键词语有：用自己的话解释、怎样理解、有何根据、何以见得、为什么、怎么样等。

24. D 【解析】发扬积极因素与克服消极因素相结合的德育原则要求教育者要用一分为二的观点，全面分析，客观地评价学生的优点和不足，题干的描述违背了这一要求。

25. D 【解析】教书育人的职业道德规范要求教师要促进学生的全面发展，不以分数作为评价学生的唯一标准。题干中胡老师的行为和观点都体现出其过于看重分数，将分数作为评价学生的唯一标准，并且无视学生的全面发展，这显然违背了教书育人的职业道德规范。

26. A 【解析】机体对与条件刺激相似的刺激做出条件反应，属于刺激的泛化。如果只对条件刺激做出条件反应，而对其他相似刺激不做反应，则出现了刺激的分化。“杯弓蛇影”的表面意思是将映在酒杯里的弓影误认为蛇，这是对相似刺激做出的条件反应，故属于刺激泛化。

27. C 【解析】准备律是指联结的加强或削弱取决于学习者的心理准备和心理调节状态。因此，李老师在上新课前预设问题激发兴趣，并让学生提前进行预习，就是要让学生在有准备的状态下进行学习活动。这种做法符合桑代克学习定律中的准备律。

28. B 【解析】态度与品德的形成大致经历以下三个阶段：依从、认同和内化。其中，依从即表面上接受规范，按照规范的要求来行动，但对规范的必要性或根据缺乏认识，甚至有抵触情绪。题干中当老师在教室时小刚就遵守纪律，老师一离开教室他就违反纪律。这说明小刚只是表面上接受规范，但对规范的必要性和根据缺乏认识，故其品德发展处于依从阶段。

29. C 【解析】一种感觉兼有另一种感觉的心理现象叫联觉。如红色给人以热烈、紫色给人以高贵、蓝色给人以安静、黑色给人以沉重的感觉等。不同的声音也会产生不同的联觉。题干所述现象为联觉。

30. D 【解析】教育法律关系的产生、变更和消灭是由一定的客观情况的出现而引起的。通常把能够引起法律关系发生、变更和消灭的客观情况称为法律事实。

二、多项选择题

1. ABD 【解析】按课程资源的存在方式区分，有显性课程资源和隐性课程资源。显性课程资源是指看得见、摸得着，可以直接作用于教育教学的课程资源，如教材、计算机网络、自然和社会中的事物、活动等。隐性课程资源是指以潜在的方式对教育教学活动施加影响的课程资源，如学校的风气，社会风气，家庭氛围，师生关系，教师或学生的经验、感受、困惑、意见等。与显性课程资源不同，其作用方式具有间接性和隐蔽性。故选 ABD 三项，C 项属于显性课程资源。

2. ABD 【解析】新课程改革的发展趋势主要有：(1)以学生发展为本、促进学生全面发展与培养个性相结合；(2)稳定并加强基础教育(课程的社会化、生活化和能力化，加强实践性，由“双基”到“四基”)；(3)加强道德教育和人文教育，促进课程科学性与人文性融合；(4)加强课程综合化；(5)课程与现代信息技术相结合，加强课程个性化和多样化；(6)课程法制化。

3. AB 【解析】班级管理的模式主要包括：(1)班级常规管理；(2)班级平行管理；(3)班级民主管理；(4)班级目标管理。

4. ACD 【解析】一般认为，爱岗敬业、教书育人和为人师表是师德的核心内容。

5. ACD 【解析】群众性活动是一种面向多数或全体学生的带有普及性质的活动，活动的方式有：集会活动，竞赛活动，参观、访问、游览和调查活动，文体活动，墙报和黑板报活动，社会公益劳动和主题系列活动等。书法兴趣小组属于小组活动。

6. ACD 【解析】巴甫洛夫在研究高等动物的条件反射时发现，动物高级神经系统活动的兴奋和抑制有强度、平衡性、灵活性三种特性。

7. ABD 【解析】马斯洛根据需要出现的先后及强弱顺序，把需要分成了生理需要、安全需要、归属与爱的需要、尊重需要、求知需要、审美需要和自我实现的需要七个层次。位于需要层次底部的四种需要被称为缺失需要，后三种需要是成长需要。故选 A、B、D 三项。

8. ACD 【解析】场独立型的人比场依存型的人更多地利用来自身体内部的线索；冲动型与沉思型的标准是反应时间和精确性；认知风格没有优劣之分。故 A、C、D 三项说法不正确。

9. AB 【解析】知觉的理解性是指人以知识经验为基础对感知的事物加工处理，并用语词加以概括赋予说明的加工过程。故 A、B 两项体现了知觉的理解性。知觉的选择性是指当面对众多的客体时，知觉系统会自动地将刺激分为对象和背景，并把知觉对象优先地从背景中区分出来。C、D 两项体现了知觉的选择性。故答案选 A、B 两项。

10. ABCD 【解析】心理发展的不平衡性体现在：一方面表现出个体不同系统在发展的速度、发展的起止时间与到达成熟时期的不同进程；另一方面也表现出同一机能特性在发展的不同时期有不同的发展速率。

三、判断题

1. × 【解析】教师与学生在心理上应协调一致，在教学实施过程中表现为师生关系密切、情感融洽、平等合作，但这并不是要求教师与学生建立亲密无间、“零距离”的关系。

2. × 【解析】外铄论认为人的发展主要依靠外在的力量，诸如环境的刺激和要求、他人的影响和学校的教育等。

3. × 【解析】素质教育是依据人的发展和社会发展的实际需要，以全面提高全体学生的基本素质为根本目的，以尊重学生主体性和主动精神，注重开发人的智慧潜能，形成人的健全个性为根本特征的教育。

4. √ 【解析】复式教学便于儿童就近入学，可以最大限度地节约师资、教室和教学设备等，充分利用教育资源，有利于教育的普及。它是班级教学的一种特殊组织形式。

5. √ 【解析】德育的意义包括：(1)德育是社会主义现代化建设的重要条件和保证；(2)德育是青少年、儿童健康成长的条件和保证；(3)德育是实现我国教育目的的基础和保障。

6. × 【解析】题干中的学生对学习时间的安排属于资源管理策略中的时间管理策略，故题干说法错误。

7. × 【解析】个体自我意识的发展经历了从生理自我到社会自我，再到心理自我的过程。因此，题干说法错误。

8. × 【解析】上位学习又称总括学习，是在学生掌握一个比认知结构中原有概念的概括和包容程度更高的概念或命题时产生的。下位学习又称类属学习，是一种把新的观念归属于认知结构中原有观念的某一部分，并使之相互联系的过程。垂直迁移也称纵向迁移，是指先行学习内容与后续学习内容是不同水平的学习活动之间产生的影响。水平迁移也叫横向迁移，是指先行学习内容与后继学习内容在难度、复杂程度和概括层次上属于同一水平的学习活动之间产生的影响。因此，上位学习和下位学习都属于垂直迁移。

9. √ 【解析】概括化理论也称经验类化说，由美国心理学家贾德提出。贾德在 1908 年所做的“水下击靶”实验，是概括化理论的经典实验。

10. √ 【解析】著名认知心理学家安德森认为，心智技能(智慧技能或智力技能)的形成需经过三个阶段，即认知阶段、联结阶段和自动化阶段。

四、简答题(参考答案)

1. 简述教育再生产劳动力的具体体现。

(1)教育使潜在的生产力转化为现实的生产力；(2)教育可以提高劳动力的质量和素质，使之获得一定劳动部门认可的技能和技巧，成为发达的和专门的劳动力；(3)教育可以改变劳动力的形态，把一个简单劳动力训练成一个复杂劳动力，把一个体力劳动者培养成一个脑力劳动者；(4)教育可以使劳动力得到全面发展，提高劳动转换能力，摆脱现代分工对每个人造成的片面性。

2. 程序教学是斯金纳的操作性条件作用和强化理论在教学活动上的应用。简述斯金纳的程序教学思想。

斯金纳将操作性条件反射原理应用到教学活动中，主张程序教学应通过教学机器来进行。程序教学是一种个别化的教学形式，它是根据程序编制者对学习过程的设想，把教材分解成许多小项目，按一定顺序加以排列，对每个项目提出问题，通过教学机器或程序教材来呈现，要求学生做出选择反应或构答反应，然后给予正确答案以便核对，并加以强化。程序教学的基本原理是采用连续接近法，通过设计好的程序不断强化，使学生形成教育者希望的行为模式。在教学中，应该首先将各学科知识分解为有内在逻辑联系的小的知识项目，其次使知识项目排列为前后衔接、逐渐加深的序列，然后让学生按顺序进行学习，学习过程中给予反馈和强化，最终使学生掌握知识。程序教学的原则有：(1)小步子原则；(2)积极反应原则；(3)自定步调原则；(4)及时反馈原则；(5)低错误率原则。

五、案例分析题(参考答案)

(1)案例一中的教师的做法是不正确的。①首先，拖堂行为表现出教师只重视自身在教学中的主导地位，忽视了学生在学习过程中的主体地位，难以达到良好的教学效果；其次，备好课是教好课的前提，教师课堂时间不够用表明其没有做好课前的备课工作，没有写好课时计划。②教师一心想把知识传授给学生不符合交往与互动的现代教学观。教师为了教给学生更多的知识而拖堂，导致学生开始转笔，发呆出神，甚至一脸痛苦，想上厕所。这也说明教师和学生之间缺乏沟通和交流，不符合交往与互动的现代教学观。③在课堂上，学生运用最多的是有意注意。有意注意需要有持久的意志努力，这容易使个体产生疲劳。教师应该注意把控课堂的教学时间，注意运用无意注意和有意注意的规律来组织教学，不要拖堂。

(2)①教师过量布置作业违背了作业布置分量适宜、难易适度的要求，难以达到帮助学生加深和加强对教材的理解和巩固，帮助学生掌握相关技能、技巧的目的；②假期布置大量作业违背了新课改提倡的全面发展的教学观；③大量的书面作业，不仅作业形式单一，而且不利于启发学生的思维、鼓励学生独立探索并进行创造。

(3)作业是结合教学内容，要求学生独立完成的各种类型的练习。无论是课内作业还是课外作业，作用都在于加深和加强学生对教材的理解和巩固，帮助学生掌握相关的技能、技巧。教师在布置作业时应注意：①作业内容符合课程标准的要求；②考虑不同学生的能力需求；③分量适宜、难易适度；④作业形式多样，具有多选性；⑤要求明确，规定作业完成时间；⑥作业反馈清晰、及时；⑦作业要具有典型意义和举一反三的作用；⑧作业应有助于启发学生的思维，含有鼓励学生独立探索并进行创造性思维的因素；⑨尽量同现代生产和社会生活中的实际问题结合起来，力求理论联系实际。

湖南省教师招聘考试教育基础知识预测试卷(十三)

答案速查

1~5	AABDD	6~10	BBDBC	11~15	DCBDB	16~20	BCDCA
21~25	BCDDB	26~30	CBDBA	31~35	DDCAD	36~40	BBCDA
1~5	BC AB AB BCD ABD			6~10		AB AC AC AB ABD	
1~5	√×××√			6~10		×√×××	

一、单项选择题

1. A 【解析】"建国君民,教学为先。"的意思是建设国家、统治人民,首先要设学施教。"化民成俗,其必由学。"的意思是君子想要教化百姓并形成良好的风俗,就一定要重视设学施教。这两者都体现了教育对社会政治稳定方面的重要作用,即体现了教育的政治功能。

2. A 【解析】受教育权是学生最基本的权利。学生的受教育权包括受完法定年限教育权、学习权和公正评价权。其中,学习权指学生在义务教育年限内,在校学习和教育教学过程中,教师不得以任何借口随意侵犯或剥夺学生参加学习活动的权利。因此,题干中教师的做法侵犯了学生的受教育权。

3. B 【解析】教育现象是教育活动在运动发展中的表现形式,是教育活动外在的、表面的特征,包括教育社会现象和教育认识现象。教育现象被认识和研究,便成为教育问题。

4. D 【解析】《中华人民共和国未成年人保护法》第四条规定,保护未成年人,应当坚持最有利于未成年人的原则。

5. D 【解析】抑郁症是由心理原因造成的,对此有各种不同理论的解释。(1)行为主义者认为抑郁症是由多次不愉快的经历、生活中缺乏强化鼓励造成的;(2)精神分析学派认为抑郁源于各种丧失和失落(失去爱、失去地位);(3)认知学派认为抑郁源于个人自我贬低式的思维方式或者不适当的归因方式。因此,本题选 D 项。

6. B 【解析】建构主义学习理论强调知识的动态性,认为教师应该引导学生从原有的知识经验中"生长"出新的知识经验。

7. B 【解析】正强化也称积极强化,是通过呈现想要的愉快刺激来增强反应频率;负强化也称消极强化,是通过消除或中止厌恶、不愉快刺激来增强反应频率。消退是指条件刺激形成以后,如果得不到强化,条件反应会逐渐减弱,直至消失的现象。惩罚是指当有机体做出某种反应以后,呈现一个厌恶刺激,以消除或抑制此反应的过程。题干中的老师是通过撤销批评(厌恶刺激)来增加学生遵守纪律的行为,所以运用的是负强化。

8. D 【解析】在心理发展过程中,当某些代表新特征的量累积到一定程度时,就会取代旧特征而处于主导地位,这表现为阶段性的间断现象。

9. B 【解析】认同,即在思想、情感、态度和行为上主动接受规范,从而试图与之保持一致。认同实质上就是对榜样的模仿,其出发点就是试图与榜样一致。认同的动机不是对权威或情境的直接或间接压力的屈从,而是对榜样的仰慕与趋同。因此,题干所述体现了其他同学的态度与品德的形成处于认同阶段。

10. C 【解析】操作整合阶段的动作具有以下特点:(1)动作品质方面,动作可以表现出一定的灵活性、稳定性和精确性,但当外界条件发生变化时,动作的这些特点都有所降低;(2)动作结构方面,各个动作成分趋于分化、精确,整体动作趋于协调、连贯,各动作成分间的相互干扰减少,多余动作也有所减少;(3)动作控制方面,视觉控制不起主导作用,逐步让位于动觉控制,肌肉运动的感觉变得较清晰、准确,并成为动作执行的主要调节器;(4)动作效能方面,疲劳感、紧张感降低,心理能量不必要的消耗减少,但没有完全消除。

11. D 【解析】我国确立教育目的的理论依据和基础是马克思关于人的全面发展学说。

12. C 【解析】认知内驱力是指要求了解、理解和掌握知识以及解决问题的需要。一般来说,这种内驱力大多是从好奇倾向中派生出来的。根据题干描述可知,在小童的学习动机中占主导地位的是认知内驱力。

13. B 【解析】教师劳动的创造性主要表现在以下三个方面:(1)因材施教。(2)教学方法上的不断更新。"教学有法,教无定法"是对教师劳动创造性的最好注脚。(3)教师需要"教育机智"。"同课异构"是指教师针对同一教学内容进行不同的教学设计,即采用不同的教学风格、不同的教学方法等进行教学,这体现了教师劳动的创造性。

14. D 【解析】重组性迁移指重新组合原有认知系统中某些构成要素或成分,调整各成分间的关系或建立新的联系,从而应用于新情境。在重组过程中,基本经验成分不变,但各成分间的结合关系发生了变化,即进行了调整或重新组合。题干中各动作成分的重新组合,重新排列体现了重组性迁移。

15. B 【解析】知识直观的方式分为实物直观、模像直观和言语直观。模像直观指观察与教材相关的模型与图像(如图片、图表、幻灯片、电影、录像、电视等),形成感知表象。故题干所述为模像直观。实物直观指在感知实际事物的基础上提供感性材料的直观教学方式。例如,观察标本、演示实验、到工厂或农村进行实地参观访问等。

言语直观指在生动形象的言语作用下唤起学生头脑中的表象,以提供感性材料的直观方式。C项为干扰项。因此,答案选B项。

16. B 【解析】移置是无意识地将指向某一对象的情绪、意图或幻想转移到另一个对象或替代的象征物上,以减轻精神负担取得心理安宁。题干描述的现象属于移置。

17. C 【解析】教育媒介指建构于教育者和受教育者之间起桥梁或沟通作用的一切事物的总和。从内容上说,主要是教育内容、教育材料或教科书;从形式上说,主要是教育手段、教育方法和教育组织形式。故教科书、教育材料等属于教育基本要素中的教育媒介。

18. D 【解析】儿童中心论过分夸大了学生的主观能动性,忽视了学生是教育对象这一基本事实,违背了教师主导和学生主体辩证统一的关系。

19. C 【解析】形成性评价是在教学过程中为改进和完善教学活动而进行的对学生学习过程及结果的评价。它包括在一节课或一个课题的教学中对学生的口头提问和书面测试。题干中该教师在课堂上进行提问,想要了解学生对这首诗的理解情况,这属于形成性评价。

20. A 【解析】文艺复兴时期的著名教育家埃拉斯莫斯最先提出"班级"一词。

易错提示:最早从理论上阐述班级授课制的人物与最早提出"班级"一词的人物是易混知识点,考生在复习过程中可结合以下内容进行识记:

最早从理论上阐述班级授课制——夸美纽斯;

最早提出"班级"一词——埃拉斯莫斯。

21. B 【解析】探究学习的过程:问题阶段—计划阶段—研究阶段—解释阶段—反思阶段。

22. C 【解析】教学过程应遵循教师主导作用与学生主体作用相统一的规律。一方面要充分发挥教师的主导作用,另一方面要充分发挥学生主体参与教学的能动性。刘老师上课前先了解学生的学习准备情况,然后才设计教学过程,这说明刘老师是教学活动的领导者和组织者,在教学过程中发挥了主导作用。在实际教学中,刘老师不断启发学生思考,调动学生的积极性、主动性,这说明刘老师充分发挥了学生主体参与教学的能动性。故选C项。

23. D 【解析】思想品德课(思想政治课)与其他学科教学是学校有目的、有计划、系统地对学生进行德育的基本途径。

24. D 【解析】课外活动是指在课堂教学计划之外,学生自由选择、自愿参加的一种活动。如果把它列入教学计划和大纲,那么课外活动就变成了所有学生必须参加的活动,违背了课外活动自愿性的特点。

25. B 【解析】知行统一原则是指教育者在进行德育时,既要重视对学生进行系统的思想道德的理论教育,又要重视组织学生参加实践锻炼,把提高认识和行为养成结合起来,使学生做到言行一致。徐老师在班会课上告诉学生要讲文明、爱卫生,在课外又通过组织学生参加实践活动加深认识,增强情感体验,养成良好的行为习惯,这遵循了知行统一的德育原则。

26. C 【解析】"壬子癸丑学制"由蔡元培主持修订,第一次规定了男女同校。

27. B 【解析】苏联教育家赞科夫通过近二十年的小学教学改革实验,出版了《教学与发展》一书。他把学生的一般发展作为教学的出发点,提出了发展性教学理论的五条教学原则,即高难度、高速度、理论知识起主导作用、理解学习过程、使所有学生包括"差生"都得到一般发展的原则。

28. D 【解析】从活动水平角度看,个体主观能动性由三个层次构成:第一层次是人作为生命体进行的生理活动,第二层次是个体的心理活动,最高层次是社会实践活动。

29. B 【解析】非制度化教育所推崇的理想是:"教育不应再限于学校的围墙之内。"所以,苏老师的观点与非制度化教育所推崇的理念高度契合。

30. A 【解析】本体性知识即学科专业知识,是教师知识结构的核心,也是教师向学生传授知识的必备基础。主要包括:(1)掌握该学科的基本知识和基本技能;(2)掌握该学科的基本理论和学科体系;(3)了解该学科的发展脉络;(4)了解学科领域的思维方式和方法论。题干中的数学老师不能正确解释圆周率的含义,说明他缺乏本体性知识。

31. D 【解析】社会刻板印象是指,对一群人的特征或动机加以概括,把概括得出的群体的特征归属于团体中的每一个人,认为他们每个人都具有这种特征,而无视团体成员中的个体差异。D项属于典型的刻板印象。

32. D 【解析】教育法律关系的主体是指教育法律关系的参加者,也就是在具体的教育法律关系中享有权利并承担义务的人和组织。我国教育法律关系的主体可分为三类:公民(自然人)、机构和组织(法人)、国家。教育法律关系客体是教育法律关系主体的权利与义务所指向的对象。教育法律关系的客体一般包括物质财富、非物质财富、行为三个大的方面。在本题中,张老师和林某是法律关系的主体,支架发明是法律关系的客体。

33. C 【解析】多重趋避冲突是指对含有吸引与排斥两种力量的多种目标予以选择时所发生的冲突。题干中,小宇因为当老师和去公司上班各有优缺点而犹豫不决,这体现了多重趋避冲突。

34. A 【解析】性格的态度特征是指个体对自己、他人、集体、社会以及对工作、劳动、学习的态度特征。例如,谦虚或自负、利他或利己、粗心或细心等。

35. D 【解析】教育心理学的发展大致经历了以下四个时期:(1)初创时期(20 世纪 20 年代以前);(2)发展时期(20 世纪 20 年代至 50 年代末);(3)成熟时期(20 世纪 60 年代至 70 年代末);(4)完善时期(20 世纪 80 年代以后)。

36. B 【解析】同化是指在有机体面对一个新的刺激情境时,把刺激整合到已有的图式或认知结构中。顺应是指当有机体不能利用原有图式接受和解释新刺激时,其认知结构发生改变来适应刺激的影响。因此,同化引起图式的量变,顺应引起图式的质变。题干中强调将原有算术图式发展为代数图式,产生了新的图式,发生的是认知结构的质变。因此,该过程为顺应。

易错提示:考生在做这类题时,易混淆同化和顺应的概念。同化:补充、完善认知结构(认知结构量变)。顺应:改变认知结构(认知结构质变)。

37. B 【解析】根据创造程度的不同,有意想象可以分为再造想象和创造想象。再造想象是依据词语或符号的描述、示意在头脑中形成与之相应的新形象的过程。例如,人在阅读文艺作品时,头脑中出现的有关事物的形象。故题干中王某阅读《阿 Q 正传》时脑海中浮现出阿 Q 的形象属于再造想象。

38. C 【解析】组织策略是指整合所学新知识之间、新旧知识之间的内在联系,形成新的知识结构的策略。思维导图属于组织策略的一种。

39. D 【解析】研究发现,分配学生座位时,教师主要关心的是减少课堂混乱。其实,分配学生座位时,最值得教师关注的应该是对人际关系的影响。

40. A 【解析】人们持有的不合理信念总结起来有三个特征:(1)绝对化要求;(2)过分概括化;(3)糟糕至极。其中,过分概括化指的是一种以偏概全的不合理的思维方式,它包括对自己和对他人的不合理评价。例如:一次考试成绩不理想便认为自己不行,从而导致自卑、自责、情绪消沉。题干中有些人面对失败的结果时,认为自己“一无是处”“一钱不值”,是“废物”,属于过分概括化。

二、多项选择题

1. BC 【解析】个体身心发展的互补性要求教育工作者:(1)要树立信心,相信每一个学生,特别是暂时落后或某些方面有缺陷的学生,通过其他方面的补偿性发展,都会达到与一般正常学生一样的发展水平;(2)要掌握科学的教育方法,发现学生的优势,扬长避短、长善救失,激发学生自我发展的信心和自觉。B、C 项符合个体身心发展的互补性的要求。A 项符合个体身心发展的阶段性要求。D 项符合德育的疏导原则的要求。

2. AB 【解析】榜样示范法是用榜样人物的优秀品德来影响学生的思想、情感和行为的德育方法。“桃李不言,下自成蹊”的含义是:桃树、李树有芬芳的花朵、甜美的果实,虽然不会说话,但仍然能吸引许多人到树下赏花尝果,以至于在树下走出一条小路来。比喻只要品德高尚,对人真诚,即使不事张扬,也会受到人们的信赖和尊崇。“其身正,不令而行;其身不正,虽令不从”的意思是:自我品行端正了,即使不发布命令,老百姓也会去实行;若自身品行不端正,即使发布命令,老百姓也不会服从。这两句话都体现了榜样示范法。

“孟母三迁”体现了环境对人的影响。“言者无罪,闻者足戒”指尽管提意见的人说得不正确,也是没有过错的;被批评的人即使没有对方所指出的错误,也应以此作为借鉴,提高警惕。

3. AB 【解析】行为主义心理学派被称为西方心理学的“第一势力”,代表人物为华生。精神分析学派被称为西方心理学的“第二势力”,代表人物为弗洛伊德。人本主义心理学派被称为西方心理学的“第三势力”,代表人物为马斯洛和罗杰斯。格式塔心理学派的代表人物为韦特海默、苛勒和考夫卡。

4. BCD 【解析】《中华人民共和国教育法》第七条规

定，教育应当继承和弘扬中华优秀传统文化、革命文化、社会主义先进文化，吸收人类文明发展的一切优秀成果。

5. ABD 【解析】班级管理的功能：(1)有助于实现教学目标，提高学习效率；(2)有助于维持班级秩序，形成良好的班风；(3)有助于锻炼学生能力，学会自治自理。

6. AB 【解析】个体身心发展的不平衡性（不均衡性）要求教育要抓住发展的关键期；个体身心发展的互补性要求教育要做到长善救失，故C、D项匹配错误。

7. AC 【解析】王老师运用的课堂导入方法是温故导入。温故导入是指教师通过帮助学生复习与即将学习的新知识有关的旧知识，从中找到新旧知识的联结点，合乎逻辑、顺理成章地引导学生学习新知识的一种导入方法。张老师运用的课堂导入方法是直观导入。直观导入指教师借助于实物、标本、挂图等直观教具，以及投影、录像等媒体或示范性实验，对与教学内容相关的信息进行演示，并引导学生通过观察产生疑问，进行思考，从而自然进入新课学习的一种导入方法。故答案选A、C项。

8. AC 【解析】早期，加德纳认为，人的智力结构中存在着七种相对独立的智力。其中言语智力指说话、阅读、书写的能力。斯皮尔曼的二因素论认为智力包括一般因素和特殊因素。吉尔福特的智力三维结构论认为智力是一个包括内容、操作和成果（产品）的三维结构，其中操作决定智力高低。因此，B、D两项属于加德纳的多元智力理论，A、C两项不属于加德纳的多元智力理论。

9. AB 【解析】自我效能感由班杜拉首次提出，是指人对自己能否成功从事某一成就行为的主观判断。班杜拉指出，人的行为受行为的结果因素与先行因素的影响。行为的结果因素是人们通常所说的强化，行为的先行因素就是人在认识到行为与强化之间的依随关系之后产生的对下一步强化的期待。期待包括结果期待和效能期待。

10. ABD 【解析】建构主义学习理论认为"情境""协作""会话"和"意义建构"是学习环境中的四大要素或四大属性。

三、判断题

1. √ 【解析】教师职业道德是教师在从事教育劳动时所应遵循的行为规范和必备的品德的总和，是调节教师与他人、与社会等关系时所必须遵守的基本道德规范和行为准则，以及在此基础上所表现出来的道德观念、情操和品质。

2. × 【解析】全面发展教育强调为学生的发展奠定基础的同时又要发展学生的个性，对学生的要求是合格加特长，并不是平均发展。

3. × 【解析】处于关注生存阶段的一般是新教师，他们非常关注自己的生存适应性，最担心的问题是"学生喜欢我吗""同事们如何看我""领导是否觉得我干得不错"等。因此，题干中的教师处于关注生存阶段。

4. × 【解析】"耶克斯—多德森定律"表明，动机不足或过分强烈都会影响学习效果。第一，动机的最佳水平随着任务性质的不同而不同。在比较容易的任务中，行为效果（工作效率）随着动机的提高而上升；随着任务难度的增加，动机的最佳水平有逐渐下降的趋势。第二，一般来讲，最佳水平为中等强度的动机。第三，动机水平与行为效果呈倒U型曲线。因此，在难度较小的任务中，较高的动机水平有利于学习任务的完成。

5. √ 【解析】不深入实际了解学生，教师就不可能做出正确的学生操行评定。故题干说法正确。

6. × 【解析】尊师与爱生是相互促进的两个方面：教师通过对学生的尊重和关爱换取学生发自内心的尊敬和信赖，而这种尊敬和信赖又可激发教师更加努力地工作，为学生营造良好的心理气氛和学习条件。爱生是尊师的重要前提，尊师是爱生的必然结果。

7. √ 【解析】泰勒的目标模式是以目标为课程开发的基础和核心，围绕课程目标的确定、实现和评价等环节进行课程开发的模式。

8. × 【解析】教学是进行全面发展教育、实现培养目标的基本途径，为个人全面发展提供科学的基础和实践，是培养学生个性全面发展的重要环节。

9. × 【解析】家庭教育是学校教育的基础和补充，有不可替代的教育作用。

10. × 【解析】意志的自制性是一种能够自觉、灵活地控制自己的情绪，以约束自己产生与完成任务相反行动的良好品质。"明日复明日，明日何其多？我生待明日，万事成蹉跎。"旨在鼓励学生珍惜时间，拒绝拖延，这培养的是意志的自制性。

四、简答题(参考答案)

1. 简述分组教学的要求。

(1)充分了解学生；(2)制订个体教学计划；(3)保证教学井然有序；(4)深入钻研教材教法。

2. 简述气质与性格的区别。

(1)气质受生理影响大，性格受社会影响大。

(2)气质的稳定性强,性格的可塑性强。

(3)气质特征表现较早,性格特征表现较晚。

(4)气质无所谓好坏,性格有优劣之分。

3. 在教学中,贯彻传授知识和思想品德教育相统一的规律时,应注意哪些问题?

在教学中,贯彻传授知识和思想品德教育相统一的规律时,要防止两种倾向:(1)脱离知识进行思想品德教育。这会使思想品德教育成为无源之水、无本之木,不仅不利于学生品德水平的提高,而且还影响系统知识的教学。(2)只强调传授知识,忽视思想品德教育。不能认为学生学习了知识以后,思想品德水平自然会随之提高。因为教学的教育性必须要经过教师给学生施加积极影响,必须通过启发、激励,使学生对所学知识产生积极的态度时,教学的教育性才能得以实现。在教学过程中要注意把二者有机结合起来。

五、论述题(参考答案)

俗话说"教学有法,教无定法,贵在得法"。请结合你报考的学科,谈谈在教学中如何恰当地选择教学方法。

(1)①"教学有法"是指我们的教育教学活动是有规律可遵循,有法则可遵守,有模式可遵照,是有可以掌握的基本方法、基本规律的。"教学有法"中的"法"指的是教学活动自身的基本规律和基本方法。②"教无定法"指的是教学的模式、方法、技能等不是机械的、教条的,而是灵活多变、富有个性、充满灵性的。"教无定法"是我们组织教育教学活动的依据。"教无定法"中的"法"指的是教学的模式、方法、技能等。③"贵在得法"指的是教师将各种教学方法、手段、技巧等恰如其分、灵活巧妙地应用于具体的教学情景中。"贵在得法"中的"法"指的是教师采用的教学手段、方法、技巧等,即科学化的教法。

(2)教师在选择教学方法的时候必须考虑到以下几点:①教学目的和任务的要求;②课程性质和特点;③每节课的重点、难点;④学生年龄特征;⑤教学时间、设备、条件;⑥教师业务水平、实际经验及个性特点。此外,教学方法的选择与运用还受教学手段、教学环境等因素的制约,这就要求我们要全面、具体、综合地考虑各种相关因素,进行权衡取舍。例如,我们在进行小学语文教学方法的选择和整合时,上述种种因素都要考虑到。如此,才有可能达到"贵在得法",才能更好地贯彻"以学论教"的理念,更好地促进小学语文教学的发展。

(考生可结合自己所报考的学科加以阐述,言之有理即可)

湖南省教师招聘考试教育基础知识预测试卷(十四)

答案速查

1~5	BACCA	6~10	CCCDB	11~15	BDAAA	16~20	BDAAB
21~25	CACCB	26~30	ADBBB	1~5	BCD ACD ABC BC BCD		
1~5	××××√√			6~10	√√√√×		

一、单项选择题

1. B 【解析】教师职业道德情感包括以下几方面内容:(1)职业正义感;(2)职业责任感;(3)职业义务感;(4)职业良心感;(5)职业荣誉感;(6)职业幸福感。其中,职业责任感既是职业道德行为的出发点,又是激励教师实现某种职业道德目标的动力。

2. A 【解析】备课就是教师根据学科课程标准的要求和本门课程的特点,结合学生的具体情况,选择最合适的表达方法和顺序,以保证学生有效地学习。备课要写好三种计划,即学年(或学期)教学计划、课题(或单元)计划、课时计划(教案)。题干所述体现了备课的内涵,故答案选择A项。

3. C 【解析】教育法律关系的变更,是指教育法律关系构成要素的改变,包括主体、客体或内容等要素的改变。例如,甲乙两校签订了联合办学合同,在履行合同的过程中,由于遇到了新情况,甲乙两校经过协商修改了合同中的某些条款,从而引起了原合同关系内容的部分改变。题干所述为教育法律关系的变更。

4. C 【解析】意志过程是个体自觉地确定目的,并根据目的调节支配自身的行动,克服困难去实现预定目标的心理过程。题干中小明为了完成作业,克制了自己想要跟同学一起出去玩的欲望,这体现的心理过程是意志过程。

5. A 【解析】注意不属于某一种独立的心理过程,但却从始至终伴随心理过程的进行,是一种特殊的心理状态。

6. C 【解析】人们把某种功能赋予某物体的倾向称为功能固着。在功能固着的影响下,人们不易摆脱事物用途的固有观念,从而直接影响问题解决的灵活性。

7. C 【解析】离差智商的计算公式如下:$IQ=100+15Z$,$Z=(X-\overline{X})/SD$。Z 代表个体的标准分,X 表示个体测验得分(原始分数),$\overline{X}$ 代表相应年龄群体的平均分,SD 是群体得分的标准差。代人可得 $IQ=100+15\times[(108-100)\div5]=124$。故本题选 C 项。

8. C 【解析】班级民主管理是指班级成员在服从班集体的正确决定和承担责任的前提下参与班级全程管理的一种管理方式。实行班级民主管理的要求包括:(1)组织全体学生参与班级全程管理,即在班级管理的计划、实行、检查、总结的各个阶段,都让学生参与进来;(2)建立班级民主管理制度,如班干部轮换制度、定期评议制度、值日生制度、值周生制度、民主教育活动制度等。题干中的李老师以身作则,引导学生养成良好卫生习惯,并实行值日生制度,使全班同学各尽其职地做好班级卫生工作,这种班级管理模式属于班级民主管理。

9. D 【解析】教师的自我教育是专业理想确立、专业情感积淀、专业技能提高、专业风格形成的关键。

10. B 【解析】非正式组织强调的是情感的沟通和非正式的互动与交往,它的行为方式是比较松散的、非规范性的。学生的这种非正式组织有四种类型:(1)积极型。这种群体的价值目标与班级正式群体的价值目标是一致的,是班级正式群体的补充。(2)娱乐型。同学们由于情绪上的好感和消磨课余闲暇时间的需要而聚集在一起,他们的主要目的是好玩、有趣。这些小团体有时格调不高,甚至庸俗,但他们却感到了满足。(3)消极型。这种群体会自觉、不自觉地与班主任、班委会发生对立,如破坏纪律、发牢骚、不参加集体活动等。(4)破坏型。这类群体已经游离出正式组织,他们没有是非善恶标准,凭借一种所谓的江湖人的欲望、勇气和胆量而作为,常常对班级组织产生破坏甚至震慑作用。故本题答案选择 B 项。

11. B 【解析】记忆术是指通过把那些枯燥无味但又必须记住的信息"牵强附会"地赋予意义,使记忆过程变得生动有趣,从而提高学习记忆效果的方法。故题干所述为记忆术的内涵,而记忆术是常用的精细加工策略,因此本题答案选 B 项。

12. D 【解析】神经活动的基本过程是兴奋过程和抑制过程。二者相互制约、相互平衡,从而构成了大脑皮层的高级神经活动。

13. A 【解析】个人本位论认为教育的目的是培养健全发展的人,发展人的本性,挖掘人的潜能,增进受教育者的个人价值,个人价值高于社会价值。"教育应当根据儿童的身心发展规律和兴趣需要去促进其生长与发展"强调确立教育目的的根据是人的本性,体现的是个人本位论的观点。因此答案选 A 项。社会本位论认为教育的目的是为社会培养合格的成员和公民,使受教育者社会化。文化本位论认为教育目的应围绕文化这一范畴来进行,用"文化"来统筹教育、社会、人三者之间的关系。生活本位论认为教育要为完满的生活作准备,注重的是使受教育者怎样生活。

14. A 【解析】奥苏贝尔根据新知识与原有认知结构的关系,将知识学习分为下位学习、上位学习和并列结合学习。上位学习又称总括学习,是在学生掌握一个比认知结构中原有概念的概括和包容程度更高的概念或命题时产生的。题干所述事例属于典型的上位学习,故选 A 项。B 项下位学习又称类属学习,是一种把新的观念归属于认知结构中原有观念的某一部分,并使之相互联系的过程。C 项并列结合学习又称组合学习,是在新命题与认知结构中原有的命题既非下位关系又非上位关系,而是一种并列的关系时产生的。D 项属于干扰项。

方法技巧:在做此类试题时,考生可结合具体实例来进行区分:下位学习,掌握了水果的概念后,学习苹果的概念。上位学习,知道了苹果的概念后,学习水果的概念。并列结合学习,学习苹果与梨的概念。

15. A 【解析】升华是指把社会所不能接受的性欲或攻击性冲动所伴有的力比多能量转向更高级的、社会所能接受的目标或渠道,进行各种创造性的活动。"化悲痛为力量"是升华作用的表现。

16. B 【解析】道德教育的认知模式是当代德育理论中流行最为广泛、占据主导地位的德育学说,它是由瑞士学者皮亚杰提出,而后由美国学者科尔伯格进一步深化的。

17. D 【解析】德育过程的基本矛盾是教育者提出的德育要求(社会所要求的道德规范)与受教育者已有品德水平之间的矛盾。

18. A 【解析】痕迹衰退说(消退说)认为,遗忘是记忆痕迹得不到强化而逐渐衰弱,以致最后消退的结果。"及时复习策略"认为,由于识记后遗忘很快就会发生,因此对于新学习的材料,为了防止遗忘,必须"趁热打铁"及时进行复习。二者的观点都强调遗忘是得不到强化而导致的,因此痕迹衰退说的观点与"及时复习策略"一致。

19. A 【解析】美国教育心理学家波斯纳提出了教师成长公式:经验 + 反思 = 成长。

20. B 【解析】我国教育家杨贤江以李浩吾为化名出版的《新教育大纲》是我国第一部马克思主义的教育学著作。

21. C 【解析】教师的教育专业素养包括:(1)具有先进的教育理念;(2)具有良好的教育能力;(3)具有一定的研究能力。

22. A 【解析】品德修养指导法主要包括学习、自我批评、座右铭、自我实践体验与锻炼等。

23. C 【解析】根据埃里克森的人格发展阶段论,小学阶段(6~11 岁)的儿童,处于勤奋感对自卑感阶段,这一阶段的发展任务是培养勤奋感,克服自卑感,实现能力品质。

24. C 【解析】根据知识本身的存在形式和复杂程度,知识学习可分为符号学习、概念学习和命题学习。符号学习又称表征学习,是指学习单个符号或一组符号的意义。符号学习的主要内容是词汇学习。例如,汉字、英语单词的学习,就属于词汇学习。但是符号不限于语言符号(词),也包括非语言符号(如实物、图像、图表、图形等)。符号学习还包括事实性知识的学习,即学习一组符号(语言或非语言)所表示的某一具体事实。例如,历史课中历史事件和历史人物的学习,地理课中地形地貌和地理位置的学习,均属于事实性知识的学习。

25. B 【解析】联合国教科文组织在《教育——财富蕴藏其中》中提出,教育要使学习者"学会求知""学会做事""学会共同生活(学会合作)"和"学会生存",这一思想很快被全球各国认可,并被称为教育的四大支柱。

26. A 【解析】"凡学之道,严师为难。师严然后道尊,道尊然后民知敬学。"意为:在学习活动中,做到尊敬教师是非常不容易的。只有做到尊重老师才能重视他传授的知识,这样才能使人专心求学。因此该句强调的是"师道尊严"。

27. D 【解析】个体内差异评价是对被评价者的过去和现在进行比较,或将评价对象的不同方面进行比较。"班主任认为小黄偏科严重"是对评价对象不同方面进行的评价,属于个体内差异评价。

28. B 【解析】课堂教学结构包括:(1)教学时间的合理利用;(2)课程表的编制;(3)教学过程的规划。

29. B 【解析】艾利斯认为,人的情绪是由他的思想决定的,合理的观念导致健康的情绪,不合理的观念导致负向的、不稳定的情绪。他提出了一个解释人的行为的 ABC 理论。A:个体遇到的主要事实、行为、事件。B:个体对 A 的信念、观点。C:事件造成的情绪结果。情绪反应 C 是由 B(信念)直接决定的。因此,丹丹和平平的不同表现是由其不同的信念决定的。

30. B 【解析】"青出于蓝而胜于蓝"常用来比喻学生也可能超过老师,或后人也能超过前人。这说明教师与学生应该做到教学相长,互相尊重,互相学习。

二、多项选择题

1. BCD 【解析】奥苏贝尔强调,必须消除对接受学习的误解。接受学习未必都是机械学习,它可以而且也应该是有意义的学习。同样,发现学习未必都是有意义的学习,它也可能是机械学习。学校应主要采用有意义的接受学习。

2. ACD 【解析】根据《中华人民共和国教师法》第二十二条规定,学校或者其他教育机构应当对教师的政治思想、业务水平、工作态度和工作成绩进行考核。

3. ABC 【解析】心理健康教育主要有三方面的内容,即学习辅导、生活辅导和择业指导。

4. BC 【解析】《中华人民共和国义务教育法》第二条规定,国家实行九年义务教育制度。实施义务教育,不收学费、杂费。A 项不符合。第二十二条规定,县级以上人民政府及其教育行政部门应当促进学校均衡发展,缩小学校之间办学条件的差距,不得将学校分为重点学校和非重点学校。学校不得分设重点班和非重点班。B 项符合。第二十六条规定,学校实行校长负责制。校长应当符合国家规定的任职条件。校长由县级人民政府教育行政部门依法聘任。C 项符合。第二十七条规定,对违反学校管理制度的学生,学校应当予以批评教育,不得开除。D 项不符合。答案选 B、C 两项。

5. BCD 【解析】"热爱学生"的教师职业道德规范要求教师关心爱护全体学生,尊重学生的人格,平等、公正对待学生。对学生严格要求,耐心教导,不讽刺、挖苦、歧视学生,不体罚或变相体罚学生,保护学生合法权益,促进学生全面、主动、健康发展。

三、判断题

1. × 【解析】"身教重于言传"体现的是教师劳动的示范性特点。

2. × 【解析】讲授法是教师运用口头语言系统连贯地向学生传授知识、技能,发展学生智力的教学方法。衡量一种教学方法是否具有启发性,关键是看教师能否促进学生积极主动地去学习,而不是单从形式上去加以判断。题干说法错误。

易错提示:在我国传统教学中,教师多使用灌输的方式进行教学,在此过程中运用最多的教学方法又是讲授法,故部分考生会将讲授法等同于注入式教学,从而造成误判。考生需要重点掌握注入式教学与启发式教学的内涵,准确掌握判断一种教学方法是启发式还是注入式的依据。

3. × 【解析】课程标准规定了学科的教学目标、任务,知识的范围、深度和结构,教学进度以及有关教学方法的基本要求,是编写教科书和教师进行教学的直接依据,也是衡量各科教学质量的重要标准。教师应将课程标准作为检查自己教学质量的依据。

4. √ 【解析】教育目的一般由两部分组成:一是就教育所要培养的人的身心素质做出规定;二是就教育所要培养的人的社会价值做出规定。其中,关于人的身心素质的规定是教育目的的内容结构的核心部分。

5. √ 【解析】题干的意思是:几个人在一起行走,其中必定有可作为我的老师的人。要选择他们的优点来学习,如果看到他们的缺点要反省自己有没有像他们一样的缺点,若有,要一起加以改正。因此孔子的话体现了榜样的作用,即体现了榜样示范法的重要性。

6. √ 【解析】研究认为,学习策略知识不是孤立的,不能脱离专门知识。专门领域的基础知识是有效利用策略的前提条件,脱离知识内容的单纯训练容易导致形式化倾向,难以保证学生提高学习策略水平。

7. √ 【解析】西方心理学的"第一势力"是行为主义心理学,西方心理学的"第二势力"是精神分析心理学,西方心理学的"第三势力"是人本主义心理学。

8. √ 【解析】机体对与条件刺激相似的刺激做出条件反应,属于刺激的泛化,如"一朝被蛇咬,十年怕井绳"。李某因被狗咬过,所以对像小狗的毛绒玩具感到害怕,这是因为其出现了刺激的泛化。

易错提示:考生易混淆泛化与分化,考生可以抓住关键词来进行区分理解。泛化:对事物相似性的反应(分不清);分化:对事物差异性的反应(分得清)。

9. √ 【解析】生产力的发展促进了科学技术的发展与更新,从而也要求教育内容不断调整与更新。同时,生产力的提高也在不断地促进教学方法、手段、组织形式的更新与发展。

10. × 【解析】《中华人民共和国预防未成年人犯罪法》第三十四条规定,未成年学生旷课、逃学的,学校应当及时联系其父母或者其他监护人,了解有关情况;无正当理由的,学校和未成年学生的父母或者其他监护人应当督促其返校学习。

四、简答题(参考答案)

1. 简述记忆四种品质的内容。

(1)记忆的敏捷性。这是记忆的速度和效率特征。能够在较短的时间内记住较多的东西,就是记忆敏捷性良好的表现。

(2)记忆的持久性。这是记忆的保持特征。能够把知识经验长时间地保留在头脑中,甚至终身不忘,这就是记忆持久性良好的表现。

(3)记忆的准确性。这是记忆的正确和精确特征。它是指对于所识记的材料,在再认和回忆时,没有歪曲、遗漏、增补和臆测。记忆的这种品质极为重要,如果缺乏记忆的准确性,那么记忆的其他品质也就没有了价值。

(4)记忆的准备性。这是记忆的提取和应用特征。它使人能及时、迅速、灵活地从记忆信息的储存库中提取所需要的知识经验,以解决当前的实际问题。

2. 德育的基本任务有哪些?

(1)培养学生良好的道德品质;(2)培养学生正确的政治方向;(3)培养学生正确的价值观;(4)培养学生良好、健康的心理品质;(5)培养学生良好的思想品德能力等。

3. 如何培养学生良好的态度与品德?

(1)有效的说服;(2)树立良好的榜样;(3)利用群体约定;(4)价值辨析;(5)给予适当的奖励和惩罚。除上述所介绍的各种方法外,角色扮演、小组道德讨论等方法对于态度与品德的形成和改变都是非常有效的。

五、论述题(参考答案)

1. 习近平总书记指出,教育决定着人类的今天,也决定着人类的未来,素质教育是教育的核心。请简述素质教育的内涵,并结合自身学科阐述在教学实践中如何实施素质教育。

(1)素质教育的内涵包括:①素质教育是面向全体学生的教育;②素质教育是促进学生全面发展的教育;③素质教育是促进学生个性发展的教育;④素质教育是以培养创新精神和实践能力为重点的教育。

(2)实施素质教育的措施:①改变教育观念;②转变学生观;③加大教育改革的力度;④建立素质教育的保障机制;⑤建立素质教育的运行机制;⑥营造良好的校园文化氛围。

(考生可结合自身学科展开论述,言之有理即可)

2. 试述技能与习惯的区别。

技能是指经过练习而获得的合乎法则的认知活动或身体活动的动作方式。习惯是个体在一定情境下自动化地进行某种动作的需要或特殊倾向。技能与习惯的区别在于:

(1)技能是越来越向一定的标准动作体系提高,而习惯则越来越保持原来的动作组织情况。习惯是保守的,技能则不断向一个标准趋近。

(2)技能有高级、低级之分,但没有好坏之别。习惯则不同,它根据对个人和社会的意义有好坏之分。

(3)技能和一定的情境、任务都有联系,而习惯只和一定的情境相联系。技能是主动的,需要时出现,不需要时就不出现,而习惯则是被动的。

(4)技能要与一定的客观标准做对照,而与习惯做对照的,则只是上一次的动作。这就是说,技能形成中除了自己的动觉反馈外,还需要别的反馈,如外部感觉等。

六、案例分析题(参考答案)

1. (1)案例中,田老师私自查看小刚的日记,并将小刚的隐私给小静看,这种行为侵犯了小刚的隐私权;田老师跟小静说小刚是个花花公子,脚踏两只船,并责令小刚好好反省自己的错误,这种行为侵犯了小刚的名誉权;田老师因怀疑小刚早恋而罚他不准进教室上课,这种行为侵犯了小刚的受教育权;田老师对小刚行为的不合理描述及处理方式,侵犯了小刚的人格尊严权。

(2)案例中田老师的行为损害了小刚的名誉权、隐私权、人格尊严权和受教育权等,小刚的家长要求田老师赔礼道歉并赔偿精神损失费用的做法是合理的。

2. 吴老师的职业行为符合2008年修订的《中小学教师职业道德规范》中“爱岗敬业”和“关爱学生”的教师职业道德规范;违背了“为人师表”的教师职业道德规范。

(1)“爱岗敬业”的师德规范要求教师:对工作高度负责;认真备课上课;认真批改作业;认真辅导学生;不得敷衍塞责。吴老师立志成为一名优秀的人民教师,工作努力,认真负责,体现了爱岗敬业的师德规范。

(2)“关爱学生”的师德规范要求教师:关心爱护全体学生,尊重学生人格,平等公正对待学生;对学生严慈相济,做学生的良师益友;保护学生安全,关心学生健康,维护学生权益;不讽刺、挖苦、歧视学生,不体罚或变相体罚学生。吴老师在得知班上学生退学去打工后,主动联系家长,给家长转账,恳请家长把孩子送回学校的行为,维护了学生受教育的权利,体现了关爱学生的师德规范。

(3)“为人师表”的师德规范要求教师自觉抵制有偿家教,不利用职务之便谋取私利。吴老师收取补课辛苦费的行为违背了为人师表的师德规范。

湖南省教师招聘考试教育基础知识预测试卷(十五)

答案速查

1~5	AACBA	6~10	BDBDC	11~15	ACADC	16~20	CADCD
21~25	CABAD	26~30	CBADD	1~5	ABCD AB ACD BCD BCD		
1~5	√√×××			6~10	√√×××		

一、单项选择题

1. A 【解析】道德认知又称道德认识,是指对于行为规范及其意义的认识,是人的认识过程在道德上的表现。题干中王林没有认识到自己行为的错误,故马老师应该加强对王林的道德认识教育。

2. A 【解析】“学在官府”“以吏为师”说明当时的教

师都由官吏兼任,官师一体。这在教师职业发展历史中属于非职业化阶段。

3.C 【解析】美国精神分析学家埃里克森认为,人格发展是一个逐渐形成的过程,必须经历八个顺序不变的阶段。其中,主动感对内疚感阶段(4~5岁)的发展任务是培养主动性。这一阶段儿童的活动范围逐渐超出家庭的圈子,儿童开始追求出于自我利益和动机的活动。他们想象自己正在扮演成年人的角色,并因认为自己能从事成年人的角色和胜任这些活动而体验到一种愉快的情绪。例如,当父母做饭时,儿童递过一把勺子,他便认为自己是在从事一项重要的活动,发挥了重要的作用。故本题选择C项。

4.B 【解析】通常把学生在学习过程中出现一段时间的学习成绩和学习效率停滞不前,甚至学过的知识感觉模糊的现象,称为"高原现象"。题干所述为典型的高原现象。

5.A 【解析】教师中心论认为教师在教育教学过程中起主宰作用,强调教师的权威作用。题干所述过分强调了教师的权威作用,体现的是教师中心论。

6.B 【解析】陈鹤琴"活教育"教学的步骤是实验观察、阅读思考、创作发表和批评研讨。

7.D 【解析】个体的主观能动性是一种寻求发展的积极动机和渴望,是人的身心发展的内在动力,也是促进个体发展从潜在的可能状态转向现实状态的决定性因素。不同的学习需要和动机产生不同的态度和行为,反映了个体主观能动性对学生身心发展的影响。

8.B 【解析】顺应是指当有机体不能利用原有图式接受和解释新刺激时,其认知结构发生改变来适应刺激的影响。题干中小军通过改变自己的认知结构来适应新的刺激,他的认知过程属于顺应。

9.D 【解析】情绪和情感的组织功能表现在:情绪和情感这种特殊的心理活动,对其他心理过程而言是一种监测系统,是心理活动的组织者。积极的情绪和情感具有调节和组织作用;消极的情绪和情感则具有干扰、破坏作用。

10.C 【解析】特朗普制又称"灵活的课程表",是由美国教育学教授劳伊德·特朗普于20世纪后半叶提出的。它将大班上课、小班研究和个别教学三种教学组织形式结合起来,采用灵活的时间单位代替固定划一的上课时间,以20分钟为一个课时单位,教师可以根据需要轮番安排上述三种教学形式。

11.A 【解析】直接导入是指教师上课伊始直接阐明本节课的学习内容、目标和要求的导入方法。这是最简单和最常用的一种导入方法。

12.C 【解析】教育的终身化强调职前教育与职后教育的一体化、青少年教育与成人教育的一体化、学校教育与社会教育的一体化。小李将入职前的教育和入职后的教育统一起来的做法体现了教育的终身化。

13.A 【解析】黏合是指把两种或两种以上客观事物的属性、元素、特征或部分结合在一起而形成新形象的过程。孙悟空这一形象的创造是典型的黏合。

易错提示: 考生易混淆想象的几种加工方式。"黏合"强调结合;"夸张"在于改变正常特点,如千手观音;"拟人化"在于"拟人",如雷公、电母;"典型化"强调一类事物的典型特征。

14.D 【解析】监控策略是指在认知过程中,根据认知目标及时检测认知过程,寻找两者之间的差异,并对学习过程及时进行调整,以期顺利实现有效学习的策略。监控策略包括阅读时对注意加以跟踪和对材料进行自我提问、考试时监视自己的速度和时间等。

15.C 【解析】激情是一种爆发式的、猛烈而持续时间短暂的情绪状态。得知高考佳绩后的欣喜若狂是激情的表现。

16.C 【解析】感觉器官对适宜刺激的感觉能力叫感受性。感觉阈限是指刚刚能引起感觉或差别感觉的刺激量。感受性的高低是用感觉阈限的大小来度量的。感受性与感觉阈限在数值上成反比关系,感受性高,则感觉阈限低;感受性低,则感觉阈限高。一个人的视力越好,即感受性越高,其感觉阈限越低。

17.A 【解析】个案研究法是当今教育研究中运用广泛的定性研究方法,也是描述性研究和实地调查的一种具体方法。其任务是揭示研究对象形成、变化的特点和规律,以及影响个案发展变化的各种因素,并提出相应的对策。刘老师希望以小丁为切入点,对该类有特殊需要的学生分别进行为期一年的研究,这种研究方法是个案研究法。

18.D 【解析】实习作业法是指教师根据学科课程标准的要求,指导学生运用所学知识在课上或课外进行实际操作,将知识运用于实践的教学方法。题干中李老师运用的方法是实习作业法。

19. C 【解析】教育具有经济功能。教育对经济发展的作用,不是表现为直接创造物质财富,而是表现为为经济活动再生产劳动者和再生产科学知识。教育再生产科学知识的一个重要表现,即教育可以高效能地扩大科学知识的再生产,使原来为少数人所掌握的科学知识在较短的时间内为更多的人所掌握,从而提高劳动生产效率,促进生产力的发展。故题干所述表明教育可以高效能地再生产科学知识,体现了教育的经济功能。

20. D 【解析】教师威信主要包括人格威信、学识威信和情感威信三个方面的内容。

21. C 【解析】情绪记忆是个体以曾经体验过的情绪或情感为内容的记忆。娇娇对虫子的害怕属于情绪记忆。

> **方法技巧:**判断记忆种类的关键在于记忆的内容是什么。"事物形象"是形象记忆;亲身经历的、发生在一定时间和地点的事件(情景)是情景记忆;"概念、定理、公式和规则"属于语义记忆;"情绪或情感"是情绪记忆;"运动或动作"属于运动记忆。

22. A 【解析】双避冲突是指从希望回避的两种事物中必取其一的心理状态。题干中"前有堵截,后有追兵"体现出进退两难的境地,"堵截"和"追兵"都是个体希望回避的事物,但必须要从中选择一个,故属于双避冲突。本题答案选 A 项。

23. B 【解析】良好的人际关系是教师完善人格的一个重要标志,也是教师心理健康的重要内容。

24. A 【解析】导向性原则是指进行德育时要有一定的理想性和方向性,以指导学生向正确的方向发展。题干描述的是德育的导向性原则的贯彻要求之一。

25. D 【解析】根据《中华人民共和国教师法》第七条和第八条规定可知,A、B、C 三项属于教师的义务,D 项属于教师的权利。

26. C 【解析】实行班级民主管理的要求之一是建立班级民主管理制度,如班干部轮换制度、定期评议制度、值日生制度、值周生制度、民主教育活动制度等。

27. B 【解析】代币是一种象征性强化物,筹码、小红星、盖章的卡片、特制的塑料币等都可作为代币。当学生做出教师所期望的良好行为后,就发给数量相当的代币作为强化物。学生用代币可以兑换有实际价值的奖励物或活动。

28. A 【解析】信度是指一个测验量表的可靠程度(或可信程度)。它以反复测验时能否提供相同的结果来说明。题干中,小辉两次测验的分数大致相等,说明测验的信度高,本题选择 A 项。

29. D 【解析】学科活动是以学习和研讨某一学科的知识或培养某一方面的能力为主要目的的活动。阳光小学的语文小组定期举办"成语大赛"来培养学生的语言文字运用能力,这种活动属于学科活动。

30. D 【解析】反例又称否定例证,指不包含或只包含了一小部分概念或规则的主要属性和关键特征的例证。海豚不属于鱼,用海豚来说明"会游泳"不是鱼的本质特征属于反例的应用。

二、多项选择题

1. ABCD 【解析】当代世界各国的课程改革存在的共同发展趋势是:(1)重视课程内容的现代化、综合化;(2)重视基础学科和知识的结构化;(3)重视能力的培养;(4)重视个别差异。

2. AB 【解析】归属与爱的需要,也称社交需要,是指每个人都有被他人或群体接纳、爱护、关注、鼓励及支持的需要。故 A、B 两项都属于归属与爱的需要。而根据马斯洛的需要层次理论可知,C 项属于安全需要,D 项属于尊重需要。

3. ACD 【解析】弗洛伊德将人格结构分成三个层次:本我、自我和超我。本我是生物本能我,自我是心理社会我,超我是道德理想我。当三者处于协调状态时,人格表现出一种健康状况;当三者互不相让,产生敌对关系时,就会产生心理疾病。

4. BCD 【解析】隐性课程亦称潜在课程、自发课程,是学校情境中以间接的、内隐的方式呈现的课程。学校的人际关系、环境,班风、校风等都会对学生产生潜移默化的影响,都属于隐性课程。A 项属于显性课程。

5. BCD 【解析】教育随笔的主要特点是短小精悍、取材广泛、迅速及时。

三、判断题

1. √ 【解析】性格的理智特征(也称为认知特征),指个体在感知、记忆、想象、思维等认知过程中表现出来的认知特点和风格。

2. √ 【解析】根据皮亚杰的认知发展阶段理论,两到三岁的儿童处于前运算阶段,这个时期的儿童的思维具有自我中心性,儿童只能考虑自己的观点,无法接受别人的观点,也不能将自己的观点与别人的观点协调。此阶段的儿童还不能从他人的角度考虑问题。所以,教会两到三岁的孩子有意识地谦让玩具几乎是不可能的。

3. × 【解析】分组教学虽然克服了班级授课制的一些弊端，但也存在自身的缺点，不能说它比班级授课制优越。

4. × 【解析】罗杰斯认为，促进学生学习的关键不在于教师的教学技巧，而在于特定的心理氛围。它包括：(1)真实或真诚；(2)尊重、关注和接纳；(3)移情性理解。

5. × 【解析】德国是世界上最早普及义务教育的国家。

6. √ 【解析】《中华人民共和国教育法》第十四条规定，国务院和地方各级人民政府根据分级管理、分工负责的原则，领导和管理教育工作。

7. √ 【解析】注意的广度也称注意的范围，是指在同一时间内，人们能够清楚地知觉出的对象的数目。已有研究表明：注意的广度大约是 7 ± 2 个组块，即 5 ~ 9 个项目。故题干表述正确。

8. × 【解析】对教育过程的调节作用是教师职业道德最基本、最重要的作用。

9. × 【解析】裴斯泰洛齐是第一个明确提出“教育心理学化”口号的教育家。

10. × 【解析】学校文化的变革是课程与教学改革最深层次的改革，创建富有个性的学校文化正是课程改革的核心课题。学校文化的重建是课程改革的直接诉求和终极目标。

四、简答题(参考答案)

1. 简述受教育者应当履行的义务。

《中华人民共和国教育法》第四十四条规定，受教育者应当履行下列义务：

(一)遵守法律、法规；

(二)遵守学生行为规范，尊敬师长，养成良好的思想品德和行为习惯；

(三)努力学习，完成规定的学习任务；

(四)遵守所在学校或者其他教育机构的管理制度。

2. 简述教学过程的基本规律。

(1)间接经验与直接经验相结合(间接性规律)；(2)教师主导作用与学生主体作用相统一(双边性规律)；(3)掌握知识和发展智力相统一(发展性规律)；(4)传授知识与思想品德教育相统一(教育性规律)。

3. 简述知识学习的过程。

知识学习主要是学生对知识的内在加工过程。现代认知心理学认为，这一过程一般分为三个阶段：(1)知识的获得；(2)知识的保持，又称知识的巩固；(3)知识的应用。

五、论述题(参考答案)

试述如何培养学生的问题解决能力。

在学校情境中，大部分问题解决是通过解决各个学科中的具体问题来体现的，这就意味着结合具体的学科教学来培养解决问题的能力是必要的，也是可行的。具体可从以下几方面入手：(1)培养学生主动质疑和解决问题的内在动机；(2)问题的难度要适当；(3)帮助学生正确表征问题；(4)帮助学生养成分析问题和对问题归类的习惯；(5)提高学生知识储备的数量和质量，指导学生善于从记忆中提取信息；(6)训练学生陈述自己的假设及其步骤，鼓励自我评价和反思；(7)教授与训练解决问题的方法和策略；(8)提供多种练习机会；(9)训练逻辑思维能力，提高思维水平。

六、材料分析题

1. A 【解析】材料中的李老师为了更好地教学而攻读了研究生并且多年来在教育和科研方面做出了突出成绩，说明了她热爱教育事业，能够刻苦钻研业务，不断学习新知识，即做到了严谨治学、爱岗敬业。

2. C 【解析】“学习、学习、再学习”说明李老师符合终身学习的教师职业道德规范。

3. C 【解析】教师即研究者，意味着教师在教学过程中要以研究者的心态置身于教学情境之中，以研究者的眼光审视和分析教学理论与教学实践中的各种问题，对自身的行为进行反思，对出现的问题进行探究，对积累的经验进行总结，最终形成规律性的认识。材料中的李老师在教学和科研方面做出了突出成绩，体现出李老师把教学和研究有机地融为一体，说明了李老师的职业角色是教育教学的研究者。

4. C 【解析】材料中的李老师攻读了研究生，并且在教学和科研方面做出了突出成绩，说明她的文化知识非常丰富，即体现了教师的文化形象。

5. B 【解析】“学为人师，行为世范”说明了教师的学问和品行要成为社会中的模范，即教师要做到为人师表。

6. C 【解析】外部学习动机是指诱因来自学习者外部的某种因素而产生的动机，即在学习活动以外由外部的诱因激发出来的学习动机；学习动机只来源于自己眼前的利益，则是低级的学习动机。

7. C 【解析】成绩排名靠前和靠后的学生的学习动机可能是不同的，教师根据学生学习动机的差别，鼓励学生的学习，有助于增强学生的自信心，从而提高学生的学习动机。

8. C 【解析】根据韦纳的归因理论，学生将成败归因于努力比归因于能力会产生更强烈的情绪体验。努力而成功，体验到愉快；不努力而失败，体验到羞愧；努力而失败，也应受到鼓励。

9. D 【解析】材料中的任课老师在教授成绩靠后的18名学生时，分析他们在学业上失败的原因、提出难度适当的问题、鼓励回答正确的同学，耐心纠正错误并肯定回答错误的学生。这些做法使得这18名学生的学习有了很大的进步。结合材料，故选择D项。

10. A 【解析】最早的智力测验是法国心理学家比纳和西蒙于1905年编制的比纳—西蒙智力量表。

湖南省教师招聘考试教育基础知识预测试卷(十六)

答案速查

1~5	BADAC	6~10	ABACC	11~15	DDDDB	16~20	DDABA
21~25	DCCDC	26~30	ACCAD	31~35	BCBAD	36~40	CBAAD
1~5	ACD CD AC AB AC			6~10	ABD AC ABCD ABD AD		
11~15	ABCD AD ABD BD ABD			16~20	BCD ABCD ABC ABCD AB		

一、单项选择题

1. B 【解析】文化教育学主张教育研究采用精神科学或文化科学的方法（即理解与解释的方法）进行。

2. A 【解析】从蒸汽机时代到电气生产时代再到自动化时代体现了生产力的发展，说明生产力的发展水平制约着人才培养的规格。

3. D 【解析】教育法规体系的纵向结构，是指由不同层级的教育法律文件组成的等级、效力有序的纵向体系。教育单行法律一般是由全国人民代表大会常务委员会制定的，规定教育领域某一方面具体问题的规范性文件。题干中义务教育和教师都是教育领域的某一方面，因此都是单行法，选择D项。我国的教育基本法是《中华人民共和国教育法》，排除A、B、C三项。

4. A 【解析】知觉的恒常性是指客观事物本身不变，但知觉条件在一定范围内发生变化时，人的知觉映像仍相对不变。题干中白纸和煤块在不同照明条件下观看时尽管产生的视觉效果存在差异，但是我们知觉到的纸张和煤块的颜色不会因为照明条件的改变而改变，这体现了知觉的恒常性。

5. C 【解析】教育目的与培养目标是普遍与特殊的关系，它们处于两个层次，两者并不是等同的关系。

6. A 【解析】题干中的老师在面对学生提出的问题时，没有耐心引导，而是粗暴地批评了学生，打击了学生学习的积极性。这说明该老师未发扬教学民主，没有创造民主、和谐的教学氛围。而贯彻启发性原则的要求之一是发扬教学民主。故该老师违背了启发性教学原则。

易错提示：本题容易产生混淆的是启发性原则和因材施教原则。启发性原则强调的是要调动学生的积极性和主动性，发挥学生在学习过程中的主体作用。而因材施教原则强调的是教师要根据学生的不同特点，有针对性地进行教育，以发挥每个学生的个性特长。题干主要体现了教师打击了学生学习的主动性和积极性，没有很好地引导学生独立思考，并没有涉及学生的个性特点或者是个性特长的相关内容。

7. B 【解析】张老师所教学生的合作意识和能力有所提高，这既是对学生的积极影响，也是张老师采用小组合作学习形式所预期的结果，体现了教育的正向显性功能。

8. A 【解析】教师劳动的广延性是指空间的广延性。教师没有严格界定的劳动场所，课堂内外、学校内外都可能成为教师劳动的空间。题干中王老师对学生的关心在空间上超出了课堂和学校范围，体现了教师劳动的广延性。

易错提示：教师劳动的长期性和广延性是容易混淆的知识点，两者的区别在于：广延性强调空间，无严格界定的劳动场所；长期性强调时间，人才培养周期长、影响迟效。

9. C 【解析】系统脱敏法是指当某些人对某事物、某环境产生敏感反应（害怕、焦虑、不安）时，我们可以在当事人身上发展起一种不相容的反应，使其对本来可引起敏感反应的事物，不再发生敏感反应。题干中通过看汽车图片—谈论汽车—摸汽车—坐汽车等一系列操作，逐步消除该学生对汽车的惧怕反应，这运用了系统脱敏法。故本题选C项。

10. C 【解析】皮亚杰提出了认知发展的阶段理论，将个体的认知发展分为以下四个阶段：感知运动阶段、前运算阶段、具体运算阶段、形式运算阶段。在前运算阶段，儿童的思维具有以下特征：(1)早期的信号功能；(2)自我中心性；(3)不可逆运算；(4)不能够推断事实；(5)泛灵论；(6)不合逻辑的推理；(7)不能理顺整体和部分的关系；(8)认知活动具有具体性。在具体运算阶段，儿童的思维具有以下特征：(1)去自我中心性；(2)可逆性；(3)守恒；(4)分类；(5)序列化。故在具体运算阶段人的思维最早具有可逆性。

11. D 【解析】晏阳初主张乡村平民教育，提出"四大教育""三大方式"。"四大教育"即文艺教育、生计教育、卫生教育和公民教育；"三大方式"即学校式、家庭式、社会式。D项正确。

12. D 【解析】社会政治经济制度决定教育的领导权和受教育权。

13. D 【解析】相对性评价又称为常模参照性评价，它主要依据学生个人的学习成绩在该班学生成绩序列或常模中所处的位置来评价和决定他的成绩的优劣，而不考虑是否达到教学目标的要求。题干所述体现的是相对性评价的内涵。

14. D 【解析】反射是神经系统活动的基本形式，是有机体通过神经系统对体内外刺激产生的有规律的应答活动。

15. B 【解析】从情感的社会内容角度来看，人类的情感有道德感、美感和理智感三种形式。其中，道德感是根据一定的道德标准评价人的思想、意图和言行时所产生的主观体验。它表现在对待国家、集体、工作、事业、学习以及人与人之间的关系等各个方面，如爱国主义情感、集体主义情感、责任感、事业心、荣誉感、自尊心等。B项中随地吐痰属于责任感低的表现，看到这样的行为时产生的厌恶感属于道德感的范畴。A、C两项属于理智感，D项属于美感，故本题选B项。

16. D 【解析】儿童厌学症的主要表现是对学习不感兴趣，讨厌学习。

17. D 【解析】补充必要的乡土教材是贯彻理论联系实际原则的要求之一。

18. A 【解析】前摄抑制是先学习的材料对识记和回忆后学习的材料的干扰作用。先学习的汉语拼音"p"的发音，影响了后面学习英语字母"p"的发音，这种现象反映了前摄抑制的干扰作用。

19. B 【解析】中国近代教育史上最先制定的系统的学校制度是1902年的《钦定学堂章程》，亦称"壬寅学制"。"壬寅学制"以日本学制为蓝本，由当时的管学大臣张百熙起草，是中国近代教育史上最早由国家正式颁布的学制系统，但并未实行。

20. A 【解析】课外活动的主要特点有：自愿性、自主性、灵活性、实践性、广泛性。

21. D 【解析】教育行动研究的特点可以概括为"为教育行动而研究""在教育行动中研究""由教育行动者研究"。

22. C 【解析】自我教育即专业化的自我建构，它是教师个体专业化发展最直接、最普遍的途径。

23. C 【解析】教育制度的发展经历了从前制度化教育到制度化教育、再到非制度化教育的过程。

24. D 【解析】张老师始终坚持在一线言传身教，这说明张老师做到了教书育人；张老师将自己的工资、奖金等用于兴教办学，这体现了张老师廉洁奉公的品质；张老师"只要还有一口气，就要站在讲台上"的行为体现了张老师爱岗敬业的品质。故选D项。

25. C 【解析】组织和培养班集体是班主任工作的中心环节。

26. A 【解析】班杜拉认为学习是个体通过对他人的行为及其强化结果的观察，从而获得某些新的行为反应或已有的行为反应得到修正的过程。观察学习是人的学习最重要的形式。"身教重于言教"体现的就是社会学习理论。

27. C 【解析】概念学习是指对刺激进行分类时，学会对一类刺激做出同样的反应，也就是对事物的抽象特征的反应。将水稻、小麦、玉米等归纳为"粮食作物"即对事物抽象特征的总结和概括，所以属于概念学习。

28. C 【解析】智龄和实际年龄的比率代表的智商，称作比率智商。比率智商的公式为：智商=(智龄÷实龄)×100。将题干中的数据带入比率智商的计算公式中，可得该学生的比率智商为125。

29. A 【解析】无意注意也称不随意注意，是没有预定目的、无需意志努力、不由自主地对一定事物所发生的注意。无意注意更多地被认为是由外部刺激物引起的一种消极被动的注意，是注意的初级形式。小鸟啄玻璃引起的同学们的注意显然属于无意注意。

30. D 【解析】测验法是指用一套预先经过标准化的问题(量表)来测量某种心理品质的方法。故答案选D项。

31. B 【解析】一个人的某种人格特征一旦形成，就相对稳定下来了,要想改变它是比较困难的事情。"三岁看大,七岁看老"体现的就是人格的稳定性。

32. C 【解析】文化选择是对某种、某部分文化的吸收或舍弃。教育对传统文化要取其精华、去其糟粕,这体现了教育对文化的选择功能。

33. B 【解析】替代强化是指观察者因看到榜样的行为被强化而受到强化。B项属于替代强化的具体运用。

34. A 【解析】传递—接受式教学模式以传授系统知识、培养基本技能为目标,其着眼点在于充分挖掘人的记忆力、推理能力以及间接经验在掌握知识方面的作用,使学生能够快速有效地掌握更多的信息量。该模式强调教师的指导作用,认为知识是从教师到学生的一种单向传递,非常注重教师的权威性。因此,A项正确。

35. D 【解析】创造想象是按照一定目的、任务,使用自己以往积累的表象,在头脑中独立地创造出新形象的过程。文学家对人物形象的塑造是创造想象的过程。

方法技巧:把握再造想象与创造想象的区别,需从二者定义下手,创造想象强调独自创造的新形象;再造想象则强调依据现有的描述而形成的与描述相对应的新形象,创造性成分较低。

36. C 【解析】亚里士多德的《论灵魂》是历史上第一部论述各种心理现象的著作。

37. B 【解析】对教师课时计划的分析表明,与新教师相比,专家型教师的课时计划简洁、灵活、以学生为中心,并具有预见性。

38. A 【解析】维果斯基认为,儿童有两种发展水平:一是儿童的现有水平,即由一定的已经完成的发展系统所形成的儿童心理机能的发展水平;二是可能达到的发展水平。这两种水平之间的差异,就是最近发展区。题干中其他小组在"智慧小组"的帮助下能完成学习任务,说明其他小组处于最近发展区。

39. A 【解析】社会助长是指个体与别人在一起活动或有别人在场时,个体的行为效率提高的现象。题干所述为典型的社会助长现象。

40. D 【解析】关爱学生的师德规范要求教师要关心爱护全体学生,尊重学生人格,平等公正对待学生。题干中的"万不可有偏爱偏恶"体现了教师要平等对待每一个学生,不能偏心,体现了平等公正的要求。

二、多项选择题

1. ACD 【解析】布卢姆认为,完整的教育目标应当包括三个部分:认知领域、情感领域、动作技能领域。因此,本题选A、C、D三项。

2. CD 【解析】从课程内容的固有属性来划分,课程可分为学科课程与活动课程。从课程内容的组织方式来划分,课程可分为分科课程与综合课程。

3. AC 【解析】精加工策略是指把新信息与头脑中的旧信息联系起来从而增加新信息意义的深层加工策略。它包括记忆术、做笔记、生成性学习等。其中,记忆术又包括谐音联想法、首字连词法、位置记忆法、关键词法等等。A项采用了记忆术中的谐音联想法,C项采用了记忆术中的首字连词法,因此A、C两项属于精加工策略。B、D两项属于资源管理策略。

4. AB 【解析】对于获得知识的理解,墨翟认为,人的知识来源可分为三个方面,即"亲知""闻知"和"说知"。

5. AC 【解析】美国心理学家赫尔曼·威特金将认知方式分为两种:场依存型与场独立型。场依存型的学生对客观事物的判断常以外部线索为依据,其态度和自我认知易受周围环境或背景(尤其是权威人士)的影响,往往不易独立地对事物做出判断,而是人云亦云,从他人处获得标准。场独立型的学生对客观事物的判断常以自己的内部线索(经验、价值观)为依据,不易受到周围环境因素的影响和干扰,倾向于对事物的独立判断。故本题答案选择A、C两项。

6. ABD 【解析】美国心理学家韦纳把人经历过事情的成败归结为六种原因,即能力、努力程度、工作难度、运气、身心状况、外界环境。又把上述六项因素按各自的性质,分别归入三个维度:内部归因和外部归因、稳定性归因和非稳定性归因、可控制归因和不可控制归因。故选A、B、D三项。

7. AC 【解析】教育制度的发展经历了从前制度化教育到制度化教育、再到非制度化教育的过程。制度化的教育指向形成系统的各级各类学校。学校教育系统的形成,即意味着制度化教育的形成。我国近代制度化教育兴起的标志是清朝末年的"废科举,兴学校",以及颁布了全国统一的教育宗旨和近代学制。故A、C两项属于制度化教育。非制度化教育所推崇的理想是:"教育不应再限于学校的围墙之内。"提出构建学习化社会的理想是非制度化教育的重要体现。故B项属于非制度化教育。D项属于前制度化教育。

8. ABCD 【解析】教师专业发展的内容包括专业理想的建立、专业态度和动机的完善、专业知识的拓展与深化、专业能力的提高、教师的专业人格和专业自我的形成六个方面。

9. ABD 【解析】在教学中,贯彻循序渐进原则的要求有:(1)教师的教学要有系统性;(2)抓主要矛盾,解决好重点与难点;(3)教师要引导学生将知识体系化、系统化;(4)按照学生的认识顺序,由浅入深、由易到难、由简到繁地进行教学。C项为理论联系实际原则的贯彻要求。

10. AD 【解析】思维的一般过程包括分析与综合、比较与分类、抽象与概括、系统化与具体化。其中,分析与综合是思维的基本过程,其他过程都是由此派生出来的。

11. ABCD 【解析】影响问题解决的因素有:问题情境、定势与功能固着、原型启发、已有知识经验、情绪与动机等。

12. AD 【解析】习俗水平包括以下两个阶段:(1)好孩子的道德定向阶段(寻求认可取向阶段或社会习俗的定向或人际关系与补同的定向)。(2)维护权威或秩序的道德定向阶段(遵守法规取向阶段或秩序和法规定向或权威和社会权利控制的定向)。

13. ABD 【解析】奥苏贝尔在有意义接受学习理论的基础上提出了认知结构迁移理论,奥苏贝尔提出的影响迁移的三个主要认知结构变量是认知结构的可利用性、可辨别性和稳定性。

14. BD 【解析】"耶克斯—多德森定律"表明,动机不足或过分强烈都会影响学习效果。(1)动机的最佳水平随着任务性质的不同而不同。在比较容易的任务中,行为效果(工作效率)随着动机的提高而上升;随着任务难度的增加,动机的最佳水平有逐渐下降的趋势。(2)一般来讲,最佳水平为中等强度的动机。(3)动机水平与行为效果呈倒U型曲线。

15. ABD 【解析】综合课程是指打破传统的分科课程的知识领域,组合两门以上学科领域而构成的一门学科。综合课程的缺点主要有两点:(1)教科书的编写较为困难,只专不博的教师很难胜任综合课程的教学,教学具有一定的难度;(2)难以向学生提供系统完整的专业理论知识,不利于高级专业化人才的培养。分科课程容易带来科目过多、分科过细的问题,C项错误。

16. BCD 【解析】解决当前我国学校班级管理中存在的问题的策略是建立以学生为本的班级管理机制:(1)以满足学生的发展为目的;(2)确立学生在班级中的主体地位;(3)有目的地训练学生自我管理班级的能力。

17. ABCD 【解析】一般情况下,德育内容的选择依据有:(1)德育目标,它决定德育内容;(2)受教育者的身心发展特征,决定德育内容的深度和广度;(3)德育所面对的时代特征和学生思想实际,决定德育工作的针对性和有效性。此外,选择德育内容还应考虑文化传统的作用。

18. ABC 【解析】抛锚式教学要求建立在有感染力的真实事件或真实问题的基础上,所以有时也被称为"实例式教学"或"基于问题的教学"或"情境性教学"。因此,答案选A、B、C三项。

19. ABCD 【解析】"学生是发展中的人"包括四层含义:(1)学生具有和成人不同的身心发展特点;(2)学生具有发展的巨大潜在可能性;(3)学生具有发展的需要;(4)学生具有获得成人教育和关怀的需要。

20. AB 【解析】杜威的理论是现代教育理论的代表,他认为,教育即生活,教育即生长,教育即经验的改组或改造。教育是生活的过程,而不是将来生活的准备。C、D项属于夸美纽斯的观点。

三、填空题

1. 教育机智
2. 杰克逊
3. 单一课
4.《大学》《中庸》
5. 客观现实
6. 过度学习 150%
7. 学习心理
8. 事件造成的情绪结果

湖南省教师招聘考试教育基础知识预测试卷(十七)

答案速查

1~5	CABCB	6~10	DACBA	11~15	DDADC	16~20	CDBCB
21~25	BACDD	26~30	DBCAA	31~35	ADDCA	36~40	CADAA

1～5	CD ABD BCD BC AD	6～10	ABC ABD BCD ABD AC
11～15	ABD AD BCD AD BC	16～20	BD AC BCD ABCD BCD

一、单项选择题

1. C 【解析】基础研究以抽象、一般为特征，目的是揭示、描述、解释某些现象和过程，以及它们的活动机制与内在规律。也就是说，所涉及的研究将对研究领域具有直接增加知识的价值。

2. A 【解析】知觉的整体性是指人根据自己的知识经验把直接作用于感官的客观事物的多种属性整合为统一整体的过程。把具有某些相似特征的人误认为是自己的朋友，是因为重要部分（如面部特征）影响了对人的整体知觉，因此体现的是知觉的整体性。

3. B 【解析】个体身心发展的不同方面所达到的某种发展水平或成熟的时期是不平衡的，这是个体身心发展的不平衡性（不均衡性）的表现。题干中青春初期的孩子身高体重的发展水平与其骨化过程是不均衡的，这说明个体的身心发展具有不均衡性。

易错提示：考生易混淆个体身心发展的阶段性和不平衡性，在理解这两个特征时需注意：掌握阶段性规律的关键是"不同年龄阶段表现出不同的总体特征"；掌握不平衡性规律的关键是"同一方面在不同年龄阶段的发展速度和不同方面的发展都是不平衡的"。

4. C 【解析】学校课程即校本课程，是学校在确保国家课程和地方课程有效实施的前提下，针对学生的兴趣和需要，结合学校的传统和优势以及办学理念，充分利用学校和社区的课程资源，自主开发或选用的课程。某学校结合本校学生的特点和优势，开设的太极拳课属于校本课程。

5. B 【解析】辐合型认知方式是指在解决问题的过程中常表现出辐合思维的特征，表现为搜集或综合信息与知识，运用逻辑规律缩小解答范围，直到找到最合适的唯一正确的解答。

6. D 【解析】格式塔心理学反对把意识分析为元素，而强调心理作为一个整体、一个组织的意义，认为整体不能还原为各个部分、各种元素的总和；部分相加不等于整体；整体先于部分而存在，并且制约着部分的性质和意义；整体大于部分之和。

7. A 【解析】支架式教学，即在学生试图解决超出当前知识水平的问题时给予支持和指导，帮助其顺利通过最近发展区，使之最终能够独立完成任务。支架式教学可采用的方式有：(1)把学生要学习的内容分割成许多便于掌握的片段；(2)向学生示范要掌握的技能；(3)提供有提示的练习等。题干中语文老师将教学内容分解成几个步骤让学生学习，这属于支架式教学。故选A项。

8. C 【解析】采用巩固性教学原则的一个要求就是组织好学生的复习工作，教会学生记忆的方法。例如，在讲授新知识前复习已学的有关知识，为新课做准备，或由旧课导入新课；在讲授新知识过程中，注意复习和联系已学过的有关知识，利用已有知识掌握新概念等。题干中教师通过引导学生复习之前学过的字来帮助学生记忆新学的内容，这是巩固性教学原则的典型体现。

易错提示：部分考生在解读题干时，因看到"首先""然后"字眼，就认为教师是根据学生的认识顺序，由浅入深地进行教学，故而误选循序渐进原则。其实仔细审查题干，可发现题干中的关键词是"复习"和"新词"，即教师先引导学生复习已经学过的知识，再在原有知识的基础上来学习新知识，这体现了巩固性原则。考生在做这类题干较长的题目时，要善于提取题干中的有用信息，将关键信息与教材中的知识点相联系，从而得出正确答案。

9. B 【解析】条件性课程资源包括与课程实施有关的人力、物力和财力，以及时间、场地、媒体、设备、设施和环境，还有对于课程本质的认识状况等。因此，学校专门修建的综合性体育场馆属于条件性课程资源。

10. A 【解析】原型定向就是了解原型的活动结构，从而使主体明确活动的方向，知道该做哪些动作和怎样去完成这些动作。因此，题干中的吴老师在数学课上清楚而细致地演算例题，这给学生明确了解题的方向，故答案选A项。

11. D 【解析】根据《学生伤害事故处理办法》第九条规定，因学校组织学生参加教育教学活动或者校外活动，未对学生进行相应的安全教育，并未在可预见的范围内采取必要的安全措施而造成的学生伤害事故，学校应当依法承担相应的责任，故本题选择D项。

12. D 【解析】民主型师生关系中，教师能力强、威信高，善于和学生交流，不断调整教学进程和方法;学生学习积极性高,兴趣广泛、独立思考,和教师配合默契。这是理想的师生关系类型,对学生的发展最有利。

13. A 【解析】策略性知识是关于如何学习和如何思维的知识,即个体运用陈述性知识和程序性知识去学习、记忆、解决问题的一般方法和技巧。

14. D 【解析】弗洛伊德将人格结构分为三个层次:(1)本我,遵循快乐原则。(2)自我,遵循现实原则。(3)超我,遵循道德原则。

15. C 【解析】从完整的问题解决过程来看,发现问题是其首要环节。能否发现问题,与个体活动的积极性、已有知识经验等有关。

16. C 【解析】批判教育学兴起于 20 世纪 70 年代,其代表人物有美国的鲍尔斯、金蒂斯、阿普尔,法国的布厄迪尔。

17. D 【解析】生产力发展水平制约着教育的内容、方法与手段。由于古代社会生产力水平低下,自然科学的教育内容不可能在古代社会占主导地位。

18. B 【解析】形成性评价是在教学过程中为改进和完善教学活动而进行的对学生学习过程及结果的评价。题干的描述体现了形成性评价的内涵。

19. C 【解析】学习困难综合征是指某些智力正常或接近正常的儿童,因神经系统的某种或某些功能性失调,使其在听、读、写、算方面能力降低或发展较慢,以至陷入学习困难。题干所述为学习困难综合征的表现。

20. B 【解析】充分发挥学生的主体性是上好课的最根本的要求。

21. B 【解析】教师期望效应也叫罗森塔尔效应或皮格马利翁效应,即教师的期望或明或暗地传递给学生,会使学生按照教师所期望的方向来塑造自己的行为。

22. A 【解析】消退是行为主义学习理论的主要规律之一,它是指条件刺激形成以后,如果得不到强化,条件反应会逐渐减弱,直至消失的现象。其作用是降低某种反应在将来发生的概率,以达到消除某种行为的目的。A 项孩子哭闹不予理睬属于无强化,最终是为了降低孩子哭闹这一行为的发生频率,选择 A 项。B 项属于呈现性惩罚,C 项属于正强化,D 项属于普雷马克原理。

23. C 【解析】引起无意注意的条件有:(1)客观条件,即刺激物本身的特点。包括:①刺激物的强度;②刺激物之间显著的对比关系;③刺激物的活动和变化;④刺激物的新异性。(2)主观条件,即人本身的状态。包括:①当时的需要,如食物易引起饥饿者的注意;②当时的特殊情绪状态;③当时的直接兴趣;④个体的知识经验等。故题干所述强度大的、对比鲜明的、突然出现的、变化运动的、新颖的刺激,自己感兴趣的、觉得有价值的刺激更容易引起无意注意。

24. D 【解析】垂直迁移也称纵向迁移,是指先前学习内容与后续学习内容是不同水平的学习活动之间产生的影响。垂直迁移表现在两个方面:(1)自下而上的迁移,即下位的较低层次的经验影响上位的较高层次的经验的学习;(2)自上而下的迁移,即上位的较高层次的经验影响下位的较低层次的经验的学习。D 项属于垂直迁移。A 项属于不同类的事物,B 项属于水平迁移,C 项属于具体迁移。

25. D 【解析】教学是教师教与学生学的统一,这种统一的实质是交往、互动。基于此,新课程把教学过程看成是师生交往、积极互动、共同发展的过程。

26. D 【解析】自我反思、同伴互助、专业引领是校本研究的三个基本要素,缺一不可。

27. B 【解析】拓展型课程注重拓展学生的知识和能力,开阔学生的知识视野,发展学生各种不同的特殊能力,并迁移到其他方面的学习。题干中的李老师给学生展示世界上各种珍稀蝴蝶的图片,还介绍了其生活习性,开阔了学生的知识视野。因此,李老师的课程属于拓展型课程。

28. C 【解析】“学而时习之”是指学习巩固旧有的知识;“温故而知新”是指温习巩固旧有的知识可以得到新的知识。“学而时习之”“温故而知新”强调了巩固知识的重要性,体现的是巩固性原则。

29. A 【解析】学生具有向师性。学生入学后,会自然地亲近、信赖、尊敬甚至崇拜教师,把教师作为获取知识的智囊、解决问题的顾问、行为举止的楷模。

30. A 【解析】心理相容指的是教师与学生之间在心理上协调一致,在教学实施过程中表现为师生关系密切、情感融洽、平等合作。

31. A 【解析】有利于教育的原则是班级组织建立的首要原则。当其他原则与其发生冲突的时候,其他原则都必须无条件地服从这一原则。

32. D 【解析】教师反思分为以下四个环节:(1)具体经验;(2)观察与分析;(3)重新概括;(4)积极

的验证。在以上四个环节中,反思最集中地体现在观察与分析阶段,但它只有与其他环节结合起来才会更好地发挥作用。

33. D 【解析】"性相近,习相远"的意思是:人的先天本性相差不大,个性的差异主要是后天形成的。这句话强调了社会环境和教育的重要作用。所以,答案选 D 项。

34. C 【解析】班级组织的社会化功能主要表现在:(1)传递社会价值观,指导生活目标;(2)传授科学文化知识,形成社会生活的基本技能;(3)教导社会生活规范,训练社会行为方式;(4)提供角色学习条件,培养社会角色。C 项体现了班级组织的个体化功能。

35. A 【解析】2001 年颁布的《基础教育课程改革纲要(试行)》明确规定实行国家、地方和学校三级课程管理体制。这样做是为了改变我国原有课程管理过于集中的状况,通过确立地方和学校参与课程改革的权力主体地位,完善课程管理体系,进一步增强课程对地方、学校及学生的适应性。

36. C 【解析】公平合理地评价和对待每个学生是教师公正的最基本的内容。

37. A 【解析】陶冶教育法是教师利用环境和自身的教育因素,对学生进行潜移默化的熏陶和感染,使其在耳濡目染中受到感化的德育方法。陶冶教育法的方式主要有环境陶冶、情感陶冶、人格陶冶等,题干所述内容体现了环境对学生的陶冶作用。

38. D 【解析】行动研究是指实际工作者(如教师)基于解决实际问题的需要,与专家、学者及本单位的成员共同合作,将实际问题作为研究的主题,进行系统的研究,以解决实际问题的一种研究方法。题干的描述与行动研究法的内涵相一致。

39. A 【解析】智育的根本任务是培育或发展学生的智慧,尤其是智力。

40. A 【解析】"学高为师"的意思是学问高的人可以成为老师,意在强调教师应具备精深的学科专业知识(本体性知识),这是教师知识结构的核心,也是教师向学生传授知识的必备基础。故选 A 项。

二、多项选择题

1. CD 【解析】根据评价采用的标准,教学评价可以分为绝对性评价、相对性评价和个体内差异评价。根据教学评价的作用,教学评价可以分为诊断性评价、形成性评价和总结性评价。

2. ABD 【解析】培养和激发学习动机是教师对后进生进行教育应注意的问题。

3. BCD 【解析】教育的相对独立性主要表现在:(1)教育自身的历史继承性;(2)教育与社会发展的不平衡性;(3)教育与其他社会意识形式的平行性。

4. BC 【解析】B 项是指教师认为学习有困难的学生在其他方面也是差的,即学生只要学习差,则任何方面都是不好的;C 项是对好学生的片面理解。B、C 两项的做法都不利于构建良好的师生关系。A 项教师主动与学生谈心,D 项教师通过学习书法、绘画提升自身素质,这些做法都有利于构建良好的师生关系。

5. AD 【解析】环境对人的发展的影响要通过个体的主观努力和社会实践活动才能实现。

6. ABC 【解析】广义的教育,指增进人的知识与技能、发展人的智力与体力、影响人的思想观念的活动。A、B、C 三项中的现象都会对人产生积极影响,属于广义的教育。D 项属于新生儿的本能活动,不属于教育现象。

7. ABD 【解析】"教育万能论"的代表人物有洛克、康德、华生、爱尔维修等。高尔顿是"教育无用论"的代表人物。

8. BCD 【解析】班集体的教育作用主要有:(1)有利于形成学生的群体意识;(2)有利于培养学生的社会交往能力与适应能力;(3)有利于训练学生的自我教育能力。因此,B、C、D 三个选项正确。A 项属于班级管理的主要功能。

9. ABD 【解析】教育科学知识主要包括三个方面:(1)学生身心发展知识;(2)教与学的知识;(3)学生成绩评价的知识。

10. AC 【解析】完整的课程标准由前言、课程目标、内容标准、实施建议、附录(术语解释)五部分组成。

11. ABD 【解析】教师应该根据教学实际和学生的心理发展特点灵活运用教材,而不是照搬教材。C 项做法错误。

12. AD 【解析】《中华人民共和国教师法》第三十七条规定,教师有下列情形之一的,由所在学校、其他教育机构或者教育行政部门给予行政处分或者解聘:(1)故意不完成教育教学任务给教育教学工作造成损失的;(2)体罚学生,经教育不改的;(3)品行不良、侮辱学生,影响恶劣的。故本题选 A、D 两项。B、C 两项属于教师正常行使权利的情形。

13. BCD 【解析】要做好心理辅导工作，必须遵循的原则主要有：(1)面向全体学生；(2)预防与发展相结合；(3)尊重与理解学生；(4)发挥学生主体性；(5)个别对待学生；(6)促进学生整体性发展。

14. AD 【解析】美国心理学家韦纳把人经历过事情的成败归结为六种原因，即能力、努力程度、工作难度、运气、身心状况、外界环境。又把上述六项因素按各自的性质，分别归入三个维度：内部归因和外部归因、稳定性归因和非稳定性归因、可控制归因和不可控制归因。其中，工作难度、运气和外界环境都是外在归因。A 项所述是将成败归因于运气，属于外在归因。B、C 两项所述是将成败归因于能力，是内在归因。D 项所述是将成败归因于工作难度，是外在归因。因此，本题选 A、D 两项。

15. BC 【解析】根据题干所述，卓卓的道德发展处于好孩子阶段即寻求认可阶段，这一阶段儿童的价值是以人际关系的和谐为导向，顺从传统的要求，符合大众的意见，谋求大家的称赞，属于习俗水平。

16. BD 【解析】大脑左半球是抽象逻辑思维和言语中枢的优势半球，它主要负责言语、阅读、书写、运算和推理等；右半球是形象思维和高度空间知觉的优势半球，它主要处理的信息是知觉物体的空间关系、情绪情感、欣赏音乐和艺术等。

易错提示：考生易混淆大脑两半球的优势功能。考生可以根据口诀进行记忆：左抽右形，左言右空，左智右艺。

17. AC 【解析】创造性的研究表明，创造性与智力并非成简单的线性关系，二者既有独立性，又在某种条件下具有相关性。其基本关系表现为：(1)低智商不可能具有高创造性；(2)高智商可能有高创造性，也可能有低创造性；(3)低创造性者的智商水平可能高，也可能低；(4)高创造性者必须有高于一般水平的智商。

18. BCD 【解析】《中小学教育惩戒规则(试行)》第七条规定，学生有下列情形之一，学校及其教师应当予以制止并进行批评教育，确有必要的，可以实施教育惩戒：(1)故意不完成教学任务要求或者不服从教育、管理的。(2)扰乱课堂秩序、学校教育教学秩序的。(3)吸烟、饮酒，或者言行失范违反学生守则的。(4)实施有害自己或者他人身心健康的危险行为的。(5)打骂同学、老师，欺凌同学或者侵害他人合法权益的。(6)其他违反校规校纪的行为。A 项拒绝参加班级公益服务不属于可以实施教育惩戒的情况，故排除 A 项。本题选择 B、C、D 三项。

19. ABCD 【解析】瞬时记忆的特点有：(1)时间极短；(2)容量较大；(3)形象鲜明；(4)信息原始，记忆痕迹容易衰退。

20. BCD 【解析】布鲁纳认为学习包括三种几乎同时发生的过程，这三种过程是：新知识的获得、知识的转化、知识的评价。

方法技巧：考生在做此类试题时，可采用口诀的方法进行记忆。“布鲁纳得花甲”对应布鲁纳关于学习的三个过程，即获得、转化和评价。

三、填空题

1. 职业道德行为修养
2. 因材施教
3. 教师
4. 平时考查　考试
5. 概念
6. 相同要素说
7. 集中练习　部分练习
8. 稳定性

湖南省教师招聘考试教育基础知识预测试卷(十八)

答案速查

1~5	ABCCC	6~10	BBCAA	11~15	BBDAA	16~20	BCDBD
21~25	BDCDD	26~30	BCABD	1~5	ABCD ABD AC ABD ABCD		
1~5	×××××			6~10	×√×√×		

一、单项选择题

1. A 【解析】外铄论认为人的发展主要依靠外在的力量，诸如环境的刺激和要求、他人的影响和学校的教育等。题干所述是洛克的教育主张，这是一种典型的外铄论的观点。荀子主张性恶论，认为人的贵贱、愚智、贫富都取决于后天的教育和学习,教育在人的发展中起着"化性起伪"的作用。这也属于外铄论。故本题选A项。B、C、D三项的观点均属于内发论。

2. B 【解析】题干中的周老师通过介绍蔡伦的卓越贡献,让学生们感到自豪,说明了周老师在讲授知识的同时,注重思想教育,即遵循了科学性与思想性相统一的教学原则。

3. C 【解析】杜威是实用主义教育学的代表人物,他提出教育即生活,就是教育的过程与生活的过程是合一的,而不是为将来的某种生活做准备。A项为文化教育学的观点;B项体现了"教师中心论",属于传统教育学的观点;D项为学科中心课程理论的观点。

4. C 【解析】实践作业包括观察、实验、测量、社会调查等。题干中的历史老师安排学生对家长进行访谈并收集资料,这种作业形式属于实践作业中的调查。

5. C 【解析】作为墨家的代表人物,墨翟以"兼爱""非攻"为教,同时注重文史知识的掌握和逻辑思维能力的培养,还注重实用技术的传习。A、B、D三项属于孔子提倡的教育思想。

6. B 【解析】演示法是指教师通过展示实物、教具和示范性的实验来说明、印证某一事物和现象,使学生掌握新知识的一种教学方法。题干中,教师做实验,学生观察实验现象并得出结论,这种教学方法是演示法。

方法技巧:部分考生看到题目中有"实验"二字就容易认为题目考查的是实验法,从而造成误选。在复习过程中,演示法中的实验演示与实验法容易造成混淆,考生可结合以下内容进行理解:

实验演示——教师做实验,学生看;

实验法——学生做实验,教师指导。

7. B 【解析】校本课程开发的主体是教师,通常以选修课的形式出现。

8. C 【解析】法国社会学家利托尔诺和英国教育学家沛西·能是"生物起源说"的代表人物。

9. A 【解析】新课程提倡的师生关系是合作伙伴关系。

10. A 【解析】螺旋式的课程内容组织形式是指在不同单元乃至阶段或不同课程门类中,使课程内容重复出现,逐渐扩大知识面,加深知识难度,即同一课程内容前后重复出现,前面呈现的内容是后面内容的基础,后面内容是对前面内容的不断扩展和加深,层层递进。

易错提示:考生易混淆课程内容组织的两种基本逻辑方式,做题时需注意:直线式和螺旋式都是由浅到深不断推进的,区别在于直线式课程内容前后不重复,而螺旋式课程内容则会重复出现,逐步推进和扩展。

11. B 【解析】接受学习的教学过程主要有三个环节:(1)呈现先行组织者;(2)提供学习任务和学习材料;(3)增强认知结构。接受学习中最重要的概念是先行组织者,因此,先行组织者教学技术常用于接受学习。

12. B 【解析】群体规范是约束群体内成员的行为准则,包括成文的正式规范和不成文的非正式规范。通过让全班同学协商建立准则来实现课堂管理,这是利用了群体规范。

13. D 【解析】普雷马克原理,即用高频活动作为低频活动的有效强化物。但是运用时要注意,行为和强化的关系不能颠倒,必须先有行为,再有强化。因此如果用吃冰糕作为强化物来鼓励小杰给爷爷捶背,最合适的安排是小杰先给爷爷捶背后才能吃冰糕。

方法技巧:考生在做此类试题时,可以采用口诀进行记忆。如:普雷马克说的对,写完作业看电视。

14. A 【解析】概念同化的典型方式是接受学习。所谓概念同化,就是利用学习者认知结构中原有的概念,以定义的方式直接给学习者提示概念的关键特征,从而使学习者获得概念的方式。

15. A 【解析】美国学者博比特在1918年出版的《课程》一书,标志着课程作为专门研究领域的诞生,这也是教育史上第一本课程理论专著。

16. B 【解析】影响态度与品德学习的外部条件包括:(1)家庭教养方式;(2)社会风气;(3)同伴群体。道德认知属于影响态度与品德学习的内部条件。

17. C 【解析】原型启发是指从其他事物上发现解决问题的途径和方法。鲁班从被丝茅草割破手这件事情上得到启发,发明了锯,就是受到原型启发的影响。故选C项。

18. D 【解析】在同伴交往过程中,一些学生自由结合、自发形成的小群体,称为非正式群体。

19. B 【解析】间接兴趣是由认识事物的目的和结果所引起的。小辉由于意识到学好这些课程对将来服务于社会有重要作用,因此刻苦学习,由此产生的兴趣属于间接兴趣。

20. D 【解析】自我控制法是让当事人自己运用学习原理,进行自我分析、自我监督、自我强化、自我惩罚,以改善自身行为。

21. B 【解析】桑代克等人认为,迁移是非常具体的、有条件的,需要有共同的要素。几乎与此同时,另一位心理学家武德沃斯通过研究也得出了与桑代克相同的结论,因此,把相同要素说改为共同要素说。

22. D 【解析】课程表的安排应遵循的原则有:(1)整体性原则。在安排课程表的过程中,要从全局着眼,使每门课程都处在能发挥最佳效果的恰当位置。(2)迁移性原则。在安排课程表时要充分考虑各学科之间相互影响的性质和特点,利用心理学的迁移规律促使各门课程之间产生正迁移,促进教学质量的提高。(3)生理适宜原则。课程表的安排要考虑学生的生理特点,使学生的大脑功能和体能处于高度优化的状态。D 项正确。

23. C 【解析】教育的永恒性是指教育是人类所特有的社会现象,只要人类社会存在,就存在着教育。

24. D 【解析】"师也者,教之以事而喻诸德者也"的意思是:教师的职责是既要教学生有关具体事物的知识,又要让学生知晓立身处世的品德。这说明教师职业道德要求具有教书和育人的双重性。

25. D 【解析】贯彻循序渐进原则的要求有:教师的教学要有系统性;抓主要矛盾,解决好重点与难点;教师要引导学生将知识体系化、系统化;按照学生的认识顺序,由浅入深、由易到难、由简到繁地进行教学。题干中,"孙老师准备了口算、根据文字要求列算式、应用题等题型,引导学生做练习",说明孙老师设置的练习题是由浅入深、由易到难、由简到繁的,体现了循序渐进的教学原则。

26. B 【解析】信度是指一个测验量表的可靠程度(或可信程度),它以反复测验时能否提供相同的结果来说明。效度是指一个测验工具希望测到某种行为特征的有效性与准确程度。题干描述中问卷调查的结果每次都趋于一致,这说明其信度高。问卷调查结果和实际情况有较大差距,说明问卷的效度低。

易错提示:信度、效度是心理测量学的专业术语,考生易混淆二者。简单来说,信度指测验是否可信,多次测量结果是否一致;效度指测验是否有效,能否测出想要的内容(个体行为特征)。

27. C 【解析】投射效应指与人交往时把自己具有的某些不讨人喜欢、不为人接受的观念、性格、态度或欲望转移到别人身上,认为别人也是如此,以掩盖自己不受人欢迎的特征。

28. A 【解析】奥苏贝尔从两个维度对学习做了区分:从学生学习的方式上,将学习分为接受学习与发现学习;从学习内容与学习者认知结构的关系上,又将学习分为有意义学习和机械学习。因此,A 项属于有意义的接受学习,B 项属于机械学习,C 项属于有意义的发现学习,D 项属于机械的发现学习,故答案选 A 项。

29. B 【解析】心理现象又称心理活动,人的心理活动就其产生方式来说,是客观事物引起人脑反射的活动。故 B 项正确。

30. D 【解析】课堂问题行为的矫正方法有预防、非言语暗示、表扬、言语提醒等,其中,非言语暗示是指由于一般问题行为大都是一些暂时性的干扰,教师在处理这些行为时,通常只需要运用简单的非言语线索进行暗示,就可以得到既制止问题行为又不影响课堂教学进程的双重效果。题干中周老师通过肢体接触来提醒小林将注意力回归到课堂中,这属于非言语暗示。

二、多项选择题

1. ABCD 【解析】从材料中可以看出该学校通过开展"童心课堂""童趣社团""童真沙龙"等系列教育活动来营造生动活泼的学习氛围,这体现了素质教育可以开展丰富多彩的活动;该学校开展的一系列教育活动是针对全校学生的,这体现了素质教育是面向全体学生的;该学校开展的系列教育活动以及推进的"童乐校园"的建设使学生好学乐学,使学生的身心得到全面发展,这体现了素质教育可以使学生主动学习,促进学生的全面发展。

2. ABD 【解析】从学生自身特点看,学生具有可塑性、依赖性和向师性。

3. AC 【解析】学生所享有的受教育权主要包括受完法定年限教育权、学习权和公正评价权。

4. ABD 【解析】美国心理学家卡特尔根据因素分析的结果,按心智能力功能上的差异,将人的智力分为流体智力和晶体智力两种不同的形态。其中流体智力是一种以生理为基础的认知能力,包括理解复杂关系和解决问题的能力,如在处理数字系列、空间视觉感和图形矩阵项目时所需的能力。流体智力受先天遗传因素的影响较大,主要表现为对新奇事物的快速辨认、记忆、理解等,如记忆广度。故 A、B、D 三项体现了流体智力。

5. ABCD 【解析】班杜拉把观察学习的过程分为注意、保持、复现和动机四个子过程。

三、判断题

1. × 【解析】教科书是学生在学校获得系统知识、进行学习的主要材料,也是教师进行教学的主要依据。

2. × 【解析】教师职业道德境界的高层次性是指社会和他人对教师职业道德的要求总是在整个社会道德体系中处于较高水平和较高层次。教师职业道德境界的高层次性是由教师教书育人的目的和任务决定的。故本题说法错误。

3. × 【解析】校本课程的主导价值在于通过课程展示学校的办学宗旨和特色,提升学校的办学水平,促进学生的个性发展。它可以为学生提供多样化的课程,是对国家课程的补充。

4. × 【解析】教育研究走向成熟的重要标志是定量研究,它常常可以消除一些无谓的争论,验证和确认定性的结论。(具体参见张东良、周彦良主编的《教育学原理》)

5. × 【解析】班级管理是一种组织活动过程,它体现了教师与学生之间的双向活动,是一种互动的关系。在班级管理中,学生既是被管理者,也是管理的主体。

6. × 【解析】加涅的刺激—反应学习是指学会对某一情境中的刺激做出某种反应,以获得某种结果。例如斯金纳的操作性条件反射。巴甫洛夫的经典性条件反射是信号学习的典例。因此,题干表述错误。

易错提示:考生易混淆信号学习和刺激—反应学习。信号学习是对某种信号做出某种反应,先有强化再有反应;刺激—反应学习是对某种情景自发做出某种反应,先有反应再有强化。

7. √ 【解析】苛勒等人通过著名的黑猩猩实验,对学习的实质及原因做出了解释。他们认为,从学习的结果来看,学习并不是形成刺激—反应的联结,而是形成了新的格式塔(完形)。

8. × 【解析】教育心理学的具体研究范畴是围绕学与教的相互作用过程展开的。学与教的相互作用过程是一个系统过程,该系统包含学生、教师、教学内容、教学媒体和教学环境五种要素,由学习过程、教学过程和评价/反思过程这三种活动过程交织在一起组成。

9. √ 【解析】小学四年级(10～11岁)儿童的思维开始从具体形象思维为主过渡到抽象逻辑思维(抽象思维)为主,但其抽象逻辑思维仍需以具体形象为支柱。故题干说法正确。

10. × 【解析】学习动机的两个基本成分是学习需要与学习期待,两者相互作用形成学习的动机系统。学习需要是指个体在学习活动中感到有某种欠缺而力求获得满足的心理状态,它包括学习的兴趣、爱好和学习的信念等。学习兴趣是学习动机中最活跃的成分。学习期待是个体对学习活动所要达到目标的主观估计。学习期待所指向的目标可以是成绩,也可以是奖品、教师的赞扬、名誉、地位等。

四、简答题(参考答案)

1. 如何有效地进行知识概括?

(1)配合运用正例和反例;(2)正确运用变式;(3)科学地进行比较;(4)启发学生进行自觉概括。

2. 简述社会政治经济制度对教育的影响。

(1)社会政治经济制度决定教育的领导权;(2)社会政治经济制度决定受教育权;(3)社会政治经济制度决定教育目的;(4)社会政治经济制度决定着教育内容的取舍;(5)社会政治经济制度决定着教育体制;(6)社会政治经济制度制约教育的改革与发展;(7)教育相对独立于政治经济制度。

3. 简述增强学生自我效能感的方法。

(1)增加学生学习成功的机会;(2)为学生树立合适的学习榜样;(3)言语说服。(4)保持良好稳定的情绪状态。

4. 简述学校教育在影响个体发展上的特殊功能。

(1)学校教育对于个体发展做出社会性规范;(2)学校教育具有开发个体特殊才能和发展个性的功能;(3)学校教育对个体发展的影响具有即时和延时的价值;(4)学校教育具有加速个体发展的特殊功能。

五、论述题(参考答案)

结合实际,试述影响师生关系的因素有哪些。

影响师生关系的因素归纳起来主要有以下几个方面:

(1)教师方面:①教师对学生的态度。学生受教师的评价影响很大。教师对学生的评价往往通过语言暗示、表情等反映。教师偏爱优生、忽视中等生、厌恶“差生”,就会使学生与教师产生不同的距离。②教师的领导方式。教师领导方式有专制型、民主型、放任型三种。大量教育实践表明,民主型领导方式下的师生关系比较融洽,最能发挥学生的主观能动性。③教师的智慧。学识渊博是学生亲近教师的重要因素之一。④教师的人格因素。教师的性格、气质、兴趣等是影响师生关系的重要因素。性格开朗、气质优雅、兴趣广泛的教师最受学生欢迎。

(2)学生方面:学生对师生关系影响的主要因素是学生对教师的认识。许多调查表明,学生与教师关系好,就喜欢上这位教师的课,就会主动亲近教师;学生自认为教师瞧不起自己的,就会主动疏远教师。

(3)环境方面:影响师生关系的环境主要是学校的人际关系环境和课堂的组织环境。学校领导与教师的关系、教师之间的关系、教师与家长的关系,必然影响师生关系。课堂的组织环境主要包括教室的布置、座位的排列、学生的人数等。

(考生可联系实际加以阐述,言之有理即可)

六、案例分析题(参考答案)

1. (1)刘冰目前处于高原期。每个学习者在学习的过程中都有一个明显的、暂时的停顿期,即高原期。通常把学生在学习过程中出现一段时间的学习成绩和学习效率停滞不前,甚至学过的知识感觉模糊的现象,称为“高原现象”。刘冰经过初期的迅速进步以后,虽然依然努力学习,但是进步速度减缓,甚至停滞不前,这说明其处于高原期。
(2)高原现象产生的原因有:学习方法的固定化;学习任务的复杂化;学习动机减弱;兴趣降低;心理和生理上的疲劳;意志不够顽强等。
班主任可采用以下方法帮助刘冰顺利度过高原期:①指导刘冰采用多种学习方法进行学习;②指导刘冰将困难、复杂的学习任务分解成简单的学习任务,逐步学习;③通过合理运用外部奖赏、培养恰当的自我效能感、有效地运用表扬、训练归因等方法激发刘冰的学习动机;④通过组织各种学习活动、提高教学水平、充分利用原有兴趣的迁移等方法激发刘冰的学习兴趣;⑤通过加强养成教育、组织实践活动等方法锻炼刘冰的意志;⑥让刘冰注意劳逸结合。
2. (1)刘老师的做法违背了尊重信任学生与严格要求学生相结合的原则。该原则是指在德育过程中,教育者既要尊重信任学生,又要对学生提出严格的要求,把严和爱有机地结合起来,使教育者的合理要求转化为学生的自觉行动。刘老师用无记名的方式评选了三名“差生”,其用意是严格要求学生,让学生引以为戒,但是没有做到尊重信任学生,致使学生情绪低落、逃避上学,因此难以达到期望的教育效果。
(2)刘老师的做法违背了教育影响的一致性和连贯性原则。案例中的刘老师在处理“差生”的教育问题时,没有主动与家长联系、沟通,不尊重家长的意见,没有协调好多方面的教育力量,没有发挥教育的整体功能,不利于形成教育合力。
(3)刘老师的做法违背了依靠积极因素、克服消极因素的原则。该原则是指在德育工作中,教育者要善于依靠、发扬学生自身的积极因素,调动学生自我教育的积极性,克服消极因素,以达到长善救失的目的。肖亮虽然“劣迹斑斑”,但在音乐上却极有才华,还经常参加表演、比赛,并屡获佳绩。刘老师应该针对肖亮的这一优点,发扬其积极因素,调动其自我教育的积极性,从而克服其消极因素,但显然,刘老师并没有看到肖亮的优点。

湖南省教师招聘考试教育基础知识预测试卷(十九)

答案速查

1~5	BABBB	6~10	ACCBA	11~15	CADBC	16~20	DCAAD
21~25	CCADA	26~30	CCBDB	1~5	BC CD ABC ABC ABCD		
6~10	ACD AD ABC ABC ACD			1~5	××××√	6~10	√√√√×

一、单项选择题

1. B 【解析】智育为其他各育的实施提供认识基础,体育为人的发展提供物质基础。B项表述错误。

易错提示:考生在理解美育的任务及作用时,需注意,劳动对象、生产资料和物质产品都有审美价值,尤其是在科学技术革命时代,随着劳动美学、技术美学的普及,美育与劳动技术相结合将会推动科学技术的发展。所以,美育也有助于学生劳动观点的树立、劳动技能的形成。

2. A 【解析】高尚的师德应包括热爱学生、教书育人、为人师表和团结协作等内容。依照题干可知教师应该热爱学生,具备高尚的师德。
3. B 【解析】依靠积极因素,克服消极因素的原则是指,在德育工作中,教育者要善于依靠、发扬学生自身的积极因素,调动学生自我教育的积极性,克服消极因素,以达到长善救失的目的。依靠积极因素,克服消极因素的原则是对立统一规律在德育中的反映,它要求教育者要用一分为二的观点,全面分析,客观地评价学生的优点和不足。

4.B 【解析】题干的意思:“虽然你让一个齐人来辅导(你儿子说齐国话),但许多楚国人干扰他,即使天天鞭打他,逼他学会齐国话,也不可能学会。如果带他到齐国都城的闹市上住上几年,即使天天鞭打他,要他讲楚国话,也是不可能的。”这说明了外部环境对个体发展的影响。

5.B 【解析】抛锚式教学模式的基本环节:创设情境—确定问题—自主学习—协作学习—效果评价。

6.A 【解析】我国古代的朱熹是神话起源说的代表人物。

7.C 【解析】思维的间接性,是指思维能对感官所不能直接把握的或不在眼前的事物,借助于某些媒介物与头脑加工来进行反映。知识与经验是思维间接性反映的中介因素,没有这个中介因素,思维的间接性就无法产生。例如:内科医生不能直接看到病人内脏的病变,却能以听诊、化验、量体温、量血压、B超、CT检验等手段为中介,经过思维加工间接判断出病人的病情等。题干所述为思维间接性的体现。

易错提示:思维的间接性与概括性联系紧密,考生容易混淆。间接性由表及里,需借助媒介,是规律的应用。概括性是概括同一类事物本质特征或事物之间的内在联系。考生需要抓住关键特征进行理解。

8.C 【解析】社会模仿模式是美国学者班杜拉创立的,该模式认为人与环境是一个互动体,人既能对刺激做出反应,也能主动地解释并作用于情境。

9.B 【解析】所谓全民教育,即全体国民都有接受教育的基本权利且必须接受一定程度的教育,通过各种方式满足基本的学习需求,也就是教育对象的全民化,亦即教育必须向所有人开放。

10.A 【解析】“玉不琢,不成器;人不学,不知道”的意思是:玉不打磨雕刻,不会成为精美的器物;人若是不学习,就不会明白道理。这句话强调的是教育对个体发展的功能。

11.C 【解析】学习动机是指激发个体进行学习活动,维持已引起的学习活动,并使行为朝向一定学习目标的一种心理倾向或内部动力。本题答案选C项。

12.A 【解析】算法策略(算法式)是将所有可能的针对问题解决的方法都一一列举出来并进行尝试,直到最终从根本上解决问题。科学家用材料试验了上千次终于成功,他所使用的问题解决策略属于算法策略(算法式),因此,答案选A项。B项手段—目的分析法,就是将需要达到的问题的目标状态分成若干个子目标,通过实现一系列的子目标而最终达到总目标。C项逆向工作(逆推法)就是从问题的目标状态开始搜索直至找到通往初始状态的方法。D项爬山法是采用一定的方法逐步降低初始状态和目标状态的距离,以达到问题解决的一种方法,与手段—目的分析法类似。其不同之处在于,手段—目的分析法包括这样一种情况,即有时人们为了达到目的,不得不暂时扩大目标状态与初始状态的差距,以便最终达到目标。

13.D 【解析】个体心理发展有以下几个基本特征:(1)连续性与阶段性;(2)定向性与顺序性;(3)不平衡性;(4)差异性。

14.B 【解析】根据师生相互作用的方式不同,可以将课堂气氛划分为:积极的课堂气氛、消极的课堂气氛、一般型课堂气氛、对抗的课堂气氛。其中,消极的课堂气氛以紧张、拘谨、心不在焉、反应迟钝为基本特征,表现为师生关系不融洽,师生之间不友好,学生产生了不满意、烦闷、厌恶、恐惧、紧张、焦虑等消极的态度和体验。题中所述的课堂气氛属于消极型。

15.C 【解析】原型定向就是了解原型的活动结构,从而使主体明确活动的方向,知道该做哪些动作和怎样去完成这些动作。原型操作是依据智力技能的实践模式,把学生在头脑中已建立起来的活动程序计划以外显的操作方式付诸实施,获得完备的动觉映像的过程。原型内化,即智力活动的实践模式(原型)向头脑内部转化,由物质的、外显的、展开的形式变成观念的、内潜的、简缩的形式的过程。谢某能在头脑中直接默算出计算题的答案,这说明谢某已将计算的步骤转入头脑内部,故谢某处于心智技能形成的原型内化阶段。

16.D 【解析】奥苏贝尔在有意义接受学习理论的基础上提出了认知结构迁移理论,认为一切有意义的学习都是在原有认知结构的基础上产生的,不受原有认知结构影响的有意义学习是不存在的。一切有意义的学习必然包括迁移,迁移是以认知结构为中介进行的,先前学习所获得的新经验,通过影响原有认知结构的有关特征影响新学习。故题干中为了促进迁移,教师注重提高学生的认知结构水平,依据的是认知结构迁移理论。

17.C 【解析】道德意志是个体自觉地调节道德行

为,克服困难,以实现预定道德目标的心理过程。根据题干描述可知,学生张亮在改正坏习惯时难以自觉调节自身行为,因此老师应该加强其道德意志的培养。

18. A 【解析】研究表明:2 岁是口头言语发展的关键期;2 ~ 3 岁是计数能力发展的关键期;2.5 ~ 3.5 岁是教育孩子遵守行为规范的关键期;3 岁左右是培养儿童独立生活能力的关键期;4 岁是形状知觉形成的关键期;4 ~ 5 岁是学习书面语言的关键期。

19. A 【解析】处于关注情境阶段的教师关心的是如何教好每一堂课,以及班级大小、时间压力和备课材料是否充分等与教学情境有关的问题,如"内容是否充分得当""如何呈现教学信息""如何掌握教学时间"等。一般来说,老教师比新教师更关注此阶段。

20. D 【解析】在群体中,人们有时会感到自己被湮没在群体之中,于是个人意识和理解评价感丧失,个体的自我认同被群体的行动与目标认同所取代,个体难以意识到自己的价值与行为,自制力变得极低,结果导致人们加入到重复的、冲动的、情绪化的,有时甚至是破坏性的行动中去,这种现象叫作去个性化。在多人"起哄"的时候,平时文雅的学生也会表现得粗鲁无礼,这是去个性化的表现。

21. C 【解析】学校产生的历史基础是生产力的发展和奴隶制国家的形成;学校产生的客观条件是体脑分工和专职教师的出现;学校产生的重要标志是文字的产生和应用。

22. C 【解析】良好师生关系的构建就是师生关系建立、调整和优化的过程。师生关系总是建立在一定社会背景之中的,与师生双方密切相关,受多种因素制约。但就教育内部而言,建立良好的师生关系要靠双方共同努力。教师在师生关系建立与发展中占有重要地位,起着主导作用。教师的素质是影响师生关系的核心因素。教师的师德修养、知识能力、教育态度、个性心理品质无不对学生发生深刻的影响。

23. A 【解析】杜威反对将教育视为未来生活的准备,他认为教育即生活,提出"教育是生活的过程,而不是将来生活的准备"。

24. D 【解析】讲授法是教师运用口头语言系统连贯地向学生传授知识、技能,发展学生智力的教学方法。数学老师教平均数概念体现了讲授法,练习作业的布置体现了练习法。A 项说法错误。谈话法是教师按一定的教学要求向学生提出问题让学生回答,通过问答、对话的形式来引导学生思考、探究,获取或巩固知识,促进学生智能发展的方法。B 项中的教师组织学生进行辩论,属于讨论法,不属于谈话法,B 项说法错误。实验法是指教师引导学生使用一定的仪器和设备,进行独立操作,引起某些事物和现象产生变化,从而使学生获得直接经验,培养学生技能和技巧的教学方法。C 项的教师和学生一起观察植物的光合作用,体现了观察法,不符合实验法的定义,C 项说法错误。演示法是指教师通过展示实物、教具和示范性的实验来说明、印证某一事物和现象,使学生掌握新知识的一种教学方法,D 项符合演示法的概念。

25. A 【解析】课程改革的焦点是协调国家和学生发展需要之间的关系。

26. C 【解析】并列结合学习,又称组合学习,是在新命题与认知结构中原有的命题既非下位关系又非上位关系,而是一种并列的关系时产生的。学习质量与能量、遗传与变异、需求与价格等概念之间的关系就属于并列结合学习。

27. C 【解析】管理学生权(指导评价权)包括:指导学生的学习和发展权;学生品行评定权;学生学业成绩评定权。故题干中张老师的行为是在行使管理学生权。

28. B 【解析】《学生伤害事故处理办法》第二条规定,在学校实施的教育教学活动或者学校组织的校外活动中,以及在学校负有管理责任的校舍、场地、其他教育教学设施、生活设施内发生的,造成在校学生人身损害后果的事故的处理,适用本办法。因此,学生自行组织的校外活动不属于《学生伤害事故处理办法》的适用范围。

29. D 【解析】从兴趣的广度来看,兴趣可以分为中心兴趣和广阔兴趣两种。中心兴趣是对某一方面的事物或活动有极浓厚而稳定的兴趣。广阔兴趣是对多方面的事物或活动表现出兴趣。因此答案选 D 项。直接兴趣是由认识事物本身的需要引起的。间接兴趣是由认识事物的目的和结果所引起的。

30. B 【解析】《中华人民共和国教育法》于 1995 年 3 月 18 日经第八届全国人民代表大会第三次会议通过,并由中华人民共和国主席令第 45 号公布,自 1995 年 9 月 1 日起施行。

二、多项选择题

1. BC 【解析】以情感陶冶为主的教学方法主要有

欣赏教学法和情境教学法。读书指导法属于以语言传递为主的教学方法,参观法属于以直观感知为主的教学方法。所以B、C项不属于以情感陶冶为主的教学方法。

2. CD 【解析】教师良心与其他职业良心相比,有两个主要的特点:(1)层次性高。所谓层次性高,是指由于教师劳动的崇高性质,以及教师本人往往对这一崇高职业及其要求有较高的自觉,所以教师良心在境界上高于一般的职业良心。(2)教育性强。所谓教育性强,是指教师良心的榜样作用和判断教师良心的最终标准是看良心是否真正符合教育事业的要求。

3. ABC 【解析】玛勒斯等人认为职业倦怠主要表现为三个方面:情绪耗竭、去人性化、个人成就感低。

4. ABC 【解析】由于心智技能是按一定的阶段逐步形成的,因此,在培训方面只有分阶段进行练习,才能获得良好的教学效果。为提高分阶段练习的成效,在培养工作方面,必须充分依据心智技能的形成规律,采取有效的措施,包括:(1)激发学习的积极性和主动性;(2)注意原型的完备性、独立性和概括性;(3)适应培养阶段的特征,正确使用言语;(4)注意学生的个别差异;(5)科学地进行练习。建立稳定清晰的动觉是操作技能的培训要求。

5. ABCD 【解析】《中华人民共和国未成年人保护法》第四条规定,保护未成年人,应当坚持最有利于未成年人的原则。处理涉及未成年人事项,应当符合下列要求:(1)给予未成年人特殊、优先保护;(2)尊重未成年人人格尊严;(3)保护未成年人隐私权和个人信息;(4)适应未成年人身心健康发展的规律和特点;(5)听取未成年人的意见;(6)保护与教育相结合。

6. ACD 【解析】A项含义:蓬草长在麻地里,不用扶持也能挺立住。B项含义:人生一代一代的无穷无尽,而江上的月亮一年一年的总是相似。C项含义:(丝)染了青颜料就变成青色,染了黄颜料就变成黄色。D项含义:靠近朱砂的就会变红。A、C、D选项体现了环境因素的重要性。B项用来感叹江月长明而人生短促。

7. AD 【解析】教学过程的“双边性规律”要求既要充分发挥教师的主导作用,又要充分发挥学生主体参与教学的主动性。贯彻掌握知识和发展智力相统一的规律是教学过程的发展性规律,故B项不符合题意;贯彻传授知识和思想品德教育相统一的规律是教学过程的教育性规律,故C项不符合题意。

8. ABC 【解析】钻研教材包括学习学科课程标准、钻研教科书和阅读有关参考资料。

9. ABC 【解析】课堂气氛是师生在课堂活动中相互作用而产生的,主要受教师、学生、课堂内物环境等三方面因素的影响。其中教师因素包括教师的领导方式、教师的移情、教师对学生的期望、教师的情绪状态和教师的教学能力等,不包括教师的知识水平。

10. ACD 【解析】知觉恒常性包括颜色恒常性、亮度恒常性、形状恒常性、大小恒常性和声音恒常性。

三、判断题

1. × 【解析】短时间内注意周期性地不随意跳跃现象称为注意的起伏(或注意的动摇),它是由于人的感受性不能长时间地保持固定的状态,而是间歇性地加强和减弱造成的。这种现象在复杂的认知活动中是经常发生的,但只要我们的注意没有离开当前的对象,注意的起伏就不会产生消极的作用。注意不稳定表现为注意的分散,也叫分心。注意的分散是指注意离开了当前应当完成的任务而被无关的事物所吸引。故注意的起伏与注意的分散不同,注意的起伏是由有机体的不可避免的节律性活动引起的。题干说法错误。

2. × 【解析】唐朝孔颖达在《五经正义》里为《诗经·小雅·巧言》中“奕奕寝庙,君子作之”一句注疏:“维护课程,必君子监之,乃得依法制也。”这是“课程”一词在汉语文献中的最早显露。

3. × 【解析】个体身心发展的不均衡性要求教师在教学过程中要把握关键期,适时而教。个体身心发展的阶段性要求教育工作必须根据不同年龄阶段的特点分阶段进行,不能“一刀切”。

4. × 【解析】贯彻循序渐进原则的基本要求之一是抓主要矛盾,解决好重点与难点。教学循序渐进并不意味着教学要面面俱到、平均使用力量,而是要求区别主次、分清难易、有详有略地教学。故题干的说法错误。

5. √ 【解析】亚里士多德在教育史上首次提出了“教育遵循自然”的观点,主张按照儿童心理发展的规律对儿童进行分阶段教育,提倡对儿童进行和谐的教育,这些成为后来全面发展教育的思想源泉。

6. √ 【解析】教育方针是教育目的的政策性表达,具有政策的规定性,在一定时期内具有必须贯彻的强制性,教育目的只是教育方针的若干组成要素之一。

7. √ 【解析】在现代学校教育中,班级活动完全是一种培养人的实践活动,满足学生发展的需要既是班级活动的出发点,又是班级活动的最终归宿。

8. √ 【解析】教师的权利与义务是统一的。根据《中华人民共和国教师法》第七条和第八条规定,教书育人既是教师的职业权利,也是教师的义务。

9. √ 【解析】《中华人民共和国预防未成年人犯罪法》第四十三条规定,对有严重不良行为的未成年人,未成年人的父母或者其他监护人、所在学校无力管教或者管教无效的,可以向教育行政部门提出申请,经专门教育指导委员会评估同意后,由教育行政部门决定送入专门学校接受专门教育。

10. × 【解析】班级民主管理是指班级成员在服从班集体的正确决定和承担责任的前提下参与班级全程管理的一种管理方式,并不是凡事都要与学生商量。

四、简答题(参考答案)

1. 如何培养学生的创造性思维?

(1)运用启发式教学,保护学生的好奇心,激发学生的求知欲,培养创造性动机,调动学生学习的积极性和主动性。(2)培养学生的发散思维,并将发散思维和集中思维相结合。(3)发展学生的创造性想象能力。(4)组织创造性活动,正确评价学生的创造性。(5)开设具体的创造性课程,教授学生创造性思维策略和创造技法。(6)结合各学科特点进行创造性思维训练。

2. 20 世纪后期教育改革和发展的特点主要有哪些?

(1)教育的终身化;(2)教育的全民化;(3)教育的民主化;(4)教育的多元化;(5)教育技术的现代化;(6)教育全球化;(7)教育信息化;(8)教育具有科学性。

五、案例分析题(参考答案)

1. (1)该案例体现了教学过程的间接经验与直接经验相结合规律。以间接经验为主是教学活动的主要特点,但在教学中必须重视直接经验的作用。在案例中,学生对雨景的观察得到的是直接经验,而老师将其引向古诗这一间接经验,这一教学过程即体现了直接经验与间接经验相结合的特点。

(2)该案例体现了教学过程的教师主导作用与学生主体作用相结合规律。教师在教学活动中起主导作用,而学生是教学活动中具有能动性的主体。学生是具有主观能动性的人,他们能够能动地反映客观事物。他们的学习动机、兴趣、意志等因素直接影响学习效果。因此,在教学中必须发挥学生的主体作用。教师的主导作用和学生的能动性是相互促进的。无论多么优秀的教师,都无法代替学生学习。成功的教学有赖于学生主观能动性的发挥。本案例中,该老师顺应学生的好奇心,让学生尽情地观察雨景,并引导学生用背过的古诗进行讨论刚才的天气,这充分调动了学生学习的积极性,给了学生很大的想象空间,引发了他们的主动思考,收到了良好的教学效果。

2. 对阳阳的学习产生影响的是附属内驱力,这属于一种外部学习动机。

附属内驱力是指个体为了获得长者们(如家长、教师)的赞许或认可而表现出把工作、学习做好的一种需要。它既不直接指向学习任务本身,也不把学业成就看作赢得地位的手段,而是为了从长者那里获得赞许和接纳。附属内驱力是一种间接的学习需要,属于外部学习动机。案例中阳阳喜欢英语课的原因是英语老师经常在课堂上表扬他,让他认为老师很器重自己,这说明其学习动机属于附属内驱力。

湖南省教师招聘考试教育基础知识预测试卷(二十)

答案速查

1~5	DDBCB	6~10	ADAAA	11~15	DDAAA	16~20	ABACA
21~25	BCACB	26~30	DCCCA	31~35	×××√×	36~40	××××√
41~45	ABCD BCD ABCD ABC ABC						

一、单项选择题

1. D 【解析】20 世纪 60 年代初,教育心理学的研究由行为主义转向认知范畴。布鲁纳发起的课程改革运动促使美国教育心理学转向对教育过程、学生心理、教材、教法和教学手段改进的探讨。

2. D 【解析】受教育权是学生最基本的权利。学生的受教育权包括受完法定年限教育权、学习权和公正评价权。题干中某个别教师占用学生上课时间,让学生参加与学习无关的活动。这种行为主要侵犯了学生的受教育权。

3. B 【解析】前摄抑制是先学习的材料对识记和回忆后学习材料的干扰作用。倒摄抑制是指后学习的材料对保持和回忆先学习的材料的干扰作用。故早晨的学习效果一般优于白天是不受前摄抑制的干扰,晚上睡觉前的学习效果一般优于白天是不受倒摄抑制的干扰。

易错提示:考生易混淆前摄抑制与倒摄抑制。前干扰后,为前摄抑制;后干扰前,为倒摄抑制。

4. C 【解析】自我强化是指对自己表现出的符合或超出标准的行为进行自我奖励。题干中的学生对自己完成家庭作业的奖励就属于一种自我强化。

5. B 【解析】无条件反射是指与生俱来的、无意识的本能行为。根据题干描述可知,狗吃到食物时分泌唾液属于生理反应,不需要学习。因此,这种反应属于无条件反射。第一信号系统、第二信号系统同属于条件反射,故A、C、D三项排除。

6. A 【解析】开设哪些科目(课程设置)是课程计划的中心和首要问题。

7. D 【解析】遗传素质是人的身心发展的前提,为人的发展提供了可能性。人的身心发展必须以正常的遗传素质为基础,发展才有可能。没有这个前提,任何发展都不可能。或者某些遗传素质有缺陷,某种发展可能就永远不能实现。例如,一个生而失聪的儿童,就不可能发展其听觉能力而成为音乐家。

8. A 【解析】《学记》(收入《礼记》)是中国也是世界教育史上的第一部教育专著,成文大约在战国末期。

9. A 【解析】常见的社会知觉偏差有以下几种:

类别	定义
社会刻板效应(社会刻板印象)	指对一群人的特征或动机加以概括,把概括得出的群体特征归属于团体中的每一个人,认为他们每个人都具有这种特征,而无视团体成员中的个体差异
晕轮效应(光环效应)	当我们认为某人具有某种特征时,就会对他的其他特征做相似判断
首因效应(最初效应)	指在总体印象形成上最初获得的信息比后来获得的信息影响更大的现象
近因效应(最近效应)	指在总体印象形成上,新近获得的信息比原来获得的信息影响更大的现象
投射效应	指与人交往时把自己具有的某些不讨人喜欢、不为人接受的观念、性格、态度或欲望转移到别人身上,认为别人也是如此,以掩盖自己不受人欢迎的特征

"新官上任三把火"是指官员新上任,总要装腔作势,以显威风。或指官员刚上任时,常要做几件事以表现自己的才干和改革时政的决心,过后也就一切如旧。"开门红"比喻工作、事业一开始就取得好的成绩、获得成功,一般是指新一年的开始。"下马威"原指官吏初到任时向下属显示威风,后泛指一开始就向对方显示自己的威力。这三个词语均强调"一开始",即"最初"的重要性,故题干所述体现的是社会知觉偏差中的首因效应。

10. A 【解析】受教育权是学生最基本的权利。学生的受教育权包括受完法定年限教育权、学习权和公正评价权。公正评价权是指学生在教育教学过程中,享有教师、学校对自己的学业成绩、道德品质等进行公正评价,并客观真实地记录在学生成绩档案中,在毕业时获得相应的学业成绩证明和毕业证书的权利。张老师因要求小周参加自己的培训班被拒绝,就在期末操行评定上给了小周差评,这侵犯了小周的公正评价权,故选择A项。

11. D 【解析】CIPP评价模式的步骤为:背景评价、输入评价、过程评价、成果评价。

方法技巧:CIPP评价模式的步骤常以选择题的形式出现,考生可利用下面的口诀进行记忆:背书(输)过程(成)。

12. D 【解析】现代教育理论认为,在教育过程中,学生既是认识的客体,又是认识的主体。

13. A 【解析】教育者是德育过程的组织者、领导者,在德育过程中起主导作用。

14. A 【解析】对学生进行思想品德教育是班主任的工作重点和经常性的工作。

15. A 【解析】孔子是世界上最早提出启发式教学的教育家,比古希腊教育家苏格拉底提出的"产婆术"早几十年。苏格拉底以其雄辩和与青年智者的问答法而著名,这种问答法亦称"产婆术"。

16. A 【解析】无意想象又称不随意想象,是没有预定目的,不由自主产生的想象。看到天上的白云,人们不由自主地将其想象成羊、棉花,这种想象属于无意想象。

17. B 【解析】理解问题即明确问题,就是把握问题的性质和关键信息,摒弃无关因素,并在头脑中形成有关问题的初步印象,即形成问题的表征。因此,理解问题就是分析问题、抓住问题关键、找出主要矛盾的过程。题干描述符合问题解决过程中的明确阶段的内涵。

18. A 【解析】教师是教育教学过程的组织者、领导者,因此要求教师具有驾驭教育和教学的能力。教师要善于组织课堂教学,以保证教学过程的顺利进行和教学任务的完成。结合题干,答案选 A。

19. C 【解析】教学过程的三要素说认为,教师、学生、教学内容是构成教学过程的基本要素。

易错提示: 教学过程的不同要素说所包含的内容是易混点,考生需准确掌握教学过程的不同要素说的构成成分,从而灵活应对各种考题。

(1)三要素说:教师、学生、教学内容。

(2)四要素说:教师、学生、教学内容、教学手段。

(3)五要素说:教师、学生、教学内容、教学手段、教学环境。

(4)六要素说:教师、学生、内容、方法、媒体、目的。

(5)七要素说:学生、目的、内容、方法、环境、反馈、教师。

20. A 【解析】个别化教学指让学生以自己的水平和速度进行学习的一种教学模式。

21. B 【解析】教师在履行教育义务的活动中,最主要、最基本的道德责任体现在正反两个方面。正面:教书育人;反面:"不要误人子弟"。

22. C 【解析】李老师在化学课的教学中引导学生通过化学知识的学习树立环境保护意识,即在化学课堂中渗入德育工作,采用的德育途径是学科教学。

23. A 【解析】A 项的意思是:仁义礼智都不是外部给予的,而是本身所固有的,只是平时不用心思考、领悟罢了。这体现了内发论的观点。B、D 两项体现了外铄论的观点,C 项体现了多因素相互作用论的观点。

24. C 【解析】"知识与技能"目标强调基础知识和基本技能的获得,相当于传统的"双基教学",这一维度的目标立足于让学生学会。题干所述教学目标是对学生基础知识和基本技能方面的要求,属于知识与技能目标。

25. B 【解析】"保护学生安全"是 2008 年修订的《中小学教师职业道德规范》中关于"关爱学生"方面所规定的具体职业行为要求。

26. D 【解析】教育法律责任主要可分为:行政法律责任、民事法律责任、刑事法律责任和违宪责任。所以,教育法律责任不包括政治法律责任。

27. C 【解析】奥苏贝尔认为学生在学校学习语言符号所代表的系统知识,主要是有意义学习而不是机械学习。学生在学校中的有意义学习应该是有意义的接受学习和有意义的发现学习,但他更强调有意义的接受学习,因为有意义的接受学习可以在短时期内使学生获得大量的系统知识。

28. C 【解析】《关于进一步加强中小学生睡眠管理工作的通知》中规定,明确学生睡眠时间要求。根据不同年龄段学生身心发展特点,小学生每天睡眠时间应达到 10 小时,初中生应达到 9 小时,高中生应达到 8 小时。学校、家庭及有关方面应共同努力,确保中小学生充足睡眠时间。故 A、B、D 三项正确。合理安排学生就寝时间。中小学校要指导家长和学生,制订学生作息时间表,在保证学生睡眠时间要求前提下,结合学生个体睡眠状况、午休时间等实际,合理确定学生晚上就寝时间,促进学生自主管理、规律作息、按时就寝。小学生就寝时间一般不晚于 21:20;初中生一般不晚于 22:00;高中生一般不晚于 23:00。故 C 项错误。因此,本题选 C 项。

29. C 【解析】理智感指人认识事物和探求真理的需要是否得到满足而产生的主观体验。例如,人们在探求未知的事物时所表现的求知欲、认识兴趣和好奇心、发现问题的惊奇感等。题干所述体现的是理智感。

30. A 【解析】正例又称肯定例证,指包含着概念或规则的本质特征和内在联系的例证;反例又称否定例证,指不包含或只包含了一小部分概念或规则的主要属性和关键特征的例证。根据题干所述例子可知,该教师先后运用了概念教学中的正例与反例。

二、判断题

31. × 【解析】教育教学权是教师为履行教育教学职责必须具备的最基本权利。

32. × 【解析】退行是指一个人遇到困难的时候放弃已学到的比较成熟的应对技巧和方式,而使用原先比较幼稚的方式去应付困难和满足自己的欲望。故题干所述符合退行的内涵。

33. × 【解析】多血质的高级神经活动过程特征是强、平衡、灵活。因此,题干说法错误。

34. √ 【解析】教师是教育过程的组织者,在全部教育活动中起主导作用。从根本上说,良好的师生关系首先取决于教师。

35. × 【解析】动机是在需要的基础上产生的,与需要联系紧密,但它又不同于需要。只有当需要达到一定程度时,才能成为推动或阻止某种活动的内部动力。

36. × 【解析】社会需要与个人发展是辩证统一的,教育目的必须体现这种辩证统一的关系。我国的教育目的体现了个人本位和社会本位的历史的、具体的统一。

37. × 【解析】了解和研究学生是班主任工作的前提和基础,是做好班级工作的先决条件,也是班级教育过程中有效开展各项工作必不可少的基本环节。

38. × 【解析】《中共中央 国务院关于全面加强新时代大中小学劳动教育的意见》指出,大中小学每学年设立劳动周,可在学年内或寒暑假自主安排,以集体劳动为主。高等学校也可安排劳动月,集中落实各学年劳动周要求。题干表述过于绝对,故判错。

39. × 【解析】就我国现阶段基础教育课程现状而言,必修课程一般包括国家课程和地方课程。

40. √ 【解析】教师职业道德适用的针对性表现为教师职业道德对教育善恶的体现和专门要求,这是教师职业道德的一个基本特点。

三、多项选择题

41. ABCD 【解析】促进教师专业发展的方法有:(1)观摩和分析优秀教师的教学活动;(2)开展微格教学;(3)进行专门训练;(4)进行教学反思。

42. BCD 【解析】在实际教学过程中,教师应该:(1)根据注意的外部表现了解学生的听课状态。(2)运用无意注意的规律组织教学。①创造良好的教学环境;②注重讲演、板书技巧和教具的使用;③注重教学内容的组织和教学形式的多样化。(3)运用有意注意的规律组织教学。①明确学习的目的和任务;②培养间接兴趣;③合理组织课堂教学,防止学生分心;④运用多种教学手段。(4)运用两种注意相互转换的规律组织教学。B、C、D三项表述正确。随意注意在实现过程中需要有持久的意志努力,在教学过程中时刻保持随意注意容易使学生产生疲劳,不利于学生学习,A项表述错误。

43. ABCD 【解析】创造性思维能力的培养方法有:(1)运用启发式教学,保护学生的好奇心,激发学生的求知欲,培养创造性动机,调动学生学习的积极性和主动性;(2)培养学生的发散思维,并将发散思维和集中思维相结合;(3)发展学生的创造性想象能力;(4)组织创造性活动,正确评价学生的创造性;(5)开设具体的创造性课程,教授学生创造性思维策略和创造技法;(6)结合各学科特点进行创造性思维训练。

44. ABC 【解析】文化的传承是文化得以延续和发展的基本前提。教育传承文化的功能有三种主要表现形式:传递、保存、活化。

45. ABC 【解析】现代教育制度的发展趋势有:(1)加强学前教育并重视与小学教育的衔接;(2)强化普及义务教育,延长义务教育年限;(3)中等教育中普通教育与职业教育朝着相互渗透的方向发展;(4)高等教育的大众化;(5)终身教育体系的建构;(6)教育社会化与社会教育化;(7)教育的国际交流加强;(8)学历教育与非学历教育的界限逐渐淡化。

四、填空题

46. 自觉性

47. 认识活动

48. 课程标准

49. 问题

50.《爱弥儿》

51. 最近发展区

52. 泛化

53. 克服内部和外部的困难

54. 普遍性

55. 替代

五、简答题(参考答案)

56. 贯彻集体教育和个别教育相结合原则的要求有哪些?

(1)建立健全的学生集体;(2)开展丰富多彩的

集体活动,充分发挥学生集体的教育作用;(3)加强个别教育,并通过个别教育影响集体,增强集体的生机和活力。

57. 影响学习迁移的主要因素有哪些?

影响学习迁移的因素有:(1)学习材料的特点;(2)原有的认知结构;(3)对学习情境的理解;(4)学习的心理准备状态(心向);(5)学习策略的水平;(6)智力与能力;(7)教师的指导。

58. 什么是心智技能?简述其特点。

(1)心智技能也称为智力技能、认知技能,是通过学习而形成的合乎法则的心智活动方式。阅读技能、写作技能、运算技能、解题技能等都是常见的心智技能。

(2)心智技能的特点包括:①动作对象的观念性;②动作执行的内潜性;③动作结构的简缩性。

六、材料分析题(参考答案)

59. (1)胆汁质的人以精力旺盛、坦率、刚直、情绪易于冲动为特征。整个心理过程和活动笼罩着迅速而突发的色彩。小强满脸涨红,急切地插话,咋咋呼呼,没完没了体现了胆汁质的特征。多血质的人以反应迅速、情绪发生快而多变、动作敏捷、有朝气、活泼好动、喜欢与人交往、注意容易转移、兴趣易变化为特征。小乐的表现体现了多血质的特征。黏液质的人稳重、安静、踏实、反应迟缓、情绪不易外露、注意稳定但不易转移、忍耐力强等。小旭的表现体现了黏液质的气质特征。抑郁质的人以情感体验深刻、善于察觉细节、外表温柔、怯懦、孤独、行动缓慢,但对事物的反应有较高的敏感性等为特征。小冬满脸的忧伤,天塌了似的,老师说了半天,他一点反应也没有,符合抑郁质的气质特征。

(2)老师可以结合气质类型特点,对他们进行如下教育:

①对胆汁质的学生,教师应采取直截了当的方式,但这些学生不宜轻易激怒,对其严厉批评要有说服力,培养其自制力、坚持到底的精神,豪放、勇于进取的人格品质。

②对多血质的学生,可以采取多种教育方式,但要定期提醒,对其缺点严厉批评。教师应鼓励他们勇于克服困难,培养扎实专一的精神,防止其见异思迁;创造条件,多给他们活动的机会,培养他们朝气蓬勃、足智多谋的优点。

③对黏液质的学生,教师要采取耐心教育的方式,让他们有考虑和做出反应的足够时间,培养其生气勃勃的精神、热情开朗的个性和以诚待人、工作踏实、顽强的优点。

④对抑郁质的学生,则应采取委婉暗示的方式,对其多关心、爱护,不宜在公开场合下指责,不宜过于严厉地批评;培养他们亲切、友好、善于交往、富有自信的精神;培养其敏感、机智、认真、细致、高自尊的优点。

60. (1)李老师的做法违背了因材施教原则和个体身心发展的个别差异性规律。

①李老师的做法违背了因材施教原则。该原则是指教师在教学中,要从课程计划、学科课程标准的统一要求出发,面向全体学生,同时又要根据学生的个别差异,有的放矢地进行有差别的教学,使每个学生都能扬长避短,获得最佳的发展。李老师所教班级学生差异化明显,有的孩子领悟能力强,能够达到老师的要求,但也有相当一部分孩子领悟能力差,达不到要求。李老师没有进行有效的差异性教学,致使班里学生的数学成绩两极分化越来越明显。

②不同儿童同一方面的发展速度和水平不同,不同方面的发展也存在差异。李老师每次授课之前都要求学生自己预习并做大量的练习,课上就学生普遍存在的问题进行集中讲授。这种做法没有遵循个体身心发展的个别差异性规律。

(2)贯彻因材施教原则的要求:①要坚持课程计划和学科课程标准的统一要求;②教师要了解学生,从实际出发进行教学;③教师要善于发现每个学生的兴趣、爱好,并创造条件,尽可能使每个学生的不同特长都得以发挥。